中國特色話語：

——陳安論國際經濟法學　第二卷（修訂版）　下冊

陳安　著

簡目

▌第二卷▌

目錄

▌ 第二卷 ▌

第二編　國際經濟法基本理論（二）

第三編　國際投資法

第十一章

論中國法律認定的「違法行為」及其法律後果[*]

——就廣東省廣信公司破產清算債務訟案問題答外商摩根公司問（專家意見書）

 內容提要

　　本文是筆者受託向廣東省高級人民法院出具的專家意見書。一九九七至一九九八年七月，美國摩根公司與廣東國際信託投資公司（以下簡稱「廣信公司」）訂立和修訂《國際掉期交易協議》（以下簡稱《協議》）。一九九八年十月，廣信公司進入破產清算，摩根公司兩度向廣信公司清算組要求賠償違約損失四百餘萬美元，均遭後者拒絕。拒絕的主要理由是：《協議》的內容違反中國人民銀行一九九五年五月二十九日發布的《關於禁止金融機構隨意開展境外衍生工具交易業務的通知》（以下簡稱《1995年通知》）的規定，屬於無效合同，不受中國法律保護。摩根公司遂向廣東省高級人民法院提起訴訟，其香港代理律師於二〇〇一年九月來函要求筆者提供諮詢意見。諮詢的主要問題是：中國人民銀行的《1995年通知》是否是中國的法律或法規？《協議》內

容如確實不符上述通知規定，是否無效合同？廣信公司曾向摩根公司作過「虛假不實陳述」，後者信以為真並據以立約。依中國法律，應如何分清責任？如何補救？

　　針對上述問題，筆者仔細閱讀了本案有關文檔，查索和研究了中國《民法通則》《合同法》等多種法律法規的相關規定以及有關的司法解釋，認為：中國人民銀行以自己名義發布的《1995年通知》，只是部門的規章，不是行政法規，更不是法律。《協議》的內容如與上述通知的規定有所不符，不能簡單地認定為「無效合同」，完全「不受法律保護」；如有確鑿證據表明廣信公司在簽訂《協議》之前曾向摩根公司提供虛假信息實行誤導並據以立約，則廣信公司應承擔相應的法律責任，對摩根公司因《協議》無效而遭受的損失給予賠償。此外，本案涉訟《協議》採用的範本如果確是當前國際上通行的規則，則依據《WTO協定》第十六條第四款的規定，上述《1995年通知》中有關的規定有可能因其不符合《WTO協定》所肯定的國際通行規則而在近期內被中國政府部門廢除或修改。

↘ 目次

（四）中國法律對違約救濟程序的基本規定

（五）中國法律、法規和行政規章與《WTO協定》規則的
「接軌」

　　本人，中國廈門大學法學院教授陳安，應Morgan Stanley
Capital Services Inc.（以下簡稱「摩根公司」）要求，就其訴廣東
國際信託投資公司破產清算組（以下簡稱「廣信清算組」）一
案，提供法學專家意見如下：

一、專家簡況

　　1-10（從略）

二、本案的梗概和諮詢的問題

　　11.　香港安理國際律師事務所二〇〇一年九月二十日來函
簡述了本案的梗概：

　　11.1　摩根公司與廣東國際信託投資公司（以下簡稱「廣信
公司」於一九九七年九月三日簽訂了一份《國際掉期交易協議》
（以下簡稱《協議》）一九九八年七月七日進一步修訂了該協議。
一九九八年十月，廣信公司進入破產清算。依據上述《協議》條
款，廣信公司違約，摩根公司有權向廣信公司要求賠償因其違約
行為引起的損失四百零一萬美元。

　　11.2　一九九八年十一月三日和二〇〇〇年一月二十日，摩

根公司先後兩度向廣信清算組致函，要求確認並賠償上述損失及其利息，均遭廣信清算組拒絕。

11.3　二〇〇一年四月二十九日，摩根公司向廣東省高級人民法院呈交了一份《申請書》，請求省高院裁定摩根公司有權作為債權人參與廣信公司的破產財產分配。二〇〇一年六月二十一日，又呈交了一份《補充申請書》。

12.　香港安理國際律師事務所著重提出並諮詢以下兩個方面的法律問題，徵求專家意見：

12.1　據廣信清算組一九九九年十月二十六日致摩根公司覆函稱：摩根公司與廣信公司簽訂的上述《協議》，違反了中國人民銀行一九九五年三月二十九日頒發的《關於禁止金融機構隨意開展境外衍生工具交易業務的通知》（以下簡稱《1995年通知》）的有關規定，屬於無效合同，不受中國法律保護，因此，摩根公司前述債權主張（見本《意見書》第11.1和11.2段）依法不能成立。二〇〇〇年六月十六日，廣信清算組再次函覆摩根公司，重申上述見解，再次拒絕摩根公司的債權要求。

12.2　摩根公司一向堅持主張：《協議》並未違反中國人民銀行發出的《1995年通知》。退一步說，即使《協議》對《1995年通知》的規定有所不符或有所違反，那麼，請問：

12.2.1　《1995年通知》究竟是否中國的法律或行政法規？

12.2.2　如果《協議》與《1995年通知》有所不符或有所違反，則是否即構成「違法行為」？從而，是否必然導致《協議》成為無效合同？

12.3　根據摩根公司掌握的材料和證據，廣信公司曾經向摩

根公司作過虛假不實的陳述（misrepresentation）摩根公司聽信了廣信公司的陳述並以此為基礎與廣信公司簽訂了上述《協議》。請問：

12.3.1　如果廣信清算組拒絕摩根公司有關債權主張的上述答覆和解釋得以成立，那麼，豈不是意味著廣信公司不但可以逃避因其自身過錯而理應承擔的法律責任和經濟責任，而且可以借此牟取非法利益？

12.3.2　在這方面，中國的現行法律有何補救規定？

三、專家的看法和意見

（一）中國人民銀行的《1995 年通知》並非法律或法規

13.　就上述第12.2.1段的問題而言，要判斷《1995年通知》是否屬於中國的法律或行政法規的範疇，應當首先查證《中華人民共和國憲法》（見附件一，以下簡稱《憲法》）的有關規定。

13.1　《憲法》序言末段規定：

本憲法……是國家的根本法，具有最高的法律效力。
第五條第二款規定：
一切法律、行政法規和地方法規都不得同憲法相牴觸。

13.2　何謂「**法律**」根據《憲法》第五十八條、第六十二條第三款以及第六十七條第二款的規定：全國人民代表大會及其常務委員會行使國家的立法權。其職權之一，是制定和修改國家的

基本**法律**及其他一般**法律**。

13.3　何謂「**行政法規**」根據《憲法》第八十九條第一款的規定，國務院的職權之一，是根據憲法和**法律**，制定**行政法規**，發布規定和命令。同時，《憲法》第九十條第二款規定：國務院所屬各部、各委員會（及各部委直屬機構）根據**法律**和國務院的**行政法規**，在本部門的權限內，發布**規章**。

13.4　按照《憲法》的上述規定，國務院所屬各部、各委及各部委級機構，顯然均無權以自己的名義直接頒行任何法律、任何行政法規。它們只能在各部門自身的權限內，發布**規章**。**規章**本身並**不是行政法規**，更不是法律。

13.5　由此可見，中國人民銀行以自己的名義發布的前述《1995年通知》，充其量只能是本部門的規章，而不是行政法規，更不是法律。

（二）《協議》違反《1995 年通知》並非當然違法和全盤無效

14.　就12.2.2段的問題而言，二〇〇〇年七月一日起施行的《中華人民共和國立法法》（見附件二，以下簡稱《立法法》），其第七條和第八條有關「立法權限」規定的根本依據，就是《憲法》上述各條的具體規定。前者的內容和文字，顯然都是從後者直接「移植」而來的。

14.1　《立法法》第二章第二節直接以「規章」兩字為題，其中第七十一條第一款明文規定：

國務院各部、委員會、**中國人民銀行**、審計署和具有行政管理職能的直屬機構，可以根據法律和國務院的行政法規、決定、命令，在本部門的權限範圍內，制定**規章**。

14.2　上述規定，更具體地證明：**中國人民銀行**以自己名義發布的上述《**1995年通知**》，充其量只能是本部門的**規章**，而不是行政法規，更不是法律。

15.　一九八七年一月一日起施行的《中華人民共和國民法通則》見附件三，以下簡稱《民法通則》）第五十八條第一款第五項規定：

違反法律或者社會公共利益的民事行為無效。

16.　一九八五年七月一日起施行直至一九九九年十月一日才廢止的《中華人民共和國涉外經濟合同法》（見附件四，以下簡稱《涉外經濟合同法》）第九條第一款規定：

違反中華人民共和國法律或者社會公共利益的合同無效。

17.　一九九九年十月一日起施行的《中華人民共和國合同法》（見附件五，以下簡稱《合同法》）第五十二條規定：

有下列情形之一的，**合同無效**：

（一）　一方以欺詐、脅迫的手段訂立合同，損害國家利益；

（二）　惡意串通，損害國家、集體或者第三人利益；

（三）　以合法形式掩蓋非法目的；

（四）　損害社會公共利益；

（五）　**違反法律、行政法規**的強制性規定。

顯而易見，《合同法》本條的第五款吸收了上述《民法通則》第五十八條第一款第五項以及《涉外經濟合同法》第九條第一款的內容，並且規定得更為具體、更加明確。

18.　綜合上述第十五至十七段各項法律規定，顯然可以斷定：只有在合同條款內容直接「違反**法律、行政法規的強制性**規定」的情況下，才能依法認定合同無效。中國人民銀行發布的上述《1995年通知》既然只是規章而不是法律或行政法規，則違反《1995年通知》的合同，充其量只是違反規章，而並非違反**法律或行政法規**，因此，不能據此認定它是「**無效合同**」，硬說它「不受法律保護」云云。

19.　就上述第12.2.2段的問題而言，一九九九年十二月二十九日起施行的《最高人民法院關於適用《中華人民共和國合同法》若干問題的解釋（一）》見附件六，以下簡稱《解釋》）特別值得注意：

第一條　合同法實施以後成立的合同發生糾紛起訴到人民法院的，適用合同法的規定；**合同法實施以前成立的合同發生糾紛起訴到人民法院的，除本解釋另有規定的以外，適用當時的法律規定**，當時沒有法律規定的，可以適用合同法的有關規定。

第四條　合同法實施以後，人民法院確認合同無效，應當以全國人大及其常委會制定的法律和國務院制定的行政法規為依據，不得以地方性法規、行政規章為依據。

20.　本案涉訟的前述《協議》，乃是在《合同法》實施以前成立並在《合同法》實施之後發生糾紛起訴到人民法院的，按《解釋》第一條的規定，應當同時適用第十五段至第十七段摘引的《民法通則》涉外經濟合同法》和《合同法》的有關規定。

21.　按《解釋》第四條的規定，《合同法》實施以後，人民法院確認合同無效，**只能**以**法律、行政法規**為依據，而不得以任何行政**規章**為依據。

22.　由此可見，就本案而言，顯然不得以「違反」中國人民銀行的《1995年通知》這一**規章**作為依據，任意認定《協議》為「無效合同」，強詞奪理地說它「不受中國法律保護」云云。

23.　由此可見，廣信清算組有關《協議》因「違法」而「無效」的主張，以及完全否定摩根公司對廣信公司破產財產享有債權的主張，顯然是**於法無據**的，是不能成立和不可採取的。

（三）當事人一方以不實信息誤導對方致造成損害應依法賠償

24.　就第12.3.1段的問題而言，如果摩根公司已經掌握確鑿證據，足以證明廣信公司曾向摩根公司作過虛假不實的陳述，而《協議》又確是以摩根公司聽信此種虛假不實陳述作為基礎而簽訂的，則按照中國現行的法律規定，廣信公司當然不能逃避它應當承擔的法律責任和經濟責任。

25.　根據《民法通則》第一○六條規定：法人「**由於過錯**」侵害他人財產的，「**應當承擔民事責任**」。第一一一條更明確規定：

當事人一方不履行合同義務或者履行合同義務不符合約定條件的，另一方有權要求履行或者採取補救措施，並有權要求賠償損失。

26.　《涉外經濟合同法》第十一條規定：

當事人一方對合同無效負有責任的，應當對另一方因合同無效而遭受的損失負賠償責任。

據此，以摩根公司聽信廣信公司虛假不實陳述作為基礎的《協議》一旦不幸被確認為「無效合同」，則造成此種後果的廣信公司就負有法律責任和經濟責任，應當對摩根公司因《協議》無效而遭受的損失給予賠償。

27.　《合同法》第四十二條進一步明確規定：

當事人在訂立合同過程中有下列情形之一，給對方造成損失的，**應當承擔損害賠償責任**：

（一）假借訂立合同，惡意進行磋商；

（二）**故意隱瞞**與訂立合同有關的**重要事實**或者**提供虛假情況**；

（三） 有其他**違背誠實信用原則**的行為。

上述第二十五至二十七段的這些法律規定，極其強有力地說明：中國的法律對於任何一方的合同當事人因其提供虛假情況、違背誠信原則而給對方當事人造成損失的，毫不姑息寬縱，聽任前者任意逃避其應負的責任。更絕不允許前者通過自己的虛假陳述和違背誠信的行為，從中牟取非法利益。相反，根據中國法律的上述規定，應當認真追究前者提供虛假情況、違背誠信原則的法律責任和經濟責任，並責令前者向由此受到損失的對方當事人給予相應的損害賠償。

（四）中國法律對違約救濟程序的基本規定

28.　就中國法律規定的違約救濟措施而言，除以上各段所引述的基本實體原則之外，還具有以下各段引述的基本程序原則。關於救濟程序，《涉外經濟合同法》《合同法》《中華人民共和國民事訴訟法》（以下簡稱《民事訴訟法》）以及《中華人民共和國仲裁法》（以下簡稱《仲裁法》），均有相應的規定。

28.1　《涉外經濟合同法》第五條規定：

合同當事人可以選擇處理合同爭議所適用的法律。當事人沒有選擇的，適用與合同有最密切聯繫的國家的法律。

第三十七條、第三十八條進一步規定：

發生合同爭議時，當事人應當盡可能通過協商或者通過第三者調解解決。

當事人不願協商、調解的，或者協商、調解不成的，可以依據合同中的仲裁條款或者事後達成的書面仲裁協議，提交中國仲裁機構或者其他仲裁機構仲裁。

28.2　《合同法》第一二六條規定：

涉外合同的當事人可以選擇處理合同爭議所適用的法律，但法律另有規定的除外。涉外合同的當事人沒有選擇的，適用與合同有最密切聯繫的國家的法律。

第一二八條進一步規定：

涉外合同的當事人可以根據仲裁協議向中國仲裁機構或者其他仲裁機構申請仲裁。當事人沒有訂立仲裁協議或者仲裁協議無效的，可以向人民法院起訴。當事人應當履行發生法律效力的判決、仲裁裁決、調解書；拒不履行的，對方可以請求人民法院執行。

28.3　《民事訴訟法》第二五七條規定：

涉外經濟貿易、運輸和海事中發生的糾紛，當事人在合同中訂有仲裁條款或者事後達成書面仲裁協議，提交中華人民共和國

涉外仲裁機構或者其他仲裁機構仲裁的，當事人不得向人民法院起訴。

當事人在合同中沒有訂有仲裁條款或者事後沒有達成書面仲裁協議的，可以向人民法院起訴。

28.4　《仲裁法》第四條、第五條規定：

當事人採用仲裁方式解決糾紛，應當雙方自願，達成仲裁協議。沒有仲裁協議，一方申請仲裁的，仲裁委員會不予受理。

當事人達成仲裁協議，一方向人民法院起訴的，人民法院不予受理，但仲裁協議無效的除外。

29.　綜合以上各種法律規定，可以看出：

中國法律在有關涉外經濟合同違約救濟措施的選擇問題上，首先充分尊重「當事人意思自治原則」，可由當事人按合同的爭端解決條款，選擇處理爭議的具體管轄機構（法院或仲裁機構）、處理爭議的方式（訴訟或仲裁）以及處理爭議所適用的法律（中國法律或外國法律）。

30.　結合本案的情況，可按《協議》第十三條「管轄法律和司法管轄區」及其有關附件的具體規定，選擇解決爭端的管轄法律和管轄機構；也可以按雙方當事人重新協商一致同意的有關解決爭端的新協議，另行選擇新的管轄法律和管轄機關。

（五）中國法律、法規和行政規章與《WTO協定》規則的「接軌」

31.　如所周知，中國即將在二〇〇一年十一月正式加入世界貿易組織（WTO）因此，在解決本案爭端的過程中，除應切實遵守中國現行的憲法、法律以及行政法規之外，還應認真結合考慮《世界貿易組織協定》（見附件七，以下簡稱《WTO協定》）的有關規定。

32.　《WTO協定》第十六條第四款規定：

每一成員方應**保證其法律、法規**和行政程序與所附各協定對其規定的**義務相一致**。

這意味著：凡是加入WTO的每一成員，都承擔了條約規定的義務並作出承諾：確保其國內的一切法律、法規和規章，都與WTO協定的規則完全一致。凡有不一致者，應按有關條約規定對本國的相關法律、法規和規章加以修改或廢除。

33.　中國政府及其領導人、談判代表已在多種場合公開表示：中國即將加入世貿組織，中國會**信守承諾**，進一步擴大對外開放，有步驟地推進**金融、貿易**等服務領域的對外開放；特別強調：「中國將認真履行對外承諾，根據經濟體制的要求和**國際通行規則**，進一步完善涉外經濟環境，創造完備的法制環境」。據《人民日報》報導：中國有關部門正在加緊準備**廢除或修訂一大批違反世貿組織規則的法律、法規和規章**（見附件八）。

34.　結合本案的情況：本案《協議》採用的是《ISDA國際

掉期交易商協會制訂的主協議》文本。該文本中所規定的各項
「掉期交易條款」，乃是當前**國際上通行的規則**。中國人民銀行
《1995年通知》這一**規章**中有關禁止的規定，顯然已經落後於近
幾年來國內外經貿形勢的重大發展，很有可能因其並不符合當前
國際通行規則而在近期內被廢除或修改。

35. 可以預期，也應當深信：中國的各級人民法院在審理有
關本案爭端過程中，必將認真遵照中國現行的憲法、法律、法規
以及中國即將修訂、更新並且**與WTO規則完全一致、與國際通
行規則接軌**的新的法律、法規，作出公正、公平的裁定或判決。

廈門大學法學教授、博士生導師

陳安

二○○一年九月二十四日

（附件八種，從略）

注釋

* 本文原是一份「專家意見書」。輯入本書時略有刪節。

第十二章

論中國內地土地使用權的回收與變賣
——就香港某債務訟案問題答臺商問
（專家意見書）

↘ 內容提要

　　本文是筆者受託向香港高等法院出具的專家意見書。一九九四年三月港商A與臺商B在香港組建C公司，各擁有50%股權，旋即以C公司名義在廈門市投資組建D公司開發房地產，從市政府方面購得黃金地段的地塊使用權。因開發資金不足，D公司以所獲地塊使用權作為抵押，向中國數家銀行貸得四千六百萬元人民幣。其後，兩位股東爭端迭起。上述房地產開發中途停頓多時，土地閒置超過法定時限，地方政府決定依法收回上述地塊，另行轉讓。同時，由於D公司無力如期償還銀行貸款，中國法院應債權人申請判決以「抵押品」即上述地塊使用權依法拍賣或變賣，以所得款項清償債務。臺商B表示要另外單獨出資購買D公司擁有的上述地塊使用權，港商A主張以拍賣方式出讓上述地塊使用權。雙方各持己見，僵持不下，在祖國內地法院纏訟數年，迄未有最後定論。二○○一年九月，港商A向香港特別行政區高等法院起訴，要求：（1）臺商B應將其在香港C公司中所擁有的50%

股權作價轉讓給港商A；（2）臺商B或其他臺商不得單獨出資購買D公司擁有的上述地塊的使用權。二○○二年三月，臺商B在香港聘請的本案代理律師來函要求筆者提供諮詢意見。諮詢的主要問題是：（1）中國政府是否有權將原先批准轉讓給外商的土地使用權，依法收回，或依法另行轉讓？（2）中國法律是否允許外商企業將已獲得土地使用權的地塊，長期閒置不用？如違法長期閒置，政府如何依法處理？（3）中國政府和中國法院是否有權決定將外商企業用以作為貸款抵押的上述地塊使用權，依法加以直接變賣，以便早日還貸和避免該地塊繼續長期違法閒置？針對上述問題，筆者仔細閱讀了本案的有關文檔，查索和研究了中國多種法律、法規、司法解釋以及部門行政規章的相關規定，對以上三個具體問題逐一作了明確的答覆，並提供所引據的文檔資料十三種。

↘ 目次

本人，中國廈門大學法學院教授、博士生導師陳安，應香港黃萃群、李鉅林律師行李鉅林律師要求，就A訴B一案，提供法學專家意見如下：

一、專家簡況

1-10（從略）

二、本案諮詢的問題

11.　茲向陳教授諮詢以下法律問題：

11.1　中國政府（含廈門市政府）是否有權將原先批准轉讓給外商的土地使用權，**依法收回**，或依法**另行轉讓**？

11.2　中國法律是否允許外商企業將已獲得土地使用權的地塊，長期閒置不用？如違法長期閒置，政府如何依法處理？

11.3　中國政府和中國法院是否有權決定將外商企業用以作為貸款抵押的上述地塊使用權，依法加以**直接變賣**，以便早日還貸和避免該地塊繼續長期違法閒置？

三、專家的看法和意見

（一）中國政府有權依法收回已轉讓的土地，或依法另行轉讓

12.　就上述11.1段的問題而言，按中國的現行法律，中國政府完全有權將原已轉讓給外商的地塊使用權，依法收回，或依法

另行轉讓。

12.1　《中華人民共和國憲法》第十條第一款明文規定：「城市的土地屬於國家所有」。第三款規定：「國家為了公共利益的需要，可以依照法律規定對土地實行徵用。」第五款規定：「一切使用土地的組織和個人必須合理地利用土地。」

作為中國的根本大法，《憲法》中針對土地問題釐定的上述基本原則，始終貫穿於中國的其他一切有關土地使用權的法律和法規。

12.2　《中華人民共和國外資企業法》第五條規定：「國家對外資企業不實行國有化和徵收；在特殊情況下，根據社會**公共利益**的需要，對外資企業可以依照法律程序實行**徵收**，並給予相應的**補償**。」據此，中國政府對於在華外資企業的所有資產以及一切權益，其中當然也包括對於外資企業所已經擁有的地塊使用權，均可根據社會公共利益的需要，依法徵收，並給予相應補償。

（二）中國法律禁止外商將已獲使用權的地塊長期閒置不用

13.　就上述11.2段的問題而言，中國法律不允許外商企業將已獲得使用權的地塊長期閒置不用。

13.1　《中華人民共和國土地管理法》第三十七條第一款明文規定禁止任何單位和個人閒置耕地和城市房地產開發用地，並規定應對違法閒置土地者給予必要的行政處罰。同條第二款又進一步特別規定：「在城市規劃區範圍內，以出讓方式取得土地使用權進行房地產開發的閒置土地，依照《中華人民共和國城市房地產管理法》的有關規定辦理。」（見附件3）

13.2 《中華人民共和國城市房地產管理法》第二十五條規定：

以出讓方式取得土地使用權進行房地產開發的，必須按照土地使用權出讓合同約定的土地用途、動工開發期限開發土地。超過出讓合同約定的動工開發日期滿一年未動工開發的，可以徵收相當於土地使用權出讓金20%以下的土地閒置費；**滿二年未動工開發的，可以無償收回土地使用權**；旦是，因不可抗力或者政府、政府有關部門的行為或者動工開發必須的前期工作造成動工開發遲延的除外。（見附件4）

13.3 對於13.1及13.2兩種法律中所稱的「閒置土地」究竟如何理解？為避免在實際執行中作不正確解釋，致使國家土地資源被任意閒置，給國家造成無謂損失，中國國務院主管部門即中華人民共和國土資源部特地在一九九九年頒布行政法令：《閒置土地處理辦法》，專門針對有關問題作了權威性的解釋。其中第二條規定：

本辦法所稱閒置土地，是指土地使用者依法取得土地使用權後，未經原批准用地的人民政府同意，超過規定的期限未動工開發建設的建設用地。

具有下列情形之一的，也可以認定為閒置土地：

（一）國有土地有償使用合同或者建設用地批准書未規定動工開發建設日期，自國有土地有償使用合同生效或者土地行政主管部門建設用地批准書頒發之日起滿一年未動工開發建設的；

（二）已動工開發建設但開發建設的面積占應動工開發建設總面積不足三分之一或者已投資額占總投資額不足25%且未經批准中止開發建設連續了一年的。

（見附件5）

13.4　《廈門市國有土地出讓條件和使用規則》第十條規定：用地者應自簽訂合同之日起，在規定建設期限內竣工。「延期竣工超過兩年的，市土地局有權收回土地使用權，註銷其《建設用地許可證》《土地使用證》，土地使用權以及地上建築物無償歸市政府所有。」

此項地方性行政法規作為每一份「廈門市國有土地使用權有償出讓合同書」的必備附件，明文記載於該格式合同第十七條，並明文規定「與本合同具有同等法律效力」（見附件6、附件7、附件8、附件9）。

13.5　根據以上各項法律法規，對照本案涉訟的三個地塊開發的具體情況，這些地塊顯然可以認定為閒置用地。依中國《城市房地產管理法》第二十五條、《閒置土地處理辦法》第四條第三款以及《廈門市國有土地出讓條件和使用規則》第十條的規定，中國政府主管部門對這些地塊有權依法「**無償收回土地使用權**」；當然也有權在無償收回這些地塊使用權之後，將其使用權另行依法出讓給其他任何個人或其經營的企業。

茲逐一對照分析如下：

13.6　「廈門市國有土地使用權有償出讓合同書」〔（94）廈地合字（協）049號〕第二條規定：該合同地塊編號為94-B47，

面積為9271.394m^2（按補充合同調整後實數計算，下同），容積率為2.0，應開發地面總面積為9271.394m^2×2＝18542.788m^2；建設期限為自一九九四年九月八日起算，至二〇〇〇年九月八日完工（見附件7）但是，迄今為止原定竣工期限已經逾期一年六個月，而已經開發的地面面積卻為零。中止開發建設早已連續超過一年以上。

13.7　「廈門市國有土地使用權有償出讓合同書」〔（94）廈地合字（協）050號〕第二條規定：該合同地塊編號為94-B48，面積為6633.303m^2，容積率為2.0，應開發地面總面積為6633.303m^2×2＝13266.606m^2；建設期限為自一九九四年九月八日起算，至一九九八年九月七日完工（見附件8）。但是，迄今為止原定竣工期限已經逾期三年六個月，而已經開發的地面面積亦為零。中止開發建設也早已連續超過一年以上。

13.8　「廈門市國有土地使用權有償出讓合同書」（94）廈地合字（協）51號〕第二條規定：該合同地塊編號為94-B49，面積為6900.138m^2，容積率為2.0，應開發地面總面積為6900.138m^2×2＝13800.276m^2；建設期限為自一九九四年九月八日起算，至一九九八年一月七日完工（見附件9）。但是，迄今為止原定竣工期限已逾期四年整，而已開發的地面面積亦為零。中止開發建設也早已連續超過一年以上。

13.9　根據上述13.1-13.4所列法律和法規，對照13.6-13.8三份合同履行的實際情況（即**已開發面積占應開發總面積的百分比嚴重不足，中止開發建設連續滿一年以上，原定竣工期限逾期已久**），其所涉及的編號為94-B47、94-B48以及94-B49三個地塊，

顯然都早已可以認定為閒置土地，廈門市主管部門有權依法無償收回這三個地塊的土地使用權，並另作處理。

（三）中國政府和法院有權依法直接變賣外商用以抵押的地塊使用權

14.　就上述11.3段的問題而言，按中國的現行法律，中國政府和中國法院有權決定將外商企業用以作為貸款抵押的上述地塊使用權，在該外商無力按期還清貸款的情況下，依法加以直接變賣，以便儘早還貸和避免該地塊繼續長期閒置。

14.1　《中華人民共和國擔保法》第三十三、三十四、五十三條明文規定：責權人對於設有抵押權而到期未償的債款，有權請求法院依法將抵押物變賣作價，清償金錢債務。（見附件10）

具體說來，該法第三十三條第一款規定：「責務人不履行責務時，責權人有權依照本法規定以該財產〔按：指抵押物〕**折價**或者以**拍賣、變賣**該財產的價款優先受償」。第三十四條第一款第三項規定：「抵押人〔按：指責務人〕依法有權處分的國有土地的使用權」，可以作為責權的擔保，依法予以抵押。第五十三條則進一步明文規定：「責務履行期屆滿抵押權人未受清償的，可以與抵押人協議以抵押物**折價**或者以**拍賣、變賣**該抵押物所得的價款受償；協議不成的，抵押權人可以向人民法院提起訴訟。」

可見，依中國現行的《擔保法》。以抵押物**折價**償債，或將抵押物**拍賣**所得價款償債，或將抵押物變賣所得價款償債，這三種辦法，**悉聽債權人**（即抵押權人）**與債務人**（即抵押人）**自由選擇其一，自行議定**。只有在雙方協議不成的情況下，債權人

（即抵押權人）可向人民法院提起訴訟。

14.2　《中華人民共和國民事訴訟法》第二二五至二二六條規定，經當事人請求強制執行，法院可以將逾期不還債的債務人的有關財產（含設有抵押權的地塊使用權）加以扣押，並依法交有關單位拍賣或加以變賣，以償清債款。（見附件11）

14.3　最高人民法院於一九九八年七月頒行《關於人民法院執行工作若干問題的規定（試行）第四十六至四十八條分別載明：

人民法院對查封、扣押的被執行人財產進行變價時，應當委託拍賣機構進行拍賣。財產無法委託拍賣、不適於拍賣或當事人**雙方同意不需要拍賣的**，人民法院可以交由有關單位變賣或**自行組織變賣**。

人民法院對拍賣、變賣被執行人的財產，應當委託依法成立的資產評估機構進行價格評估。

被執行人申請對人民法院查封的財產**自行變賣**的，人民法院**可以准許**，但應當監督其按照合理價格在指定的期限內進行，並控制變賣的價款。（見附件12）

根據以上規定，顯然可以看出：

（1）這些規定是以上述《擔保法》和《民事訴訟法》的有關條款作為基礎，進一步加以具體化；

（2）人民法院對查封、扣押的被執行人（通常即是債務人）的財產進行變價時，可以**酌情選擇採取三種辦法之一**，即：

第一，由人民法院委託拍賣機構進行**拍賣**；

　　第二，被執行人（債務人）與申請執行人（債權人）雙方商定同意不需要拍賣的，人民法院可交由有關單位變賣或自行**組織變賣**；

　　第三，人民法院可以准許被執行人申請對人民法院查封的財產**自行變賣**，但應監督其變賣價格和指定期限。

　　人民法院對拍賣、變賣被執行人的財產，應依法進行價格評估。

　　對照以下事實：廈門D公司作為被執行人——債務人，建設銀行廈門分行等作為申請執行人——債權人，雙方經過長期協商，已經**一致同意不需要拍賣**，議定在廈門人民法院主持下自行組織變賣，由廈門D公司將涉訟地塊使用權出讓給香港中萊公司，其價款則由福建省人民法院委託依法成立的廈門均和資產評估所作出客觀和合理的評估，定為四千九百五十四萬元人民幣（見附件13）並應以所得價款清償建行等債權人。這些協議行為和操作程序完全符合最高人民法院《關於人民法院執行工作若干問題的規定（試行）》中列舉的可供酌情選擇的三種解決辦法中的第二種，並且正是以此項最高人民法院的司法解釋作為行動指南和行為準則。總之，此舉顯屬於法有據：既有《擔保法》第三十三、三十四、五十三條以及《民事訴訟法》第二二五至二二六條作為法律依據，又有上述司法解釋作為法律依據。

廈門大學法學教授、博士生導師

陳安

二〇〇二年三月十日

（附件13種，從略）

第十三章

小議「法無明禁即為合法」

——就外資企業「設董」自主權問題答英商問（專家意見書）

↘ 內容提要

在華英商某獨資公司原未設董事會，現擬設立董事會，以便在決策時有利於集思廣益。但是，為了提高效率和節省董事高薪等項開支，擬設只由二人組成的董事會。有人認為，這種做法有悖於現行《中華人民共和國公司法》第四十五條的規定，且因董事人數為偶數，在實踐上易於出現「1：1」的決策僵局。故上述設想既不合法又頗欠妥。英商當事人向筆者提出諮詢。筆者認為：第一，此事雖小，但也必須從法理上予以剖析，始能明其是非，解除顧慮，解決問題；第二，當事人的上述構思設想，是合法的、可行的，但要做好預防決策僵局的設計，並事先載入企業的章程。

↘ 目次

（二）特別法優先於普通法：《外資企業法》優先於《公司法》

（三）《公司法》相關規定的合理解釋

二、中外合資企業或中外合作企業的董事會人數不得少於三人，但外商獨資企業的董事會人數可以少於三人

（一）《中外合資經營企業法》及其實施條例的禁止規定

（二）《中外合作經營企業法》及其實施細則的禁止規定

（三）《外資企業法》及其實施細則未作相關禁止規定

三、兩人董事會或偶數董事會避免決策「僵局」的具體辦法

四、新頒《國務院關於投資體制改革的決定》深受外商歡迎，應予認真貫徹

五、結論

英國某公司來函諮詢以下具體問題：

（1）依據中國的現行法律法規，在中國境內設立外商投資的獨資企業（有限責任公司），是否必須設立董事會？

（2）如果設立董事會，董事的人數是否必須為三人以上？董事會可否只設董事二人，以便既能集思廣益，又能提高辦事效率和節省經費開支？

（3）如果只設二人董事，意見嚴重分歧時，如何避免決策困難？

針對以上三個問題，茲逐一奉答如下：

一、在華外商獨資有限責任公司可以設立也可以不設立董事會

（一）適用的主要法律：中國的《公司法》與《外資企業法》

　　現行的《中華人民共和國公司法》（以下簡稱《公司法》、《中華人民共和國外資企業法》（以下簡稱《外資企業法》）以及《中華人民共和國外資企業法實施細則》（以下簡稱《外資企業法實施細則》），是適用於在華組建經營外商獨資企業的主要法律和法規。

（二）特別法優先於普通法：《外資企業法》優先於《公司法》

　　上述三者的關係是：《公司法》乃是適用於在華各類公司企業（包括外資獨資企業）的「**普通法**」，《外資企業法》和《外資企業法實施細則》則是專門適用於在華外資獨資企業的「**特別法**」。在適用的先後層次和法律位階上，「**特別法**」優先於「**普通法**」，這是一條很重要的法理原則。《公司法》第十八條規定：「外商投資的有限責任公司適用本法，有關中外合資經營企業、中外合作經營企業、外資企業的法律**另有規定的**，**適用其規定**。」這就是體現了「特別法」的適用**優先於**「普通法」的原則。據此，關於外商獨資企業董事會設立的問題，應當優先適用《外資企業法》和《外資企業法實施細則》的有關規定。

（三）《公司法》相關規定的合理解釋

　　《公司法》第四十五條規定：「有限責任公司設董事會，其

成員為**三人至十三人**。……董事長為公司的法定代表人」同法第五十一條又規定：有限責任公司，股東人數較少和規模較小的，可以設一名執行董事，**不設立董事會**。執行董事可以兼任公司經理。……有限責任公司不設董事會的，執行董事為公司的法定代表人。」

由上述規定可以推導出四點：

（1）有限責任公司可以設立董事會，也可以不設立董事會，而只設執行董事一人，視公司股東人數多寡和規模大小而定。其立法精神顯然是**提高決策和辦事效率，精簡機構和節省開支**。

（2）設立董事會的公司，董事長是該公司的法定代表人；不設立董事會而只設立執行董事一人的公司，執行董事是該公司的法定代表人。

（3）董事會的人數，**一般以「奇數」**（即3、5、7、9、11或13）**為宜**，便於在意見分歧時投票表決，形成決議。但是：

（4）**法律並未明文規定絕對禁止董事會人數為偶數**，即4、6、8、10或12人。因為董事人數多寡及名額分配往往取決於公司投資者（**股東**）的股權比例。有時各方股權比例相近或相等，如股權比例為50：50，或25：25：25：25，則董事人數就完全可能按1：1、2：2、1：1：1：1或2：2：2：2分配，從而其董事會總人數就可能是2人、4人或8人。換言之，董事會的成員人數完全應當由**公司的權力機構**（即全體股東組成的股東會）根據本公司的投資比例等具體情況**自主決定**，並載入公司的章程。公司的權力機構股東會根據本公司具體情況自主決定董事會人數為偶數，應當是法律允許的、合法的。

二、中外合資企業或中外合作企業的董事會人數不得少於三人，但外商獨資企業的董事會人數可以少於三人

中國現行的「三資」企業法，對三種外商投資企業（即中外合資經營、中外合作經營或外商獨資經營的企業）之中的董事會構成問題，有不同的規定。《中華人民共和國中外合資企業法》（以下簡稱《中外合資經營企業法》）以及《中華人民共和國中外合作企業法》（以下簡稱《中外合作企業法》）之中，都有關於董事會構成的明文規定；在《外資企業法》中，則沒有任何明文規定。具體說來：

（一）《中外合資經營企業法》及其實施條例的禁止規定

《中外合資經營企業法》第六條及《中外合資經營企業法實施條例》第三十至三十四條，對中外合資企業中董事會成員的人數、董事名額在中外雙方之間的分配，以及董事會的職權範圍、表決原則和其他議事規則等，都有具體的規定。《中外合資經營企業法實施條例》第三十一條明文規定：中外合資企業的「**董事會成員不得少於三人。**」此種規定的立法精神顯然在於：既確保中外合資雙方都享有參與企業決策的公平權利，又避免中外雙方在一般事項的決策中無法形成「多數」的決議。

（二）《中外合作經營企業法》及其實施細則的禁止規定

《中外合作經營企業法》第十二條及《中外合作經營企業法

實施細則》第二十四至三十一條，對中外合作企業中董事會（或聯合管理機構）成員的人數、雙方董事名額分配，以及董事會的職權範圍、表決原則和其他議事規則等，也都有與中外合資企業董事會相類似，但又更為詳細的規定。《中外合作經營企業法實施細則》第二十五條也明文規定：中外合作企業的「**董事會或聯合管理委員會成員不得少於三人**」。其立法精神顯然與中外合資企業的類似禁止規定大體相同。但是，值得注意的是：《外資企業法》及其實施細則卻根本未作任何相似的禁止規定。

（三）《外資企業法》及其實施細則未作相關禁止規定

《外資企業法》及《外資企業法實施細則》中根本**沒有關於必須設立董事會和董事人數的具體規定，有意留下「空白」。其立法精神在於充分尊重外商獨資企業投資股東的自主決定權**，即：設立或不設立董事會問題，董事會人數問題，董事人選的國籍、資格、條件問題，董事名額分配、各位董事的職權大小和表決權大小等問題，全部由外商獨資企業投資人（股東）自主決定，這是外商**獨資**企業依法享有比中外**合資**企業以及中外合作企業**更加充分**的自主經營權的具體表現之一。換言之，這部**優先適用**於在華外商獨資企業的法律及其實施細則，都沒有禁止外商獨資企業設立董事人數少於三人即只有二人的董事會。一般說來，**法律所不禁止的就是合法、可行的，當事人可以自主地、自由地決定取捨。**[1]

三、兩人董事會或偶數董事會避免決策「僵局」的具 體辦法

設立由偶數成員組成的董事會後，可能在最後投票決策上出現1：1或2：2……的「僵局」。怎麼辦？應具體分析和具體解決：

（1）有些公司，其股東會本來就有意讓偶數董事完全達成一致（consensus）才可決策，即董事人數相等的雙方均享有否決權（veto）。此種決策機制，有利於促進各方董事在議事和決策時盡量聽取和考慮對方的異議，使最後決策更慎重、更穩妥、更全面、更切實可行。

（2）股東會可授予偶數董事雙方不均等的表決權，如51：49、26：24、27：23等，以排除或減少投票表決時出現「僵局」的可能。

（3）股東會可臨時增派新董事，使董事人數從偶數變為奇數。

（4）股東會可隨時調整，更換原有的一名或數名董事，實行改組。

（5）偶數董事會無法通過表決形成決議時，將問題上報股東會，由股東會自行決定。

（6）偶數董事會無法通過表決形成決議時，將問題提交仲裁機構或法院裁斷解決。

以上各種選擇，均應**事先載入公司章程**，以便隨時可以照章辦理，避免臨時「無章可循」。

四、新頒《國務院關於投資體制改革的決定》深受外商歡迎，應予認真貫徹

二○○四年七月一日頒布實行的《國務院關於投資體制改革的決定》，特別強調：深化投資體制改革的目標是：改革政府對企業投資的管理制度，**按照『誰投資、誰決策、誰收益、誰承擔風險』的原則，落實企業投資自主權**」；強調「**企業自主決策**」；強調「**改革項目審批制度，落實企業投資自主權**。徹底改革現行不分投資主體，不分資金來源，不分項目性質，一律按投資規模大小分別由各級政府及有關部門審批的企業投資管理辦法。對於企業不使用政府投資建設的項目，一律**不再實行審批制**，區別不同情況實行**核准制**和**備案制**」。

這些規定，都貫穿著進一步**強化企業自主經營、自主決策**的基本精神，因而深受外商和內商的一致歡迎。可以相信，中國各級政府的有關主管部門必將認真貫徹這項最新決定，這會有利於吸引更多的國內外投資者進行投資，以促進中國的現代化建設。

五、結論

總之，根據上述特別法優先適用的法理原則，法律未明文禁止即屬合法可行的法理原則，根據國務院上述最新決定有關落實和加強企業自主權的精神，外商獨資企業有限責任公司為了充分發揮各有關董事不同的業務專長，使其在經營決策過程中實行充分的知識互補，從而形成更穩妥可靠的決策，同時為了節省經費

開支，提高辦事效率，其股東會依法完全有權自主決定設立僅由二人組成的董事會，並將有關規定明文載入公司章程，報請政府主管部門依法備案或核准，以資遵循實施。

廈門大學法學教授、博士生導師

陳安

二〇〇四年八月七日

注釋

〔1〕 「法無明禁即自由」——這一原則在現代法治社會中，已成為普遍共識。其主要含義是指：凡是法律沒有禁止的，都是允許的、合法的；每個人只要其行為不侵犯別人的自由和公認的社會公共利益，就有權利、有自由按照自己的意志活動。參見張文顯：《法哲學範疇研究》，中國政法大學出版社2001年版，第393-394頁；法無禁止即自由：《一個值得永遠重複的常識》，載《南方都市報》2003年7月16日，http://unn. people. com. cn/GB/14781/21702/1970763. html。

第三編──國際投資法

OPIC述評：美國對海外私人投資的法律保護及典型案例分析*

↘ 內容提要

　　海外私人投資公司（Overseas Private Investment Corporation, OPIC）是美國政府專為美商在外國的投資提供政治風險擔保以及相關服務而組建的一家官辦公司。在法律地位上，一方面，它是一個企業法人，完全按照公司的體制和章程經營管理；

　　另一方面，卻又明文規定它是「在美國國務卿政策指導下的一個美國機構」（an agency of the United States under the policy guidance of the Secretary of State)。公司的董事長以及其餘十四名董事，概由美國總統遴選任命；資金由美國財政部撥付，並以美國國家信譽擔保清償其一切保險債務；公司應每年向美國國會提交有關經營詳況的書面報告。這樣的領導結構和上下關係，凸顯出這家公司處在美國最高一層行政當局直接的嚴密控制之下，相當「獨特」。本文以OPIC為中心，評述美國對海外美資的法律保護體制，針對OPIC組建的歷史背景、設置意圖、基本體制、具體運作、典型案例處斷，逐一加以評介剖析。全文長達十二萬字左右，為閱讀方便，特在文首列明較細目次，俾讀者開卷時便可概見全文論述的內容、層次和脈絡。

↘ 目次

韓德培先生序言

從中國共產黨十一屆三中全會以來，我國就把對外開放定為長期的基本國策，作為加快社會主義現代化建設的戰略措施。黨還號召我們：「充分利用國內和國外兩種資源，開拓國內和國外兩個市場，學會組織國內建設和發展對外經濟關係兩套本領。」我國的「四化建設」，可以說是百業待舉，需要大量的資金；而資金不足卻又是我國經濟發展中一個亟待解決的問題。因此，在堅持自力更生，充分發揮本國的人力、物力和財力的基礎上，還必須積極引進和利用外資，以加速我國的社會主義現代化建設。

據悉當前世界上許多國家，合起來計算總共約有八千億美元的銀行存款和游資，正在尋找出路。而我國有豐富的資源，有十億人口的巨大市場，又有很高的國際威望，對它們很有吸引力。我們應該利用這個機會，積極而又妥善地引進和利用外資，以彌補國內資金的不足，加快現代化建設的速度。在引進和利用外資時，我們必須研究和了解資本輸出國對它們的國外投資是怎樣實行法律保護的，它們是採取什麼樣的保護體制，它們的有關法律和法令是怎樣規定和怎樣實施運用的。這樣才能知己知彼，胸有成竹，而避免盲目行事，使自己處於不利的地位。即使一旦發生糾紛，也能公平合理地予以解決，使我國和對方的合法權益都得到保障。

目前我國法學界已開始注意研究有關國際投資方面的法律問題。陳安同仁的這本著作，就是在這方面很出色的一項研究成果。他以美國「海外私人投資公司」作為中心環節，分析和論述

了美國對海外美資的法律保護體制。他對這個「海外私人投資公司」的歷史背景、美國當局的有關意圖、「海外私人投資公司」的基本體制以及該公司對若干索賠案件的處斷情況，都一一作了扼要的介紹和中肯的評析。特別難能可貴的是，他利用在美國從事研究工作的機會，用心收集了有關海外美資風險的典型索賠案例，通過理論與實踐的結合，深刻地揭示出美國當局所設置的一整套法律保護體制，在實際上是如何運轉和發揮作用的。這為當前我國法學界研究英美普通法系國家的法律和法律制度，提供了一個很好的榜樣。不但如此，他還毫不憚煩地編譯和附錄了較多的英文原始資料，這些資料是我們在國內不容易找到看到的，對我們研究西方發達國家保護海外投資的現行體制，具有很重要的參考價值。他的這種認真務實的研究態度，也是非常值得稱道和敬佩的。我想讀者們讀過此書後，也一定會深有同感的。謹志數語以為序。

韓德培

一九八五年五月二十六日於武漢

前言

在獨立自主、自力更生的基礎上，實行經濟對外開放，積極吸收外資，以加速中國的社會主義四化建設，這是中國既定的、長期的基本國策之一。為了鼓勵和促進外國的工商業家向中國投資，中國決定對合法的外資和正當的外商切實加以法律保護。這

一重大決策，已經充分體現在中國的國家根本大法——憲法以及其他一系列涉外法令之中。

就人口和面積的結合體而論，中國擁有全世界最廣闊的潛在市場。因此，中國實行經濟對外開放和積極吸收外資的政策，不能不引起許多發達國家，特別是美國的濃厚興趣。據接近美國官方的記者報導，按照美國政府官員所作的估算，自一九七九年初中美正式建交以來，迄一九八四年四月中旬為止，短短四年間，美國私人投資家投入中國內地的資本已近七億美元之巨；而且方興未艾，勢頭很足。

作為世界最大的發達國家和最大的海外投資國家，美國政府對美國工商業家在海外的私人投資，特別是在發展中國家的美國私人投資，歷來是不遺餘力地實行法律保護的。這種法律保護，基本上可以分為兩個方面：一方面是在國內立法上，對於美國的海外私人投資加以種種鼓勵和保障；另一方面是在國際協定和條約上加以多方面扶持和庇護。在積累和總結多年經驗教訓的基礎上，其現行的主要做法之一，就是通過國內立法，創設了一個政府官辦的「海外私人投資公司」，授權該「公司」全盤主管美國海外私人投資的保險事宜，承保這些海外私人美資在東道國所可能遭遇到的各種政治風險，負責賠償其風險損失；而在此之前，或與此同時，又同世界上一百來個吸收美資的發展中國家，逐一簽訂了專題性的雙邊投資保險協定，要求這些吸收美資的東道國同意有關的美資在美國國內投保，承認美國私人投資家與美國政府官辦「公司」之間的投保承保關係具有法律效力，允許該「公司」依約向投保人支付政治風險事故賠償金之後，有權取代投保

人的法律地位，轉而向東道國政府實行國際「代位索賠」。簡言之，就是把國內的投資保險合同與國際的投資保險協定掛起「鉤」來。美國的這種「法律設計」，其主旨顯然在於力圖使美國國內私法上的保險合同關係在一定意義上和在某種程度上「越出國境」，使它同時帶有國際公法上條約關系的約束力。

就中美之間的國際投資關係而言，為了進一步鼓勵和促進美國的工商業家向中國投資，中國政府已於一九八〇年十月間在互相尊重主權和平等互利的基礎上同美國政府簽訂了關於投資保險和投資保證的協定，同意由美國的「海外私人投資公司」或其繼承機構承保在華美資的政治風險，並在一定條件下允許作為承保人的該「公司」享有從國內保險合同中推衍出來的國際代位索賠權。根據有關報導[1]一九八二年五月間美國政府又進一步向中國政府提交了一份關於「保護投資」的雙邊條約草案；建議談判、締結，俾使對在華美資實行的法律保護，進一步提高「規格」，充實內容。在此種條約草案中美國政府再一次重申了其國內的「投資保險合同」的法律實效，要求對方締約國給予承認。由此足見美國當局對現行的海外私人投資保險體制的重視。

在這種情況下，對美國為海外美資提供法律保護的上述體制進行研究，顯然具有重大的、迫切的現實意義。因為，美國是世界上最大的發達國家，中國是世界上最大的發展中國家，兩國能否友好合作，不僅對兩國本身，而且對整個世界都有重大的影響。在美國私人對華投資日益增長的形勢下，為了加強兩國之間的友好合作，從美國方面來說，有必要對中國的法律制度，特別

是中國的涉外經濟法令（包括中國對外資的法律保護和管理規定），進行研究和了解。許多事實表明，美國的法學界顯然正在努力這樣做。從中國方面說，同樣有必要對美國的法律制度，特別是美國用以保護海外美資的法律體制，包括已經明文載入前述中美國際協定的「海外私人投資公司」本身，加強研究和了解。只有互相對對方的有關法令和法律體制進行研究和了解，才能在友好合作過程中避免陷入盲目性，從而盡量減少或避免可以預防的在華美資法律糾紛。而日後一旦發生這類法律糾紛，也才能在雙方互相了解和互相諒解的基礎上，通過平等協商，公平合理地予以解決；或依約、依法處斷，做到既維護中國應有的權益，也保護美國投資人的合法權益。

此外，由於許多西方發達國家對於本國的海外私人投資相繼採取了類似美國的法律保護體制，而這些發達國家也在不同程度上、愈來愈多地擁有在華私人投資，因此，研究和了解美國「海外私人投資公司」以及體現在其中的保護海外美資的法律制度，無異於剖析典型，其意義就顯然不僅僅侷限於正確處理在華美資的法律糾紛了。

基於以上認識，本文試圖沿著以上方向進行初步的探索，就美國政府設立「海外私人投資公司」的歷史背景、美國當局的有關意圖、「海外私人投資公司」的基本體制以及該公司對於海外美資風險事故典型索賠案件的處斷情況，作一概要的介紹和簡扼的評析。

如果說本文還略具特色的話，那麼，它首先就在於以較大的

篇幅，對於有關海外美資風險事故的典型索賠案例，從法令與事實、理論與實踐的結合上，予以述評。通過這些活生生的案例，人們就不難比較具體、比較深入地看出美國當局為海外美資精心設計的這一整套法律保護體制，究竟是如何運轉、如何發揮作用的；它對於美國投資人，特別是對於吸收美資的東道國來說，究竟會產生何種法律效力和實際影響。

其次，本文的另一特色就在於以更大篇幅編譯和附錄了較多的英文原始資料。這些英文資料是作者一九八一至一九八三年在哈佛大學從事研究工作期間逐步收集的，其中有些原始文檔則是作者應邀訪問「海外私人投資公司」，講解中國涉外經濟法令時就近查閱和索取的。鑒於這些第一手資料即使在美國也多未公開發表，在我國國內尤難看到，但對於研究西方發達國家保護其海外私人投資的現行法律體制，具有較大的參考價值；鑒於我國學人對此類法律體制的研究尚處於初步階段，有待繼續加強和深入；特別是由於作者本身學力有限，對於這些原始資料的理解和探索，都比較粗淺，難免有不妥或不足之處，故特為擇要選輯，譯成中文，附於書後，俾便讀者查照和指正，也便於學術界有心人作進一步的發掘和評析。[2]當然，附錄資料中有些觀點顯然是站在美國資產者的立場上說話的，為提供研究參考，譯時均存其真，讀者自不難運用馬克思主義基本原則，細加分析、鑑別。

本文資料收集過程中，承美國「海外私人投資公司」前任法律總顧問S. 林·威廉斯（S. Linn Williams)、現任代理法律總顧問安東尼·F. 馬拉（Anthony F. Marra Jr）特別是索賠問題高級法律顧問理查德·D. 斯騰（Richard D. Stern）諸先生給予許多幫

助。在成書過程中，廈大法律系阮家芳、陳元興、廖益新、蔡榮偉、周年政等同志也惠予不少助益。均此表示深切謝忱。

陳安

一九八五年二月

廈門大學　海濱新村

一、從中美投資保險和投資保證協定談起

一九八〇年十月三十日，中美兩國的代表在北京換文，簽訂了《中華人民共和國和美利堅合眾國關於投資保險和投資保證的鼓勵投資協議》。中華人民共和國自成立以來，同外國簽訂此種類型的協定，還是第一遭。

眾所周知：獨立自主，自力更生，無論過去、現在和將來，都是中國社會主義革命和建設事業的立足點。在這個堅定的基礎上，按照平等互利的原則，實行對外開放，積極吸收外資，以促進社會主義現代化建設，這是中國長期的戰略方針。

為了鼓勵和促進外國的企業家向中國投資，中國政府決定對合法的外資和正當的外商切實加以**法律保護**。這一重大決策，不但充分體現在一九七九年以來所頒行的一系列普通法律、法令之中[3]，而且充分體現在國家的根本大法之中。一九八二年十二月四日公布施行的《中華人民共和國憲法》第十八條規定：「中華人民共和國**允許外國的企業**和其他經濟組織或者個人依照中華人民共和國法律的規定在**中國投資**，同中國的企業或者其他經濟

組織進行各種形式的經濟合作。在中國境內的外國企業和其他外國經濟組織以及中外合資經營的企業，都必須遵守中華人民共和國的法律。它們的**合法的權利**和利益受中華人民共和國**法律的保護**。」中華人民共和國成立三十餘年以來，這也是**第一次**把對外資實行法律保護的原則訂入國家的根本大法，足見這一決策並非權宜之計。

　　為了切實保護合法的外資，中國不但在國內的立法方面作出了明確的規定，而且在同外國締結的國際條約中也釐定了相應的條款。簽訂上述中美協議時由美方遞交中方的換文中提出：對於在中國境內的美國資本，其「投資保險和保證由根據美利堅合眾國的法律而設立的**獨立的政府公司**──海外私人投資公司執行」[4]。在上述協議的正文中，又進一步明確規定這個「海外私人投資公司」或其繼承機構是美國在華投資「**政治風險**」的「**承保者**」，它在依據承保範圍向投保人（即遭遇「政治風險」受到損失的美國投資人）支付賠償金之後，就「繼承」了該投保人所讓與的「任何現有或可能產生的權利、所有權、權利要求或訴訟權」[5]。

　　這些規定向人們提出了一系列頗為新鮮的問題。諸如：第一，這「海外私人投資公司」究竟是一家什麼性質的公司？它既以「**私人投資**」命名，何以又是一家「獨立的**政府**公司」？既稱「**投資**公司」，又何以經營**保險**業務？簡言之，其名與其實是否完全相符？第二，美國是資本主義私有制社會，其各種企業、公司百分之九十九以上都是私人資本家經營的，美國當局為什麼要設立這樣一家頗為奇特的「政府公司」？該公司所據以設立的

「美利堅合眾國的法律」究何所指？第三，作為「承保者」，它所制定的一整套投保、承保體制，同私家經營的保險企業（承保法人）有何異同？第四，它設立以來，處理過哪些實際發生的「風險事故」？投保人和承保人之間在索賠與清償問題上有過哪些爭端？是怎麼解決的？承保人在支付賠償金之後是如何行使它所受讓的各項權利的？等等。

對於諸如此類的問題，中國作為接受美國私人投資並與美國簽訂了上述協議的國家，自有詳加了解和研究的必要。這是因為：

第一，中國有著良好的投資環境，美國有著大量的覓利游資，隨著中美正式建交，有許多跡象表明美國投資家對華投資的興趣日趨濃厚。

中美兩國於一九七九年正式建交以後，美國的有識之士在分析美國國勢不斷下降、必須採取有效對策時，就極力強調對華投資的重要性。例如，海外私人投資公司前總經理布魯斯・列威林就持有這種見解。他說：「由於我們面臨著八〇年代的各種挑戰，我們必須看到：許多發展中國家的問題為我們開創了良好的機會去拿出新主意，找到新出路；發展中國家日益增長的各種需要，為許多工業發達國家解決維持經濟增長的難題提供了答案。例如，中華人民共和國就是全世界最巨大的潛在市場，它正期待著外國投資能在實現它的發展計劃中發揮重大作用。按人口來說，他們參加進來就會把世界市場的規模擴大百分之二十五。」[6]

據接近美國官方的《華爾街日報》專職記者阿曼達・本內特報導：美國政府官員作了估算，迄一九八四年四月中旬為止，美

國私人在華投資總額已達六點八五億美元左右。其中已向美國政府官辦的海外私人投資公司投保的在中國內地的美國私人資本，截至一九八四年九月三十日，已達三點五六六億美元。[7]此外，《中美和平利用核能合作協定》已於一九八四年四月三十日由兩國政府代表在北京草簽。有人估計：單就這一項協定而言，它對美方有關公司就意味著開闢了新的、巨大的貿易和投資市場，其款額將達數億乃至數十億美元。[8]

美國現任總統里根在一九八四年四月下旬訪華期間曾經總結說：「現在已有不少美國企業家來華投資，還有許多企業家對此感興趣。隨著美國對自己的出口政策繼續進行修改，相信會有更多的企業家來中國投資。」[9]又說：「中國國土遼闊，朝氣蓬勃，只要一提起中國，美國人就會感到有一股吸引力。」[10]美國現在行政首腦的這些觀感和評論，看來不是沒有根據的。

今後的中美關係，如能在互相**充分**尊重主權和領土完整的基礎上健康地邁步前進，則美國的私人對華投資勢必會有一個重大的發展。這就進一步要求人們早日了解和研究美國國內法對海外美資的保護規定。因為這種國內法中的某些有關規定，通過上述中美**國際協議**，對於日後可能出現的在華美資法律糾紛及其處理，勢必產生某種影響和約束。

第二，如所周知，法律是統治階級意志的昇華，是為一定經濟基礎服務的上層建築的一個重要組成部分。這是一切法律的**共性**，中外古今，莫不皆然。儘管西方資產階級法學一向不肯公開承認法律的階級性，但事實畢竟是無法抹殺的。美國的法律體制，包括有關保護海外美資的法律體制，顯然也具有這種共性，

它是為維護美國資本主義制度和資產階級利益服務的。

中國是工人階級領導的以工農聯盟為基礎的人民民主專政的社會主義國家，美國則是資產階級占統治地位的資本主義國家。兩國的社會、經濟、政治、法律制度都有很大**差異**。但是，基於世界歷史和國際經濟的發展，雙方都有互相交往、互通有無、在經濟上和文化上實行交流的客觀需要和主觀願望。在這一點上，是**相同**的。中國吸收美資的目的，歸根結底，在於促進本國的社會主義現代化；而美商向中國投資的目的，則最終歸結為牟取最大限度的資本主義利潤。這是根本**不同**的。但是，雙方又都在美商對華投資營業活動過程中，各自獲得一定程度的實惠。這一點，卻又是**相同**的。所以，既不能不看到：由於以上的**相同點**，雙方可以在平等互利、自願協商的基礎上，就許多經濟領域的活動和投資項目，取得一致意見，實行各種合作；另一方面，也毋庸諱言：由於以上的**不同點**，日後雙方難免在某些具體的利害得失上，有大相逕庭直至矛盾衝突之處。

因此，從美國方面來說，有必要對中國的法律制度，特別是中國的涉外經濟法規（包括中國對外資的法律保護和管理的規定），進行研究和了解。據筆者所知，美國的法學界顯然正在努力這樣做。從中國方面說，同樣有必要對美國的法律制度，特別是就美國對海外美資實行保護的法律體制，進行了解和研究。在研究過程中，尤其應當注意到：由於美國國內有關投資保險合同所規定的投保、承保關係，使得前述這家「海外私人投資公司」勢必成為日後在華美資法律糾紛案件中涉訟的利害關係人，也可能因上述中美國際協議所規定的「代位」[11]關係，直接轉化為

卷入訟爭的當事人。因此，對美國這家官辦公司的來龍去脈、基本體制以及其中所體現的美國對海外美資實行法律保護的各種具體措施和做法，更有詳加了解的必要。

簡言之，只有互相對對方的有關法令和法律體制事先進行了解和研究，才能在友好合作過程中**避免**陷入**盲目性**，盡量**減少**或**避免**可以預防的在華美資**法律糾紛**。而日後一旦發生了這類法律糾紛，也才能在雙方互相諒解的基礎上，通過平等協商，公平合理地予以解決；或**依約**、**依法**處斷，做到既維護中國應有的權益，也保護美國投資人的合法權益。

第三，美國的私人海外投資在資本主義發達國家中一向居於領先地位，對於美國所制定的有關保護海外私人投資的法律制度，其他資本主義發達國家多在不同程度上加以參考、仿效、師法。例如，參照美國的經驗舉辦類似美國海外私人投資公司型投資保險項目的發達國家，就有聯邦德國、日本、法國、瑞典、加拿大、挪威、荷蘭、瑞士、英國等等。[12] 據統計，截至一九八〇年八月，已有十八個發達國家採用美國海外私人投資公司類型的體制。[13] 由於受到中國對外開放和吸收外資政策的鼓舞，上述這些發達國家的私人對華投資活動也蒸蒸日上，方興未艾，中國也正在陸續與其中的許多國家分別簽訂或談判雙邊投資保證協定。[14] 在這種情況下，對美國類型的投資法律保護制度加以剖析，就可以在一定程度上收到**舉一反三**、觸類旁通的效果。

本文試圖沿著上述方向，進行初步的探索，就美國海外私人投資公司的設立背景、基本體制、索賠案例及其處斷情況，提供一些輪廓和看法，以作引玉之磚。

二、海外私人投資公司的歷史沿革和設置意圖

美國在一九六九年決定設立海外私人投資公司，作為對海外美資實行法律保護的一種特殊工具，這是歷史發展的產物。為了比較深入地了解它，自需作簡略的歷史回顧。

（一）保護海外美資的國際條約之遞嬗

美國自立國以來，對於美國人海外資產所實行的國際法律保護，可以約略分為兩大階段。第一階段是以締結雙邊性「**友好通商航海條約**」作為單層保障；第二階段則是在前述條約之外，另再締結雙邊性「**投資保證協議**」，以濟前者的不足，實行雙重保護。這兩大階段的基本分野大體上是在二十世紀的五〇年代初。[15] 到了二十世紀八〇年代初，美國開始致力於同發展中國家談判和簽訂雙邊性「**投資保護條約**」，旨在把過去「友好通商航海條約」中的若干規定加以補充和更新。截至一九八四年六月底，美國雖已先後同巴拿馬等四個國家分別達成協議並已簽署新約，但由於種種原因，均未正式生效。因此，另行締結保護投資新專約的這種做法，日後能否繼上述兩大階段之後，形成第三階段，還有待於國際法學界作進一步的觀察和分析。

現將美國對海外美資實行法律保護的上述三種國際條約和協議，就其發展演變的先後，分別簡述要點如下：

第一種，「**友好通商航海條約**」。顧名思義，「友好通商航海條約」所調整的對象和所規定的內容，主要是確立締約國之間的友好關係，雙方對於對方國民前來從事商業活動，給予應有的保

障，賦予航海上的自由權，等等。由於這種條約牽涉的範圍頗為廣泛，因而對於國外投資的法律保護這一特定問題，往往缺乏明確具體的專門規定，一般是籠統合糊，抽象空泛。而早先在列舉有權享受條約所定優惠待遇的具體對象時，一般只是沿用「公民」「臣民」「居民」「國民」等詞，而並未道及公司。換言之，作為**法人**的公司，在條約中尚未被明確地視同**自然人**，成為享受條約保護的**獨立的權利主體**。[16]

十九世紀末二十世紀初，世界資本主義發展到了帝國主義階段。資本主義發達國家在繼續實行商品輸出的同時，**資本輸出劇增**，它在資產者的經濟利益中占有愈來愈重要的地位。適應著這種形勢的發展，一九一一年以後，美國開始在它所參加簽訂的雙邊友好通商航海條約中，正式列出專門條款，把海外私人投資經營的企業、公司等社團，明確規定為受條約保護的獨立的權利主體。[17]一九二三年，又進一步在它同德國締結的同類條約中增添若干條款，較為清楚地規定了旅居對方締約國境內的本國國民及其財產所應當享有的待遇，並且明確提到了海外資產的**徵用**與**賠償**這一特定問題：

一方締約國的國民，處在對方締約國境內，他們的人身和財產應當得到對方**持續不斷的保護**和保證；他們享有的保護，應當達到國際法所要求的水平。對於他們的財產，非經法律上的正當程序，並且給予**公平合理**的**賠償**，不得加以徵用。[18]

在當時以及此後的一段時期裡，美國同其他國家締結的友好

通商航海條約對於海外美資的法律保護問題，大體上均是仿此模式作出規定。但是，後來美國的外交實踐卻驗證了此種模式對美國資產者保護的「不足」。因為，儘管其中專門提到徵用與賠償的問題，這是明確的；但其所稱「公平合理的賠償」，即關於賠償的**標準**問題，卻仍然是含混的。這種「不足」在一九三八年的美墨爭端中顯得十分突出：當時，墨西哥政府為了保衛國家主權和維護民族權益，對境內的美國石油公司實行國有化。美國資產者暴跳如雷，其國務卿赫爾在先後送交墨西哥政府的兩份照會中強硬聲明：

　　我們不能容許一個外國政府無視國際法上的賠償準則，隨便奪取美國國民的財產；也不能容許任何外國政府片面地，通過國內立法逕自取消此項**公認的**國際法原則。[19]

　　美國政府只不過是提出一項不說自明的事實：依據法律和公平合理的一切準則，不論為了何種目的，如果不針對徵用提供**迅速及時、充分足夠**以及**切實有效**的賠償，任何政府都無權徵用私人財產。[20]

　　看來，「迅速及時、充分足夠、切實有效」這三項原則，顯然就是美國當局對「公平合理的賠償」一詞的解釋，並為後來的美國官方文件所多次引據。但是，當時的墨西哥政府卻針鋒相對、理直氣壯地提出：國有化過程中的徵用措施是普遍適用於許多人的，它不同於針對個別私人財產的一般徵用：

　　如果對這種普遍適用、並非針對個別人士的徵用，竟然要求給予迅速及時的賠償，或者要求給予限期付款的賠償，並把支付賠償金視為法定義務，那麼，在國際上既**不存在**這樣的公認理論原則，也不存在這樣的傳統實踐慣例。……我們國家的變革，也就是說，我們國家的前途，不能因為無法向極少數唯利是圖的外國人立刻支付財產賠償，而從此停頓中斷。……墨西哥所主張的理論是：給予**賠償的時間**和辦法理應由它**本國的法律來決定**。[21]

　　這場美墨糾紛和論戰，一直延續到二十世紀四〇年代。美國政府「總結」了諸如此類的「經驗教訓」，於是在第二次世界大戰後所簽訂的一系列友好通商航海條約中，就轉而採取另一種新模式。以一九五三年締結的《美日友好通商航海條約》為例，其中第六條第三款就針對海外私人投資的徵用與賠償問題，把上述賠償「三原則」以明確具體的文字，**正式寫進**約文之中，以求對於對方產生**國際法上的約束力**。約文如下：

　　　　一方締約國國民和公司的財產，處在對方締約國領域內，除非為了公益目的，不得加以徵用；同時，如不迅速及時地給予合理的賠償，也不得加以徵用。這種賠償，必須能夠切實有效地折成現金，並且必須完全相當於被徵用財產的價值。[22]

至此，幾經遞嬗，一個以本國自然人以及法人的海外私人投資作為保護對象，具體地規定了徵用基本前提和賠償基本準則的美國式「樣板」條款，終於出現。此後，這一樣板條款也以大同小異

的文字，被廣泛地納入美國同其他國家，特別是同眾多發展中國家所簽訂的同類條約之中。

第二種，「**投資保證協議**」。對於美國資產者說來，在新訂的友好通商航海條約中增添了上述這樣一條明確的**實體性**條款，這比過去同類條約中只含糊其詞地空言「持續不斷的保護」，當然是「前進」了一步。但是，實體法如車廂，程序法如車輪，有廂而無輪，則車不能行或雖行而不遠。有鑒於此，自二十世紀五〇年代初期起，美國又於原有的友好通商航海條約之外，先後與一百多個國家陸續**另行**簽訂了「投資保證協議」之類新的**專約**。其主要內容就是明確制訂一套**程序性**的規定，借以保證對海外美資的法律保護得以切實貫徹實現。這就是前面提到的雙重保證。

迄今為止，此類投資保證協議的條款，也是大同小異的。一般說來，可歸納為以下五個要點：[23]

（1）雙方政府商定：海外私人投資可以交付保險（投保）；（2）投資項目須經接受投資的東道國根據本協定加以審查此准；（3）美國通過其海外美資保險機構（保證機構）的營業活動取得東道國當地的貨幣後，有權就地加以處置、使用；（4）對於美國國內某保險機構（保證機構）所承保的財產，美國在支付保險事故賠償金之後，即取得相應的所有權和處理權，並有權取代投資人，實行**代位索賠**；（5）規定雙方政府因索賠問題發生糾紛時的處理程序；規定將其中涉及國際公法問題的爭端交付仲裁的方法。

關於「投資保證協議」的上述諸項要點，將在本文第三部分結合美國海外私人投資公司的現行體制問題，另行評介。

第三種，「**投資保護條約**」。據美國國務院官員統計：美國與其他各國間現行的雙邊「友好通商航海條約」，其中有一半是在第二次世界大戰結束後的一段時期裡分別締結的。[24] 戰後這四十多年來，世界政治形勢和國際經濟交往都有了重大的發展變化，上述此類條約中的許多規定已因時過境遷而顯得陳舊。同時，此類條約內容繁雜，包含有許多非商業性的事項和條款，諸如領事問題、移民問題、各種個人權利問題，等等；有的甚至還包含宗教、教育、喪葬等瑣細規定。因此，美國在同二十世紀六〇年代以來新興的許多國家談判締結「友好通商航海條約」的過程中，往往由於條約內容涉及問題過多過廣，雙方難以達成全面協議，無法簽訂新約，從而使美國向新獨立的發展中國家推廣「友好通商航海條約」模式的原計劃受到挫折，收效甚微。到了二十世紀六〇年代中期，推廣這種條約模式的原定計劃就逐漸偃旗息鼓了。

從二十世紀七〇年代中期起，美國國務院法律顧問處的專家們主張著手編織另一種新型的條約網，以便把它擴展到許多新獨立的發展中國家。在這以前，歐洲的一些國家已經擺脫了傳統的「友好通商航海條約」的老框框，捨繁就簡，順利地同若干發展中國家締結了雙邊性的「**投資保護條約**」，專門針對有關投資的若干基本問題，達成協議。美國深感自己在這方面已經落後，必須急起直追；但又不能簡單地抄襲歐洲模式。因為美國作為全球首屈一指的海外投資國家，在國際經濟關係中享有各種傳統的「優勢」，基於切身利害的考慮，必須儘早擬出並大力推行一種切合美國投資人利益需要的、美國型的「投資保護條約」樣板，

以適應和對付新的世界局面。

關於美國國務院法律專家們積極主張**締結新型條約**的目的和用意，國務院現任助理法律顧問斯科特·古吉昂作了如下的說明：

在這之前，（世界各地）已經發生了大量的徵用事件；第三世界也大聲疾呼要建立「新的國際經濟秩序」，而這種「秩序」卻是同傳統的國際經濟法互相牴觸的。大力推進締結新約的主張，正是為了要在這樣的歷史時期中擴展對投資的保護力量，**加強美國**及其「經濟合作與發展組織」[25]夥伴們在投資問題上所**信守**、**所倡導**的**國際法立場**。在這個意義上，上述美國型的新條約乃是一種「法學家的條約」。精心設計出這種條約，與其說是為了加強（私人）投資決心和擴大投資流量，不如說是更多地考慮到它在**國際法**上產生的**影響**以及如何保住現有的投資「股本」。[26]

如果把這種美國型的新條約模式與傳統的「友好通商航海條約」加以對比，就不難通過其異同而看出兩者之間的相互關係。可以說，這種美國型的「雙邊投資保護條約」模式乃是舊日「友好通商航海條約」的一種發展和演進。而這種發展和演進，則是在二十世紀六〇年代以來國際政治形勢發生重大變化、國際投資氣候對於美國投資家日趨不利的背景下出現的。這兩種新、舊條約相比起來，前者刪除了後者中的非商業性的條款；也刪除了其中雖與商業有關但對美國投資家說來已經變得比較次要的規定

（例如航海事宜等）；還刪除了業已尤其他國際協議所取代的內容（例如，關於貿易事宜，已由「關稅及貿易總協定」所取代；關於稅收事宜，已由「雙邊課稅協議」所取代）。在這個基礎上，這種新型條約模式**把注意力完全集中**於有關保護海外投資的若干關鍵性問題，諸如：投資的**入境興業手續**、**投資**興業的待遇問題（國民待遇與最惠國待遇等）、投資企業的**徵用**問題、**資本和利得**向境外轉移**匯出**的問題、投資糾紛的處理問題，等等。在許多基本概念和名詞術語上，這種新型的「投資保護條約」和傳統的「友好通商航海條約」中的有關規定，是互相溝通和大體相同的。但是，前者把後者中有關規定**大大地具體化了**，並且按照美國所理解、所堅持的「國際法標準」，對這些規定作了更詳細的解釋說明。這樣做的目的，顯然是為了把各種「法定權利」賦予私方投資家，更便於他們在根據條約向法院投訴或向仲裁庭申訴時**直接**加以**援引**和使用，從而**加強私方投資家**在訟爭中的**法律地位**。

　　新約模式既已設計定型，就須積極加以貫徹實現。自一九八一年冬季起，美國開始同若乾發展中國家就締結新型的雙邊「投資保護條約」進行磋商和談判。[27] 兩三年來，美國已經先後同巴拿馬、埃及、海地、塞內加爾共四個國家分別達成協議，簽署了新約。同時，又正在同摩洛哥、哥斯達黎加、扎伊爾、孟加拉國、利比里亞、洪都拉斯、馬來西亞、中國等積極開展締約談判。但是，直到一九八四年六月底，雙方代表業已簽署的上述四項新約**尚未有任何一項已由雙方立法機關正式批准**並開始生效。[28] 而正在磋商談判中的各項新約，也因在若干重大問題上雙方意見相

左，或遲遲未獲協議，或中途受阻「擱淺」。

據美國報刊透露，出現上述諸現象的基本原因，主要在於以下兩個方面：

第一，發展中國家無不十分珍惜自己經過長期奮鬥得來不易的獨立自主權利；而美方對海外美資享有的權利和待遇，往往**要求過高**，與作為東道國的發展中國家努力維護獨立主權的立場相左。現任美國貿易代表助理哈爾維・貝爾是當前美方負責「雙邊投資保護條約」談判事宜的高級官員。他在總結談判進展實況時曾感嘆說：「國家主權原則觸到了外國資本的權利這一敏感問題。這些**主權原則**一開始就把推廣新約的計劃弄得遠比人們預期的要複雜得多。」〔29〕透過這句話，人們可以看出：正是由於美方為海外美資要求過高待遇，可能**踰越東道國主權**所可以允許的範圍和**界限**，使人難以接受，從而使談判簽約問題難以順利達成協議。〔30〕

第二，海外美資在其經營活動的過程中，為美國投資人贏得了巨額利潤。在這同時，也給作為東道國的一些發展中國家帶來一定的經濟效益。但是，多年以來，也有相當數量的美資跨國公司在第三世界各國中留下了頗為不佳的歷史形象。它們或則恃富欺貧，飛揚跋扈；或則壟斷了東道國的經濟命脈；或則行為越軌，目無法紀，直至干涉東道國內政，從事顛覆活動。這些，都給接受美資的貧弱國家帶來損害和危害。發展中國家總結了歷史經驗，在同美國就吸收美資問題談判締結新約之際，當然不能不保持清醒頭腦，謹慎小心，努力趨利避害，以維護本國權益。面對此種基本態度，美國主管新約談判事宜的高級官員哈爾維・貝

爾也有所感觸。他說：在發展中國家，要想就投資準則達成雙方可以接受的諒解，那就**很難迴避**由來已久的、**對跨國公司心存餘悸**的問題。」可以想見：在新約談判過程中，雙方對於美資跨國公司的投資活動問題，確實存在著**約束**與**反約束**的矛盾，存在著約束到何種程度的「討價還價」。

總之，美國自二十世紀八〇年代初開始大力推行的新型「雙邊保護投資條約」體制，一開頭就遇到了各種阻力和障礙。其中首要關鍵，就在於美國**至今仍墨守**某些**陳舊**的「**國際法信念**」。這種推行新條約體制的努力，日後究竟能在多長期間、多大範圍、多大程度上如願以償，使新體制得以確立，目前尚難預測。但其中有一點則是基本確定的：即使美國同大量發展中國家一一締結了上述新約——雙邊性「**投資保護條約**」，它同這些國家先前締結的雙邊性「**投資保證協議**」，也勢必繼續**發揮效能**，並且將和上述新約相輔相成，合力保護海外美資。關於這一點，可以從上述新約的有關條款中，略見端倪。在美國提交對方供談判用的新約最新「藍本」中，第六條專就解決投資爭端問題作出規定。該條第四款載明：

在投資糾紛處理過程中，如果涉訟的一方國民或公司根據**保險合同**或**保證合同**，就其所申訴的全部損失或部分損失，已經獲得或即將獲得賠償或其他補償，另一方締約國不得借此主張（如作為被告，不得借此反訴主張）享有抵扣權或其他權利。[31]

十分明顯，此處約文中所稱「保險合同或保證合同」，就是

指美國投資人目前同美國「海外私人投資公司」所訂立的這一類**投保承保契約**。如前所述,海外私人投資公司(或其繼承機構)的法律地位以及它在保護海外美資過程中的作用,已經明文載入美國同大量發展中國家分別簽訂的《投資保險協議》。中。如今,它對海外美資所發揮的「保險」作用以及它與美國投資人所訂立的保險契約,在新型的「投資保護條約」中再次獲得**確認**和**肯定**。儘管先後兩次確認和肯定的角度和措辭有所不同,但顯然可以看出:即使日後美國同大量發展中國家逐一締結了這種類型的「投資保護條約」,對美國說來,上述**「協議」**和上述**「條約」**不僅可以**並行不悖**,而且可以**「相得益彰」**。

以上,是美國為保護海外美資而在**國際條約**、國際協定方面所作努力的大體輪廓。

與此密切配合,美國同時在**國內立法**方面,多次釐定新案,「精益求精」地定出保護美資的整套措施,並且通過上述國際協定,使美國在國內法上為海外美資提供的保護傘,盡可能地擴張到美利堅合眾國國界以外去,遍及世界各地。在這方面的發展過程,也是有案可查的。

(二)保護海外美資的國內立法之變遷

第二次世界大戰結束之初,歐洲各國瘡痍滿目,百廢待舉,需財孔亟,對歐投資有厚利可圖。於是大量美資乘虛蜂擁而入。其主要渠道,就是當年甚囂塵上的「馬歇爾計劃」早在一九四八年,作為推行「馬歇爾計劃」的一個重要環節,美國國會通過了「經濟合作法案」。適應著美國資產者的需要,對於海外私人投

資給予「安全保證」的**基本原則**和具體措施，就是依據該法案的下述**「原始」**規定而逐漸鋪衍開來的：

　　根據美國**經濟合作署**署長指示制定的規章條例，對於向經過署長以及**有關當事國**批准的項目實行投資的**任何人**，……依照以下條件給予保證：

　　1. 對任何投資人提供的保證，不得超過該投資人經署長批准投入建設項目的美元總數；並且限定於保證該投資人所獲得的下述**其他國家貨幣**或按這種貨幣計算的債權，**可以兌換成美元**：從經過批准的投資項目中取得的全部或部分收入、報償或利潤；由於出售或轉讓全部或一部分投資而取得的補償款項。但根據本款規定向投資人支付賠償金之後，上述其他國家的貨幣或按這種貨幣計算的債權，即應成為美國政府的財產。

　　2. 署長可以自行決定對每筆投資每年收取不超過總額百分之一的保證費。按此項標準收集的經費應當用於清償根據本款規定提供保證所產生的債務，直到這類債務已經全部償清或已經過期，或這些經費已按本款規定全部開支完畢。

　　3. 本款所稱的「人」是指美國的**公民**，或根據美國的聯邦法律、美國某州或某塊領土的法律所設立並主要屬於美國公民所有的**法人、公司**或其他社團。[32]

　　在這段「原始」規定裡，有三個方面值得注意：第一，投資保證制度**適用**的**地區**僅限於歐洲，條文中所稱的「有關當事國」，指的就是參加所謂「歐洲復興計劃」的歐洲國家[33]；第二，投

資保證的**內容**，僅限於貨幣兌換上的風險，即只保證投保者可按契約規定將其他國家的貨幣兌成美元；第三，投資保證業務的**主辦機構**——經濟合作署，是直屬美國國務院的一個**行政**部門。

此後三十年來，美國當局適應著形勢的變化和投資人的需要，頻繁地修訂法案，更新立法，對以上三個方面不斷地作了如下幾點調整：

在投資保證制度**適用的地區**上：二十世紀五〇年代初，歐洲經濟逐步復甦，當地的各國資本家圖謀盡多地占有本國的投資市場，開始致力競爭以排擠美資。相形之下，世界上各發展中國家和地區的投資環境，因其原料之豐足、便宜，勞力與地價之低廉，以及銷售市場之廣闊，對於美資自然具有更大得多的吸引力。但是，另一方面，第二次世界大戰以後被壓迫弱小民族覺醒的浪潮，日益澎湃於這些國家和地區，維護國家主權、發展民族經濟的行動和措施日益加強。對於美資說來，這自然又意味著頗大的「政治風險」。正是在歐洲「地盤狹小」、亞非拉「**利厚險多**」的雙重矛盾之下，美國的海外投資保證制度適用的地區，就逐步擴展到歐洲以外的地區[34]，並**重點**適用於發展中國家的美國私人投資。一九五九年以後，又進一步規定：**僅限於**發展中國家的美資，才能適用美國的投資保證制度。[35]

在投資**保證的內容**上：起初僅限於承保貨幣兌換上的風險；後來逐步擴大到承保徵用風險、[36]戰爭風險、[37]革命和內亂風險；[38]最近又進一步擴大到承保騷動風險。[39]關於這方面的具體制度，將在本文的第三、第四部分予以闡述。

在投資保證業務的**主辦機構**上：從一九四八年設立「經濟合

作署」、歷經一九五二年的「共同安全署」、一九五三年的「國外事務管理署」一九五五年的「國際合作署」到一九六一年的「國際開發署」，名稱屢經變遷，職司有大有小，但均曾相繼主管過海外美國私人投資的保證、保險業務。而每次調整更新，後一機構就是前一機構的「繼承者」，承接了前一機構就投資保證保險業務所承擔的義務和所享受的權利，使投保人與承保人之間的關係穩定化，同時也藉以使美國有關承保機構向東道國當局**代位索賠**的權利**穩定化**。[40] 此外，每次更改名稱，都還沿用一個「署」（Administration或Agency）字，並具體規定它始終是美國政府的一個**行政**部門。

一九六九年，適應著國際形勢的新變化，美國國會第八次修訂《對外援助法案》。把主辦海外美資保證保險業務的權力，賦予一個新設的「海外私人投資公司」。一方面，一反過去長期沿用的名稱，改「署」為「公司」，即改行政部門為經濟法人，完全按照「公司」的體制和章程經營管理；另一方面，卻又明文規定它仍然是「在美國**國務院政策指導**下的一個機構。」[41] 自從改**公署主管**為**公司經營**之後，**十餘年來**，機構名稱和基本體制均相對穩定，並至少將沿用到一九八五年九月。[42] 這說明此種投資保證保險形式是**基本適合**美國當局和投資人需要的。

人們不禁要問：其中究竟有何奧妙？

海外私人投資公司前總經理布拉德福特・米爾斯一九七三年在美國國會的一次公聽會上反覆解釋了採取「公司」形式的種種好處，其中最主要的是：「海外私人投資公司在解決投資糾紛中一向起著建設性的作用，從而**避免了政府與政府**之間的**直接對**

抗。」他舉例說，如果海外投資人未向該公司投保，一旦遇到徵用風險事故，多半就是去找當地的美國大使館，找美國國務院和國會，要求採取行動。於是美國政府就卷進這種投資糾紛。反之，投資人如果事先曾向該公司投保，那麼，該公司就可以「充當外國政府與美國商行之間的橋梁，使政治性問題，取得商業性解決。」[43]因此，必須採取公司形式。

　　既然「商業性解決」是上策，那就乾脆讓**私人**去經營投資政治風險的保險業務，與美國政府完全無涉，豈不更好？對這個問題，該公司的另一位繼任總經理布魯斯·列威林解釋說：答案很簡單：私人保險公司認為，保這種險，太過冒險，不願意幹。」[44]因此，既必須採取「**公司**」形式，又必須純由**政府**經營。

　　此外，還有一位曾經為某投資家索賠案件當法律顧問的美國律師萬斯·科文，他在論及投資家為避免各種政治風險損失而寧願花錢向海外私人投資公司投保時，進一步介紹了該公司許多領導人的共同見解：「正如海外私人投資公司官員們所經常指出的，由於諸如此類的損失而去控告外國政府當局，要求賠償，單就其費用高昂，曠日持久以及麻煩周章而言，就足以證明（向海外私人投資公司）花錢購買對付政治風險的保險單是很合算的；更不必提國際法所固有的**變幻無常**、捉摸不定，以及**主權豁免**和**國家行為**這一類學說所體現的各種**潛在障礙**了。」[45]

　　這些解釋，看來都語焉不詳，含義晦澀。但如果聯繫到近二三十年來美國政府和美國投資家所曾經遇到的各種「煩惱」，就會知道上述這些話原來都是「經驗之談」，而美國政府設置海外私人投資公司的目的意圖，也就不難理解了。

（三）在保護海外美資中，美國當局的趨避

如所周知，第二次世界大戰以後三十多年來，被壓迫民族的解放運動遍及全球，他們爭取國家獨立、維護民族權益的長期鬥爭及其重大成就，使得舊日殖民主義、帝國主義、霸權主義的統治秩序受到嚴重的衝擊，並日益有力地促使舊的國際經濟秩序被新的國際經濟秩序所取代。相應地，國際公法上的某些陳舊「準則」，在西方發達國家當權者看來幾乎是「天經地義、萬世不易」的，現在卻受到眾多發展中國家的挑戰、非難和抨擊。在「南、北」兩大營壘舌劍唇槍的論戰過程中，這些陳舊的「準則」由於違背時代潮流，違反國際社會中多數成員的意志，理所當然地敗下陣來，逐步受到淘汰。反之，在廣大第三世界各國據理力爭下，許多國際會議、國際協議所釐定的新原則，就逐步上升和轉化成為新的國際法準則。國際法上這種除舊布新、新舊更替的過程，從歷史發展規律和時代大勢所趨看來，乃是十分正常的現象。但是，從固守舊日「秩序」、維護既得利益的角度來看，它就顯得「變幻無常」「捉摸不定」，難以駕馭和控制了。

就美國對海外私人美資實行國際法律保護問題而言，在三十多年來國際風雲「變幻」中，它所遇到的實際障礙和「潛在障礙」，確也不外乎在國家行為、主權豁免、賠償標準、司法管轄、外交保護等方面所出現的新問題、新見解以及逐步形成的國際法新準則。在這個過程中，美國當局通過新的國際協定和國內立法努力推行對海外美資的保險、保證制度，特別是通過政府官辦「公司」的承保形式來促進這一制度，看來正是為了千方百計地**避開**或**繞過**這些實在的或潛在的障礙——「攔路虎」。茲試分

述如下：

1. 力圖避開或繞過國家行為與主權豁免問題上的障礙

所謂國家行為，通常指的是一個主權國家的政府所從事的某種作為或不作為。按照國際慣例，主權國家的行為和財產不受任何外國法院的管轄。反過來說，任何一國的法院均不得對外國國家的行為和財產行使管轄權。這種慣例，是各國互相尊重主權獨立和各國主權一律平等這一國際法基本原則的自然延伸，通稱「對外國國家的司法豁免」[46]，或簡稱「主權豁免」[47]

以美國而言，早在一八九七年，美國最高法院院長富勒就曾表述過該院的一致見解：「任何主權國家都有義務尊重其他一切主權國家的獨立，因此，一國的法院不應當對另一國政府**在其本國領土上**的行為加以審判。對於這些行為所引起的損失，應當通過兩個主權國家商定的適當措施加以補救。」[48]從理論上說，任何國家的政府在**本國領土上**對外國人財產加以**徵用**，當然屬於國家主權行為，這是不說自明的。但是，二十世紀六〇年代初發生的一起徵用事件國際糾紛，卻使美國當局在這個問題上陷入思想混亂、自相矛盾和捉襟見肘的窘境：

一九六〇年七月，美國當局大幅度削減古巴食糖進口配額。古巴當局迅即決定徵用境內的美國私人投資企業，予以低息長期債券補償。原美資卡馬圭食糖公司的一批食糖經古巴徵用後售與美商，運往紐約銷售。古巴售糖單位原與美國私商法爾約定，售糖價款應交與「古巴國家銀行」駐紐約的代理人，事後法爾卻受命將糖款交與美國法院指定的收款人薩巴蒂諾。於是，古巴國家銀行向紐約地方法院起訴，要求收回糖款。被告薩巴蒂諾等反駁

稱：這些食糖是美資卡馬圭公司的財產，不屬古巴所有。一九六一年三月，美國紐約地方法院判決：古巴的徵用法令「**違反國際法**」故美國法院**不承認**它是外國政府的**國家行為，不能享受主權豁免**；糖款應當歸卡馬圭公司的美國股東們所有。[49]

　　古巴國家銀行上訴於美國的「上訴法院」該二審法院於一九六二年七月作出判決，除重申古巴的徵用行動「違反國際法」之外，還著重提到：受害的美國股東們別無他途可以尋求法律救濟，只有由美國法院宣布古巴政府通過徵用所取得的財產（食糖）所有權無效，把售糖所得款項付給美國股東們，方可彌補損失。因此，駁回上訴，維持原判。[50]

　　事情最後鬧到美國最高法院。最高法院礙於「國家行為學說」已獲國際公認，一九六四年三月二十三日決定撤銷原判，發回原轄紐約地方法院重審，並明確地指示了改判要旨：「由於國家行為學說不許可對本案中古巴徵用法令的有效性提出異議，因此，強調徵用法令無效的任何反訴都是站不住腳的。」[51]

　　就在最高法院作此最後決定的前後，美國國境內發生了幾起與此有關，而且「有趣」的事，不能不補敘一筆：

　　一九六二年十二月，在美國紐約召開的聯合國大會第十七屆大會上，以美國為首的若干發達國家為一方，以廣大發展中國家為另一方，就各國自然資源的主權問題進行了激烈的舌戰。交鋒結果，是在十二月十四日通過的大會決議上明文規定：

　　一切國家對本國自然資源都享有「永久主權」。承認各國具有依其本國利益**自由處置**本國自然財富和自然資源的不可剝奪的

權利。採取國有化、徵收或徵用措施，應以**公認的**、遠較純屬國內外個人利益或私家利益重要得多的**公益**、安全或國家利益等理由作為根據。遇有此種場合，採取上述措施以行使其主權的國家，應當按**照本國現行法規以及國際法**的規定，對原業主給予適當的賠償。賠償問題發生爭執時，一般應按採取上述措施的國家的國內訴訟程序，取得解決。但主權國家及其他當事人如另有協議，則應通過仲裁或國際審判以解決爭端。[52]

這些文字雖仍有不少含糊、模稜之處（下文將予分析[53]），但從邏輯上說，顯然已經基本上承認各國把本國境內被外資控制的自然資源收歸國有或加以徵用，乃是「自由處置」的方式之一，乃是行使「不可剝奪」的「永久主權」的一個組成部分。同時，遇有糾紛，一般應訴諸東道國國內的司法管轄。

眾所周知，聯合國總部就設在紐約。大會的激烈論戰及其終於通過的國際性決議，對於近在咫尺的華盛頓最高法院的大法官們，自不會毫無影響。法官們審時度勢，為了維護自身的威信，對於正在手中覆審的上訴案件作出上述處斷，自然是比較明智的。

可是，早在最高法院作出上述決定之前，一九六三年七月，美國**行政**當局卻已通過財政部頒行了《古巴財產控制條例》[54]，「凍結」了古巴在美國的一切財產，**禁止一切支付**、匯兌。於是，對「古巴國家銀行」說來，美國最高法院的上述決定以及紐約地方法院的遵命改判，就成了「口惠而實不至」的一紙空文。至少在上述條例「解凍」之前，是無法兌現的。

同樣有趣的是：緊接著最高法院於一九六四年三月作出上述判決之後不久，美國的立法機關——國會卻在同年十月修訂《對外援助法案》之際，在該法案第六二○條中趕緊補上一項新規定：今後凡是外國政府以（美國認為）「違反國際法」的徵用法令取得的財產在美國捲入訟爭，「不論其他法律作何規定，任何**美國法院都不得藉口聯邦的國家行為學說，拒絕根據法律上的是非曲直作出判決。**」同時規定：除非美國總統基於外交考慮認為個別特殊案件有必要援用國家行為學說並通知法院，法院方可作為例外處理。[55] 於是，**立法否定了司法，而且授權行政干預司法。**至此，原先大法官們所力圖建立的「公正持平、執法不阿」形象，就被破壞殆盡了。在這個曾經轟動一時的具體案例上，美國式的「三權分立」竟有如許妙用，三者之間，究竟是互相掣肘，還是緊密配合？確實耐人尋味！

不過，就此案所涉的原卡馬圭食糖公司的美國股東而言，前後打了將近四年官司，確實是所費不貲，延宕時日，而又終無所獲。前述海外私人投資公司官員們的經常議論[56]雖然並非專指本案，但本案卻相當典型，可以作為前述官員們看法的絕好註腳。

反之，此類海外美資如按美國**現行的**投資保險保證體制，由投資家先向海外私人投資公司交費投保（即購買針對「政治風險」的保險單），而美國又事先與有關東道國訂有雙邊性投資保證協定，則一旦發生徵用風險事故，投資人便可依據美國國內的保險契約（合同）向該承保公司索賠，而該承保公司於支付賠償金之後，又可藉助於國際上的雙邊協定所加於東道國的國際法上

的約束力，按事先約定的具體辦法，代位求償。於是，國家行為與主權豁免這一類橫在索賠途徑上的實在障礙或潛在障礙，便多少可以避開或繞過了。

2. 力圖避開或繞過徵用賠償標準問題上的障礙

美國對海外美資被徵用時賠償標準的一貫主張，已簡述於前。這一標準，曾經廣遭發展中國家非議和反對。對此，美國曾仰仗其雄厚經濟實力以及第二次世界大戰後形成的特殊地位，利用某些接受「美援」的發展中國家經濟單薄、對美國有所依賴的弱點，向它們施加壓力，迫使「不馴者」就範。其典型措施之一，就是在一九六二年修訂《對外援助法案》。添加了若干新的條款（通稱《希肯盧珀修訂案》）。其要點在於除以不同語言重申美國一貫主張的徵用賠償三原則之外，特別強調：如果對美資實行徵用的東道國不按美國所規定的標準、條件和期限實行賠償，美國總統就應中斷對該國的一切「美援」供應。[57]

這一規定的仗勢欺人之處，在於許多發展中國家的美資項目，是早在這些國家尚未獨立、尚無主權的殖民地時期，在不平等、不公平、非互利、非自願的基礎上進入該國的。經過多年苛刻的盤剝，其所漁取的厚利早已遠遠高出原資本的數倍、數十倍。現在，東道國為了鞏固新爭得的國家獨立和維護民族權益，將有關資源或項目收歸國有或加以徵用，卻仍須按照美國的意志，在極短期間內以本國奇缺的外匯償付「充分足夠」的巨額賠償金，這就無異於剝奪了弱小民族對本國自然資源行使永久主權的權利，使它們繼續處在附庸、依賴的地位。正因為如此，這個《希肯盧珀修訂案》。過之後，迅即遭到許多發展中國家的抨

擊。連美國最高法院的大法官們也不得不承認：

　　一個國家在徵用外國人財產方面究竟享有多大限度的權力？在這個問題上聚訟紛紜，**意見分歧**如此**嚴重**，這是當代國際法中所罕見的。……某些新近獨立的不發達國家的代表人物質問：關於對待外國人的**國家責任**准則究竟能否約束許多從來就沒有對這些準則表示過贊同的國家。也有人極力主張：關於徵用財產賠償的傳統標準，反映了「帝國主義者」的利益，因而對於新興國家的處境說來，是格格不入的。……這方面的問題十分敏感地牽涉到國際社會**各類成員不同**的實踐目標和意識形態目標，**很難想像**美國**一國**的法院竟可以對這方面的問題作出判決。[58]

　　美國最高法院大法官們的這段敘述和有關見解，是有事實根據的。

　　即以前引聯合國大會一九六二年《關於自然資源永久主權的決議》而論，其中第四條關於徵用與賠償問題的規定，就是「南、北」兩方經過激烈論戰之後通過的一個**妥協性**決議。眾所周知，美國所主張的賠償三原則，向來為西方其他發達國家所追隨，它們認定這就是「**國際法**」上應有的賠償標準。反之，眾多發展中國家則向來認為徵用與賠償，均屬本國主權行使過程中的內政，自應按**本國國內法**規定辦事。而長期交鋒之後終於通過的決議文字卻是：對外國人財產實行徵用的東道國「應當**按照本國現行法規以及國際法**的規定，對原業主給予**適當的賠償**」。在這裡，前半句基本上就是雙方主張的簡單相加，後半句則仍然可以

見仁見智，各自按自己原來的觀點對「適當的賠償」作出解釋，簡言之，分歧與紛爭並未解決。[59]

　　事隔十餘年，至二十世紀七〇年代初，由於又有許多殖民地被壓迫民族相繼爭得國家獨立，全世界發展中國家的數目激增。國際社會結構的變化反映到聯合國內，第三世界會員國開始形成壓倒性的多數。加上一九七一年中華人民共和國恢復了在聯合國和安理會中的合法席位，堅定地同第三世界各國站在一起，為建立新的國際經濟秩序而奮鬥。於是，聯合國內部形勢大變：寥寥幾個西方大國操縱一切的局面終被打破，第三世界國家日益活躍，舉足輕重。在這種情況下，一九七四年五月聯合國大會第六次特別會議通過的《建立新的國際經濟秩序宣言》（以下簡稱《宣言》）以及同年十二月第二十九屆常會通過的《各國經濟權利和義務憲章》（以下簡稱《憲章》），對於徵用與賠償問題的規定，就有了新的重大發展。茲試摘錄要點，並比較說明如下：

　　（1）各國對本國的自然資源以及一切經濟活動擁有完整的、永久的主權。為了保護這些資源，各國都有權採取適合本國情況的各種措施……**包括**有權實行**國有化**或將其所有權轉移給本國國民。這種權利是國家享有完整的**永久主權**的**一種體現**。任何國家都不應遭受經濟、政治或其他**任何形式**的**脅迫**，這些脅迫旨在阻撓它自由地、充分地行使這一不容剝奪的權利。[60]

　　（2）一切國家都有權把外國產業收歸國有、徵用或轉移其所有權。在這種場合，採取上述措施的國家應當根據**本國的**有關法律、條例以及**本國**認為**恰當**的一切辦法，給予適當的補償。[61]

第三編・國際投資法

529

（3）一切遭受外國占領、異族殖民統治或種族隔離的國家、地區和民族，在它們所固有的**自然資源**以及其他資源受到**盤剝搾取**、消耗殆盡和**損害破壞**時，**有權**要求物歸原主，並**取得充分的賠償**。[62]

把這幾段文字對照前述一九六二年《關於自然資源永久主權的決議》中的相應文字[63]，就可以看出，一九七四年的文獻有以下幾點重大發展：

（1）正式明文規定，把對本國自然資源實行國有化或徵用，「包括」在一切國家「完整的永久主權」之內，即正式確認前者是後者的一個組成部分，「一種體現」。從而在國際社會中起了公開地**「正名」**的作用。同時，**刪除了**徵用時「應以公認的……理由作為根據」這一語意涵糊、可以隨意解釋的**前提條件**，這無疑是承認了各國對本國自然資源享有永久主權是絕對的、**無條件**的。

（2）正式明文規定，在給予徵用賠償時，應當按照東道國**國內法**的規定辦事。**刪除了「……以及國際法的規定」**等字樣，從而排除了西方發達國家力圖按它們自己建立的「傳統」標準所施加的「國際法」的約束，使得「給予適當的賠償」一語，含義明朗化、界限化，杜絕了前述模棱兩可的解釋。

（3）為長期遭受殖民掠奪、自然資源受到嚴重損失的弱小民族伸張正義，賦予它們在一定條件下**反轉過來向掠奪者要求損害賠償**的正當權利，從而減輕或抵消把某些外資企業收歸國有時支付賠償金的沉重負擔。

在美國看來，《宣言》和《憲章》中諸如此類的規定是它所不能接受的，特別是上述第（2）點，與美國長期所堅持的主張無異南轅北轍。所以，在《憲章》交付大會正式表決時，儘管有一百二十票贊成，美國卻是六個投反對票國家的為首者。

形勢不饒人。失之東隅，就力圖得之桑榆。美國在國際性大場合關於徵用賠償標準的傳統主張屢次受挫，節節敗退，於是就設法通過締結一系列新的**雙邊性**投資保證協議，加以補救。即**一個一個地**對締約國對方施以新的國際約束：通過先在國內支付保險事故賠償金，繼而向東道國代位索賠的途徑，把賠償金的計算標準，盡可能地（至少是部分地）掌握在自己手中，從而盡可能避開或繞過徵用賠償問題上的國際障礙。看來，這顯然是美國在國際上致力於簽訂新的雙邊性投資保證協議，在國內不斷調整投資保險體制，加強承保單位靈活性的重要動因。

3. 力圖避開或繞過東道國的司法管轄

國家對於本國領土內的一切法律糾紛，除受國際法或條約義務的若干限制外，享有充分的司法管轄權。這是國家主權原則的題中應有之義。自從十九世紀中著名的「卡爾沃主義」和「卡爾沃條款」[64]開始出現以來，國際法學界對於其中有關外籍契約當事人自願放棄受其本國政府外交保護權利的規定，儘管是非臧否不一，但其中所堅持的外國人應受東道國法律管轄，遇有法律糾紛必須由當地法院審理這一內容，卻由於它符合國家主權原則，逐步獲得普遍肯定。到了二十世紀四○年代，甚至像聯合國這樣具有頗大國際權威的世界性組織，也在憲章中規定它自身**無權干涉**「在本質上屬於任何國家國內管轄之事件」[65]。

一九五二年國際法院就英國伊朗石油公司國際糾紛案件所作的著名裁定[66]進一步具體肯定了有關外國投資問題的契約糾紛、徵用爭端都應按照公司所在地的國內法處斷，基本上承認了嚴格的國民待遇原則，即外國人可以享有，也只能享有不超過東道國本國國民的同等法律保護。

此後，在徵用索賠的司法管轄問題上，經過第三世界的據理力爭，聯合國大會先後在一九六二年和一九七四年通過的《關於自然資源永久主權的決議》以及《各國經濟權利和義務憲章》中，都正式作出了東道國國內法優先適用的規定，而後者的規定尤為明確：「賠償問題引起爭執時，應當根據採取國有化措施國家的國內法，由該國法院進行審理。」[67]

以上，是問題的一個方面。

另一方面，同樣是基於主權原則的考慮，聯合國憲章中規定了鼓勵各當事國通過協商、**自行選擇**其他方法以和平解決爭端的原則。[68]在這一原則的影響下，上述一九六二年和一九七四年的兩項聯合國決議針對徵用索賠糾紛問題，作為優先適用東道國國內法的一種**例外**，在「但書」中進行了相應的規定：允許各當事國在主權平等的基礎上，自由議定採取東道國國內法以外的其他和平解決途徑，諸如提交國際仲裁或國際法院審理，等等。[69]

對於這種「但書」規定所提供的機會，美國政府向來是積極加以援用的。它吸取了英伊石油公司徵用糾紛的「教訓」在一九五七年九月同伊朗簽訂的《私人投資保證協議》中，專門列入一項規定：

遇有因徵用賠償等引起的代位索賠問題，應由雙方政府**直接談判**解決。如果在一定期間內兩國政府無法達成協議，解決爭端，則應交由雙方共同選定的一位**獨立仲裁人**，作出最後的有約束力的裁決。如果在三個月內雙方政府就仲裁人選定問題無法達成協議，則應在任何一方政府請求下，由國際法院院長指定仲裁人。[70]

　　這種直接談判、國際仲裁條款，逐漸形成一種模式，在二十世紀五〇年代中期以後美國同第三世界其他國家簽訂的雙邊投資保證協議中，以大同小異的文字表述，廣泛出現。美國的這種做法，顯然是通過把國內保險契約同國際保證協議直接掛鉤，力求在徵用等糾紛的代位索賠問題上，盡量避開東道國國內的司法管轄。[71]

　　4. 力圖避開或繞過國際司法解決中當事人不適格的障礙

　　按照國際法準則，一個國家對於處在外國境內的本國國民，包括具有本國國籍的自然人和法人，有實行外交保護的權利。對於本國國民在外國所受的損害，可以在一定條件下投訴於國際法院，尋求國際司法解決，取得損害賠償。

　　但是，國際法院對投訴案件行使的管轄權，卻受到多重限制。第一，必須是訴訟當事國各方一致自願提交的案件，此點已見前述英伊石油公司案例的裁定。[72]第二，「在本法院得為訴訟當事國者，限於國家。」[73]換言之，國際法院不受理由**直接**受到損害的自然人或法人**自行**起訴的國際索賠案件；必須由受害人所屬的國家出面起訴，國際法院方予受理。第三，任何國家，只

能為具有**本國國籍**的自然人或法人出面向國際法院起訴，要求司法解決；反之，受害人如不具有某國國籍，該國即無權代為出面起訴於國際法院。在最後這一點上，一九七〇年有一樁新的判例引起當時國際法學界的廣泛注意，特別是引起了美國的震動。這就是著名的巴塞羅納公司案。

巴塞羅納機車、電燈、電力股份有限公司在**加拿大**登記（註冊）成立，但其股份卻大部分屬於**比利時**人所有（約占全部股份的85%）。一九四八年，這家公司在**西班牙**宣告破產。**比利時政府**認為西班牙當局在事後處置公司財產時，採取了「蠶食式徵用」措施，違背了國際法準則，損害了比利時股東們的利益，因而出面向國際法院起訴，要求判令西班牙當局賠償比利時股東們的損失。此案拖延多年，終於在一九七〇年二月五日由國際法院作出判決，其要點是：（1）公司是法人，按照國際法的一般準則，只允許該**公司國籍**所屬的國家行使外交保護權，以實現其尋求賠償的目的。持股人所屬的國家並不享有行使這種外交保護的權利。（2）公司的國籍一般依其登記所在地而定。巴塞羅納是一家在加拿大進行登記、屬於加拿大國籍的公司。因此，比利時政府無權為一個加拿大籍的公司的股東們實行外交保護。（3）本案原告不適格。據此，國際法院以十五票對一票，表決駁回比利時政府的起訴。[74] 在此案爭訟過程中，加拿大政府鑒於該公司名義上雖屬加籍但其實際財產利益卻與本國公民關係不大，故對於向國際法院起訴一舉持消極態度。出現了比利時股東心急如焚，加拿大當局無動於衷的有趣局面！

此案表面上與美國全然無關。但判例中所體現的原則，卻使

美國感到有「切膚之痛」。原因就在於它在海外擁有大量屬於美資卻非美籍的跨國公司子公司，此例一開，則一旦這些子公司遇到「麻煩」，美國要「名正言順」地為這些子公司的美國股東們尋求國際司法解決，就會遇到新的困難，因而感到「物傷其類」。連某些知名的美國國際法學者對國際法院的上述判決也多非議、責難。[75]

　　不過，美國投資家所略可引以為慰的是，他們本國的立法者在智囊們的幫助下，已經預先為他們設下一道法律屏障，找到了一個「避法」竅門：早在一九六五年再次修訂《對外援助法案》之際，立法者們就在其中添加了一個新的條款。其中規定：不僅美國國籍的海外公司可以向美國政府主辦的承保機構投保，即使並**不具有美國國籍**的**外國公司**，只要其持股人全為美國國民（包括自然人、法人），同樣可以向美國投保。[76] 自此以後，這條規定一直沿用至今，仍為海外私人投資公司所遵循、執行。

　　設定這個條款的實際意義不外是：（1）不具備美國國籍的海外美資公司，通過其具有美國國籍的股東或母公司，向美國政府主辦的承保機構投保，建立民法上的保險契約關係；（2）由於美國事先同接受美國投資的東道國訂有國際協議，一般地承認其國內的這種保險契約有效：一旦投保美資遇「險」受損，允許美國官辦承保機構依約付賠之後，有權向東道國代位求償；因此，（3）一旦有必要採取國際司法途徑解決投保美資索賠糾紛，美國政府就可以援引上述兩方面的法律關係，作為實行外交保護的法律依據，爭取在國際法院成為適格的原告，避開前述的當事人不適格的障礙。

5. 力圖改善以高壓手段保護海外美資造成的不佳形象

一九七四年聯合國特別大會通過的《建立新的國際經濟秩序宣言》大聲疾呼：任何國家都不應遭受企圖阻撓它行使經濟主權的任何形式的脅迫。[77] 這顯然不是無的放矢。一方面，美國一九六二年的《希肯盧珀修訂案》給第三世界各國（特別是接受「美援」的國家）留下的印象，就是乘人貧弱，仗富欺人。而且該修訂案施行以來，屢遭抵制，收效甚微而樹敵甚多，反使美國自己在外交上趨於孤立，以致事隔十一年之後，不得不對其中特別雷厲、僵硬之處加以撤銷，改得較為緩和、靈活。[78] 這實際上是迫於形勢，給自己找臺階下。另一方面，素常美國因海外美資企業被徵用事件而進行國際索賠時，均由政府外交行政當局直接出面，這也加深了人們對它的不良觀感。

在總結上述兩個方面「經驗」的基礎上，美國投資保證的重點日益轉向新的、得到對方國家批准的項目；並且只好比較現實地通過平等談判，促使對方國家同意承擔對境內美資安全給予某種保證的義務。另外，終於在一九六九年決定改變二十餘年來一直由美國政府行政機關承辦保險業務的做法，改由新設立的官辦專業公司按照公司章程與投資人簽訂投保承保合同，使這種保險合同具有更強烈的私法民事契約氣息；而在國際代位求償場合，也以「公司」名義出現，力求在觀感上令人覺得它主要屬於經濟關係的調整和財務糾葛的處理。這樣，就既有對海外美資實行外交保護之實，卻又並無外交保護之名，至少是外交、政治的色彩被沖淡了許多，冀能使過去動輒由美國政府外交行政當局出面交涉的強權生硬做法在國際社會中所留下的不佳形象有所改善。

美國著名的國際經濟法教授德奧多‧梅隆在盛讚海外私人投資公司這一體制的國際作用時指出：「應當理解，投資保險安排是根據投資保證協議行事的。這就使得別人**比較難以譴責**承保的政府是**經濟帝國主義**了。」[79] 梅隆對公司保險體制的正面讚揚，卻無意中從側面道破了美國當局長期以來的某種心病和治病之方，可謂畫龍點睛，言簡意賅。

　　從以上的歷史回顧中可以看出：美國對海外美資的法律保護制度經過多年來不斷的擴充和調整，時至今日，在國際方面，除了在雙邊「友好通商航海條約」中作籠統規定之外，終有一百多個雙邊性投資保證專題協議之簽訂。在國內方面，終有海外私人投資公司之設立，而若干年後，又還會有新的變動。所有這些，說到底，就是數十年來全球性南北矛盾的一種產物。而從海外私人投資公司的設置意圖來看，在國際經濟秩序新舊交替期裡，美國政府顯然一直設法從國際法發展變動的夾縫中，千方百計地尋找空隙，以保護遍及全球的海外美資。足見這個政府對於本國的投資家──資產者說來，確實是恪盡職守，煞費苦心。

三、海外私人投資公司的基本體制

　　關於海外私人投資公司的基本體制，本文第二部分中已略有觸及。這裡再擇要補充，作一鳥瞰。另外，這家公司自一九六九年底由國會授權成立以來，它所據以建制的法案歷經三次修訂，[80] 這裡引述的根據是一九八一年十月的最新修訂案。

（一）組織領導與業務範圍

根據美國政府一九七九年十月實施的「第二號改組計劃」，設立了一個「國際開發合作總署」，統一主管美國與發展中國家經濟關係方面的各項事務。海外私人投資公司現在是該總署所轄的三個單位之一。[81] 但是，在法律地位上，該公司又被視同美國華盛頓哥倫比亞特區的一個居民（法人），設住所於當地。因而在民事訴訟中，它可以以自己的名義當原告或被告，並按其住所所在地確定其司法管轄以及其他權利義務。在一切仲裁程序中，它也具有獨立的人格。[82] 這種授權規定，可謂「未雨綢繆」，預先為該公司提供了在「打官司」上的獨立性、主動性和方便行事之權。

該公司由董事會全權領導。董事共十五人。國際開發合作總署署長兼任董事長，美國貿易代表或副代表兼任副董事長，公司總經理兼任董事，勞動部官員一名兼任董事。其餘董事，概由美國總統通過一定手續遴選任命。[83] 公司總經理和常務副總經理也由總統委任並遵照總統命令和董事會決策，實行經營管理。[84] 每逢財政年度年終，公司應向國會提交經營詳況書面匯報。[85] 這樣的領導結構和上下關係顯示：這家公司是在美國**最高一層**行政當局直接嚴密控制之下的。就此點而言，不但足見其被重視的程度，而且足見其和政府機關行政單位並無大異，儘管它名為「公司」。

關於公司的經營資金，國會授權美國總統按照法定程序由國庫撥付專款，總統還可隨時補充撥款，使公司手頭經常保持足夠的保險儲備金。另外，公司本身受權可以隨時出售一定限額的債

券給財政部，以取得現款清償保險賠償費，然後定期歸還。[86]
公司的一切收入和收益，均由公司自身全權支配。但從一九八一
年起，公司應從每年純收益中提取一定數額交給財政部，逐漸還
清一九七五年以前所獲得的專用撥款。[87]簡言之，既保證該公
司有足夠的財源和信用，又要求公司做到精打細算，自給自足。
[88]就此點而言，它和政府行政單位是不同的。

　　至於公司的業務經營範圍，據宣布，包括投資保險、投資保
證、直接投資、投資鼓勵、專業活動、其他保險活動等六個方
面。[89]所謂「投資保險」，指的是按公司所定條件對適格的海外
私人投資**專門承保**各種**政治性風險**，諸如東道國禁止外商自由兌
換貨幣、徵用或沒收企業財產、當地發生戰亂引致企業財產損
失，等等。該公司並**不承保**企業經營中所可能遇到的一般**商業性
風險**，這是它的保險業務同其他一般民營保險公司相異之處。

　　所謂「投資保證」，指的是按公司所定條件對適格的海外私
人貸款等提供政治風險保證。按照一九八一年新法案的規定，海
外私人投資公司在同一時間內就投資**保險**項目承保的可能風險事
故賠償金債務總額，不得超過七十五億美元；而在投資**保證**項目
中承保的可能事故債務總額，則限於七點五億美元，僅及前者的
十分之一。[90]

　　所謂「直接投資」，指的是按公司所定條件專對美國小本商
號發放貸款，協助它們向發展中國家投資。此項貸款總額甚微，
而小投資家申請融資者甚眾，粥少僧多，因而大量申請書被積壓
或被駁回。[91]相形之下，對大投資家則照顧甚多。故有人抨擊海
外私人投資公司的業務安排在很多場合只不過是為美國最大的一

些公司和資本家巨頭提供海外投資津貼，「錦上添花」而已。[92]

所謂「投資鼓勵」，指的是按公司所定條件，對私人投資家提供資助，俾便對海外投資機會（可能項目）進行調查、估量和落實。

所謂「專業活動」，指的是舉辦各種專業項目，包括提供有關個人技能、職業或管理方面的經費和諮詢服務，以促進入力資源的開發，提高技術水平和資本使用效能，等等。

所謂「其他保險活動」，指的是海外私人投資公司同其他保險公司或融資機構訂立保險或再保險契約，讓渡或承受再保險業務，等等。

在以上六種業務經營項目中，**投資保險**是**首要的**、占**壓倒優勢**的項目。不論是在立法上、章程上，還是在實踐中，海外私人投資公司的絕大部分資金和精力，都是投在這個項目上的。下文就有關投保適格、承保項目、索賠規定等主要規章制度，分別加以簡介：

（二）投保適格

這裡所說的「投保適格」，具體指的是符合一定規格的海外美資才可以向海外私人投資公司投保（亦稱「要保」）。換言之，海外私人投資公司只是針對符合投保條件、具有投保資格的海外美資，向投資人出售保險單（亦稱「保險證券」），承擔保險責任。就該公司現有的章程看，其所要求的「適格」，可以分為投保人、投保標的物所在國、投保資本三個方面：

1. 投保人適格

適格的投保人有以下三類：（1）美國公民；（2）依據美國法律（或美國某州法律、某塊領土法律）登記成立，並主要由美國公司所擁有的公司、合夥企業以及其他社團；（3）**完全**歸上述美籍公民、美籍公司等所擁有的具有外國國籍的公司、合夥企業以及其他社團。該**外國國籍**的公司，其股票由非美國人認購者，如不超過股票總數百分之五，不影響其投保資格。〔93〕美國法令作出此種規定的本意，已見本文第二部分分析，〔94〕茲不贅述。

2. 投保標的物所在國適格這方面的適格

前提有二，二者缺一不可：

（1）必須是美國政府事先已經同該所在國（即東道國）政府達成協議，建立了有關投資保險保證的體制，〔95〕以免一旦發生風險事故，美國政府無法依約進行代位索賠。關於此點的立法背景，已見本文第二部分論述。

（2）投保標的物所在國不但必須是「不發達國家」，即發展中國家，而且必須是其中國民收入較低的國家。因為這些國家需要資金最迫切，勞動力價格也勢必最低廉，從而美國投資獲利也最厚。但是這些國家政治上較為「不穩定」，各種革命「動亂」因素也多，從而美資可能遇到的風險也較多。因此，針對投入這些國家的海外美資開展保險業務，自然就成了海外私人投資公司的工作中心。按一九七八年的修訂法案，美資標的物所在國必須是每人每年平均收入在一千美元以下者，該項美資才算投保適格。一九八一年的新修訂案則大大放寬了這方面的投保限制，把

國民收入每人每年平均數限額提高到二九五〇美元，這意味著在經濟水平較高的發展中國家投放的美資，原先不能投保，現在也可以投保了。

這種修改，在國會中是經過了一番爭論的。當時有人認為美國財力有限，應當保留原標準，對可以投保的美資從嚴控制，仍以低收入的發展中國家的美資作為承保對象，始符合公司法案中所宣布的堂皇目標，即盡力促進和優先考慮這些特別不發達國家的「經濟開發和社會發展」。[96] 但是，海外私人投資公司的代表則坦率辯稱：有些發展中國家或地區，諸如土耳其、牙買加、韓國等，對於美國說來具有「戰略上的重要性」，現在這些國家或地區的國民收入每人每年平均數已經過一千美元原定最高限額，如果把它們排除在投保適格範圍之外，美國就無法通過投資這一重要途徑，對它們施加影響；海外私人投資公司也就無法放手地作出努力，以「支持美國實現其**外交政策**的各種目標」。[97] 公司負責人提出的諸如此類的「論據」，終於打動了多數議員的心，使他們投票同意擴大這方面的投保適格範圍。可見，海外私人投資公司考慮投資承保問題，並非僅僅著眼於經濟，在某些場合，政治、外交上的考慮往往置於首位。而海外私人投資公司對美國國務院的「**政策指導**」[98]，是如此奉命唯謹，亦步亦趨，以及它在美國與蘇聯爭奪世界霸權中所起的配合作用，於此可見一斑。

3. 投保資本性質適格

投保資本性質適格，主要有如下幾項條件：

（1）海外美資，必須經過所在**東道國事先批准**同意投保，始為適格。按海外私人投資公司所定章程，當事人在投保之先，

須先向該公司索取「登記申請書」，具體填報投資項目簡況及投保種類要求，經該公司審議同意，再發給正式申請書，按公司指導填寫完畢後寄給東道國政府，申請依據現有雙邊投資保證協議，批准投資、投保；經東道國政府簽署意見後，將原件寄交當地美國大使館轉回該公司。這就是章程中所要求的「通過**美國官方渠道**寄回海外私人投資公司」[99]。如此鄭重其事，究其實質，顯然就是為了要加強對東道國政府的約束力，提高當地美資的「安全係數」。

（2）海外美資，必須是新的投資，方可投保。一般說來，這指的是投向新的項目的美資。早先已在當地開業經營的海外美資，如欲投保，一般不適格。但舊企業因進行重大擴建、更新設備而吸收的新投資，則視同投入新項目的美資，可以投保。[100]該公司作此規定是有緣由的：商人把資金投向某個**新的**項目，一般顯示該種項目為東道國所急需、所歡迎；同時也顯示投資者憑其商人精明眼光、敏銳嗅覺和仔細盤算，經過調查研究和深思熟慮之後，認定該項目比較安全。海外私人投資公司選擇此類美資立契承保之後，險情小而保險費照收，自然樂得。但其主要目的，顯然在於對美資投放方向**事先**加以**指引**，以免導致過多的國際糾紛，因為實踐已經證明：美國再也無法單憑自己的意志斷然處置這類糾紛了。

（3）海外美資，必須**不是**投入下述經營，才有資格投保。換言之，海外私人投資公司拒絕承保下列美資：A.投資人看來是打算以這筆海外投資所出的產品，**取代**原在美國生產的同類產品，並且銷往原屬美國同類產品的同一市場，從而「大量削減該

投資人在美國僱用職工的人數」B.這筆投資看來會大量削減美國其他企業單位雇用職工的人數；C.這筆投資用於海外製造業或加工業的項目之後，看來會削減美國的貿易利益，大大不利於美國的國際收支平衡；D.這筆投資採購商品或勞務的重點不在美國，卻在另一個發達國家。[101] 一句話，凡是對美國的**就業、出口**有較大消極影響的海外美資，一概不予承保，縱使它對發展中國家的「經濟開發和社會發展」好處極大，也屬枉然。可見，在法案上宣布的該公司成立宗旨雖甚冠冕堂皇，但歸根結底，美國自身的經濟利益，特別是美國有產者對國內的穩定統治[102] 以及在國際上的經濟優勢，仍是權衡取捨的最高標準。

一筆投向海外的美資，如在以上三個方面均為適格，最後還要經過海外私人投資公司審批。審批的重要根據之一是駐在東道國當地的美國大使館或美國國際開發署辦事處同意推薦的項目；[103] 另外，一九七三年九月，該公司還建立了一套「國情監聽、監督制度」，由專家們經常分析估量每個國家各種政治風險動向，不斷積累資料並經常匯報，為公司領導人充當耳目，便於他們對前來投保的海外美資作出承保與否的判斷。同時還規定凡向風險重大的地區投資額達一定數字者，承保與否的審批權屬於公司的董事會。[104]

從投資所在國適格和投保資本性質適格的一系列規定中可以看出：該公司對於前來投保的海外美資同意承保與否，是頗費斟酌、慎之又慎的。這同前述「投保人適格」問題上該公司之廣張保險大傘，盡量包羅庇護，恰恰形成極其鮮明的對照。怎樣解釋這種現象呢？看來，根本原因就在於美國的實用主義限制了美國

的理想主義。說得通俗些，就是矛盾重重，[105] 力不從心，只好有所退讓。關於這點，下文將作進一步分析。

（三）承保項目

《1981年海外私人投資公司修訂法案》中所列舉的承保項目，基本上沿用一九六一年以來的規定而又有所擴大。但始終僅限於承保兌換、徵用、戰亂等三類**政治性**風險，而不包括一般**商業性**風險。投保者可以任意選購下述一、二種風險或全部風險的保險單：

1.貨幣禁止兌換風險（亦稱「甲類承保項目」）

這種保險的主要內容是：投保人在保險期內作為投資的收益或利潤而獲得的當地貨幣，或者因變賣投資企業財產而獲得的當地貨幣，如遇東道國禁止把這些貨幣兌換成為美元，應由承保人（海外私人投資公司）用美元予以兌換。[106]

按照保險合同所規定的不同情況，投資者必須在換取美元的申請已經提出三十天或六十天期滿而當地政府仍不批准的條件下，方可向海外私人投資公司要求兌換。如事先未盡力向當地政府申請兌換，或者這筆當地貨幣在投資人手中遲遲不換已超過十八個月，則無權再向該公司要求兌換。[107] 在公司依約兌付美元之先，投保人應按公司要求將當地貨幣的現款或支票、匯票在指定地點交付公司。[108] 公司得到這些貨幣之後，通常的做法是作**價轉讓給美國財政部**，由財政部撥給駐在該東道國的美國大使館，供作當地日常開銷之用，[109] 即加以「就地消化」。

2. 徵用風險（亦稱「乙類承保項目」）

這種保險的主要內容是：在保險期內，由於東道國政府採取徵用措施，致使投資人的投保資產受到部分或全部損失，應由承保人（海外私人投資公司）負責賠償。[110]

按照有關法案規定，「徵用」一詞指的是「在投資人**並無過錯**或**不軌行為**的情況下，東道國政府中途廢止、拒絕履行或逕行削弱它自己同投資人訂立的經營項目合同，致使該項目實際上難以繼續經營。」[111] 法案條文語焉不詳之處，由該公司所頒行的合同條款加以補充。從這種合同的具體條款來看，海外私人投資公司所承保的徵用風險，範圍甚廣。在該公司保險業務實踐中，有關這方面的紛爭也最多。為便於對照分析，擬將合同中有關這方面的具體文字及其有關實際案例，一併在本文第四部分中加以論述。

3. 戰亂風險（亦稱「丙類承保項目」）

這種保險的主要內容是：在保險期內，投資人在東道國的投保資產由於當地發生戰爭、革命、暴動或騷亂而受到**損害**，應由承保人（海外私人投資公司）負責賠償。[112]

騷亂風險，原來不在承保之列。一九八一年的修訂法案才擴大承保範圍，把它納入丙種承保項目。這是應美國投資人的要求而添加的項目，它顯示美資在發展中國家裡所遇到的還不夠**原定戰亂**規格的各種「煩惱」增多了。[113] 不過，海外私人投資公司強調它自己向來只受權承保政治性風險，所以在事後對騷亂風險承保內容作了限制性的解釋，即騷亂保險「只限於個人或集團主要為了實現某種**政治目的**而採取的破壞活動所造成的損失」[114]。

這就把一般的勞資糾紛、經濟矛盾所引起的騷亂衝突風險排除在外，而讓私人經營的保險公司去做這方面的承保生意。同時，公司還規定：投保人有義務提出確鑿可信的證據，證明該騷亂、恐怖活動或破壞活動的主要目的確實在於實現某種政治意圖。[115] 此外，公司還按有關法案的規定，於一九八二年八月間向國會參、眾兩院的有關委員會提出報告，[116] 專就騷亂承保項目的可行性、範圍及其具體實施辦法等，進行全面的分析、擬定，俾便另作審批。可見，對於實施這一新的承保項目，頗為慎重。

關於戰亂所造成的「損害」一詞，公司頒行的合同條款中專門作了解釋。它指的是：由於戰爭、革命、暴動或騷亂，直接引起投保財產的物質狀態受到損傷，投保財產被毀壞、被丟失、被奪走並扣留不還，包括在上述戰亂中某方軍隊為了預防或對付日益迫近的敵對行動而採取的堅壁清野等破壞活動所造成的上述各種損害，都在索賠與賠償之列，但其前提是在戰亂與損害之間必須確實存在直接的、必然的因果關係。[117]

（四）索賠規定

上述各種政治性風險事故一旦發生，緊接著，就出現兩個方面的問題：一是投保人向承保人（海外私人投資公司）依照國內保險合同索賠的問題；二是海外私人投資公司依照國際保證協定向東道國當局代位索賠的問題。

美國當局和公司領導人充分發揮了美國商人所固有的「精明幹練、靈活圓通」的傳統精神，把以上這兩個方面緊密地聯繫起來，使其互相滲透，力爭「左右逢源」。海外私人投資公司成立

不久，國會眾議院外交委員會的對外經濟政策小組委員會就定下了這樣的指導方針：

美國已經卓有成效地同各國談判簽訂了九十五個（有關投資保證的）雙邊協議，對於這些協議，當然不能棄置不用。但是，儘管海外私人投資公司可以行使這些協議中所規定的代位索賠權利，本小組委員會仍然深切期待海外私人投資公司會施展才能，精心設計，妥善安排，做到在絕大多數場合**避免**產生**政府同政府之間的迎面相撞、直接對抗**。〔118〕

這一基本指導方針顯然是在盛氣凌人、僵硬壓服的一貫做法多次碰壁之後總結出來的。它確實已被貫穿於以下兩個方面的具體規定之中：

1. 盡可能把投資人（投保人）推上索賠爭訟的第一線，海外私人投資公司則居後指揮、支持，其要點是：

（1）投保人應當盡速把發生風險事故的詳況和判斷理由通知海外私人投資公司，〔119〕以便該公司及時通過駐東道國的美國使領館等機構核實，或指派專人前往當地查證核實。在前一種場合，美國駐外機構所簽注的意見，就類似於「公證」。〔120〕

（2）投保人在把海外企業財產全部轉移給該公司並取得賠償金之前，必須**竭盡一切可能**，首先在東道國境內採取**一切行政補救**或**司法補救措施**（交涉、談判、請願、起訴等等），要求制止風險或取得賠償，並把爭訟情況隨時報告該公司，按後者的指揮行事。〔121〕反之，該公司就有權拒絕支付風險賠償金。

（3）投保人在獲得該公司通知同意付賠後，應按後者要求把投保的有關資產、現金、債權、所有權、索賠權或起訴權等等，全部轉移給該公司。[122]

（4）投保人即使在獲得該公司支付賠償金之後，仍有義務同該公司委派的代表全面通力合作，除妥為管理、保護業已轉歸該公司所有的海外企業一切財產外，尤應**繼續參加行使業已轉歸該公司的索賠爭訟權利**。「投資人參與這些活動，均是為了海外私人投資公司的利益，或是充當海外私人投資公司的**受託人**，所有這些活動的一切費用，概由海外私人投資公司負責支付，**無須投資人自掏腰包。**」[123] 這一條規定的核心內容看來就是：該公司出主意、出錢，投資者出面、出人，繼續同東道國政府打官司。

（5）投保人和承保人之間關於保險合同履行過程中的任何爭議，應提交華盛頓特區「美國仲裁協會」仲裁，由後者作出有拘束力的最終裁決。[124]

對於海外私人投資公司精心設計這一套辦法的用意，美國法學研究所和美國律師公會所聯合主持編印的一套《律師指南》。作了坦率說明：

海外私人投資公司寧願避免作為投資者的代位索賠人，直接地和正式地向東道國政府要求賠償。……通過海外私人投資公司與投資人的雙方協議或依據保險合同條款，即使在該公司支付賠償金之後，投資人可能仍然要在名義上或實質上繼續參加訴訟，尋求當地的各種補救辦法。**有一些因素限制了**海外私人投資公司直接向東道國政府實行**代位索賠**：首先，因貨幣不能兌換而索

賠，往往牽涉到東道國控制管理外匯的正當權力問題。在這類場合，海外私人投資公司寧願等待一時，按照行得通的規章制度收回美元；或者把所得的當地貨幣撥充美國政府在投資項目所在國的開銷。其次，根據公認的國際法準則，東道國政府對於因戰爭、革命或暴動所造成的各種損失，通常並沒有責任要給予賠償。[125] 最後，海外私人投資公司作為投保股票的受讓人，可以通過談判協商，議價出售這些股票，解決問題，而不必在法定索賠程序中，要求賠償。[126]

從這一段說明中可以看出：海外私人投資公司之所以在國際索賠爭訟中寧願採取就地開銷、就地出售等辦法解決問題，特別是寧願出錢指使打官司而不願直接出面當原告，不僅僅是為了緩和氣氛，而且也為了**避開**國際法上的**爭議**之點和**不便**之處。另外，實際案例還表明，它盡可能不直接出面當原告，也給自己留下餘地：儘管實際上它是潛在的當事人或實在的**當事人**，但它往往以「**調解人**」面目出現，在投資者與東道國政府之間斡旋緩衝，求取問題的實際解決。[127]

然而，美國當局在國際索賠問題上從來並不侷限於消極地迴避國際法上的難題和不便；相反，它一向致力於為自己的各種要求積極地創造國際法上的新理由和新根據，這是人們不可忽視的另一個方面。即：

2. 盡可能擴大海外私人投資公司的索賠權能，以「引而待發」之勢對東道國施加影響和約束。

關於這方面的做法，主要是在國際雙邊協定中比較詳細具體

地規定了海外私人投資公司代位索賠的範圍和途徑，其要點已簡述於本文第二部分。[128] 這裡擬補充分析美國通過這類規定所希望獲得的國際法上的幾點新依據：

（1）使國內私法關係上的代位權具有國際公法上的拘束力

條約必須信守，這是公認的國際法基本準則。一九六九年五月的《維也納條約法公約》進一步明文規定「條約，必須遵守。凡有效的條約，對於締約國具有拘束力，各締約國必須善意履行。」[129] 因此，在美國看來，吸收美資的東道國一旦自願同美國簽訂了雙邊協議，允許海外私人投資公司享有代位索賠權，這就意味著該東道國承擔了一項在國際法上具有拘束力的義務，有責任如約履行。於是原屬美國**國內私法**契約關係上的代位索賠權就此「**國際化**」「**公法化**」了。

（2）使「再代位權」具有國際公法上的拘束力

早先，在美國同其他國家簽訂的投資保證協議中，都承認美國政府對美國投資人的代位權，而不附加任何限制。[130] 後來，隨著第三世界「經濟民族主義」的高漲，聯合國也相繼作出了尊重弱小民族「經濟主權」的決議，這就使美國希望獲得的代位權受到新的限制，而並不具有絕對性。鑒於國際投資氣候的這種變化，自一九六五年以來，美國同第三世界各國簽訂的雙邊性投資保證協議中往往添上一個條款：東道國如果禁止美國承保機構在該國境內取得投資人的財產利益，則應允許美方作出適當安排，將上述利益再轉移給東道國法律所允許占有此項利益的單位。[131] 這一條款意味著：東道國允許海外私人投資公司轉讓代位權，即讓它安排「再代位」，並且作為一項在國際法上具有拘束力的義

務，加以承擔、履行。

（3）使國際裁決途徑和爭訟地位升格具有國際法上的保證

美國當局一方面盡量把投資人推上索賠爭訟的第一線，要他們竭盡所能在東道國循著行政訴訟或司法訴訟程序尋找補救辦法，取得賠償；另一方面，卻盡量規避完全按照東道國國內的實體法和程序法辦事，力圖擺脫它的管轄和約束。[132] 這兩個方面，貌似相反，實則相成，目的都是一個：從東道國取得最大限度的徵用賠償。前一方面，主要體現在國內的保險合同條款上，後一方面則主要體現在國際保證協議的規定中。此類雙邊協定中的**國際仲裁條款**，就是為此而設，旨在使此種擺脫東道國司法管轄的裁決途徑，獲得國際法上的保障。

除此之外，協定中實際上還埋下一個人們容易忽視的「伏筆」，即除了在一般情況下保證海外私人投資公司享有並行使代位索賠權這一手之外，還另有一手：「美利堅合眾國政府保留**以其主權地位按照國際法**提出某項要求的權利。」[133] 這句話的含義究何所指？有的協議本身並未明言，但人們通過比較，卻可以略知大概：一九六八年三月美國同巴巴多斯簽訂了投資保險協議，其中第4條後段明文規定：「一旦發生**拒絕受理或執法不公**[134] 的情況，或者發生國際法所認定的有關**國家責任**的其他問題，承保國（美國）政府保留**以其主權地位按照國際法**提出某項要求的權利。」[135] 這就意味著：只要美國政府認為按照東道國的實體法和程序法處置美資企業的索賠要求有所不「公」（更不必說不予受理了），它就有權以主權國家的身分親自出馬，與東道國政府「**迎面相撞，直接對抗**」（借用美國議員語[136]）了；

就可以要求撇開東道國的司法管轄，按雙邊協議中的仲裁條款訴諸國際仲裁，或投訴於國際法院，要求審判。於是，投資人依據**私法合同關係**提出一般索賠的問題，就**升級**為美國政府援用國際公法實行「外交保護」和**追究**「**國家責任**」的問題了。

　　對此，美國法學界人士認為：「應當指出：美國政府通過海外私人投資公司提出代位索賠，與美國政府**以其主權地位**採取行動，支持財產被徵用並受到國際法上所認定的**拒絕受理**或**執法不公**待遇的投資人，要求賠償，其作用是根本不同的。」在前一種場合，美國「海外私人投資公司只能取代投保投資人的地位，不能要求享有更大的權利……在這種情況下，海外私人投資公司所具備的身分同一家私人經營的災害保險公司提出代位索賠要求，基本上是一樣的。」[137]反之，在後一種場合，美國政府以**主權國家身分**出現，其氣氛、氣勢或氣焰，當然就迥然相異了。

　　由此可見，美國富有經驗的外交締約專業人員實際上早就在國際雙邊協定中為可能出現的「政府同政府之間的**迎面相撞**」作了法律上的準備，即為日後索賠爭訟中美方地位的**升格和加強**，預先埋設了國際法上的依據。一旦相撞，美國政府事先早已穿好了「法律盔甲」！

　　綜合起來看，前述國會議員們關於避免政府與政府迎面相撞的說辭，貌似**彬彬有禮**；而締約外交人員在精心推敲的國際協議中，卻是**步步為營**的。從私人或「公司」出面，索取賠償、就地開銷、就地出售、就地轉讓、就地起訴，一直到政府直接出面談判、提交國際仲裁、援用外交保護原則、投訴於國際法院，等等，確實是做到了多層設防。這裡，既體現了專業人員的「能

幹」，也體現了美資海外處境的「多艱」！

四、海外私人投資公司對若干索賠案件處斷概況〔138〕

　　美國海外私人投資公司開設十餘年來，其業務經營的總情況可以說是「財源茂盛，生意興隆」。

　　這首先是由於它的資金主要來源是美國國庫的專用撥款，而且由美國政府充當其經濟後盾和政治靠山，它無論行使權利還是履行義務，均「有恃而無恐」，因此，美國的海外投資人對它抱有較大的期待和信心，紛紛投保。

　　一九六九年海外私人投資公司據以成立的法案明文規定：在這家公司成立以前由公司前身各主管機構所簽發出售的一切保證單，以及公司成立以後所簽發出售的一切保險單、保證單、再保險單，分別按照其中有關條款的規定，「均應構成美利堅合眾國所承擔的法定義務，因此，應以美利堅合眾國的**全部信用**和**信譽**作為**擔保**，保證充分的清償和履行上述義務。」〔139〕口氣如此之大，當然會給投資家們造成此家公司十分「穩定、可靠」的印象。再加上這家官辦公司提供的保險期可以長達二十年〔140〕《（民營保險公司的保險期一般只有一至三年），所收取的保險費又遠較一般民營保險公司為低，〔141〕難怪它顧客盈門，獲利頗豐。〔142〕而自從正式開始營業以來，它不僅實現了自給自足的要求，〔143〕而且歷年累計賺取的利潤已高達八點一億美元。〔144〕

　　但是，這家官辦的海外投資**承保**公司同美國海外**投資**家投保顧客之間，卻並不都是始終融洽無間的。特別是在海外美資遇到

風險事故之際，投保人與承保人之間的訟爭，可謂屢見不鮮，其間甚至不乏頗為激烈的交鋒。

這類訟爭與交鋒，說到底，無非是資產者個人與資產者階級整體、海外投資階層的資產者與其他階層的資產者之間的矛盾，以及海外投資階層的資產者與美國廣大納稅人之間的矛盾。因為，盡管海外私人投資公司設立的本來目的，就是直接為向海外投資這一階層的資產者服務的，但是，它畢竟是美國政府所屬的一個機構，是整個美國國家機器的一個組成部分。在處理資產者個人與階級、局部與整體的矛盾時，它必須以不背離這個國家的階級實質為原則，必須以維護**整個**資產階級的整體利益為最高依歸。另外，它的財源直接來自國庫；**源頭**則在於美國廣大納稅人所繳交的國稅。廣大納稅人對於該公司早有「為大資產者錦上添花」的譏彈，[145] 對該公司形成了一定的社會壓力。從美國國內說，正是由於以上這兩方面的緣故，該公司對於單個資產者投保人遇「險」受損後的索賠要求，就不可能有求必應。

誠然，上述這些矛盾都發生在美國領域之內，乍看起來，似乎不值得加以注意，其實不然。因為，爭訟的中心往往是投保的海外美資是否已經遇到了現實的風險事故，投保人是否已經遭受風險損失，以及海外私人投資公司是否應當依約支付賠償金的問題。一旦該公司在國內爭訟失敗，「理虧」付賠，那麼，依據國際雙邊保證協定中的代位索賠原則，爭訟馬上就從第一層次過渡到第二層次，從美國國內**延伸**到投保美資所在的東道國去了。從這個意義上說，吸收、接納美資的第三世界東道國對於美國國內的這類訟爭說來，並不全是可以袖手看熱鬧的旁觀者，相反，往

往是**暫時**潛在的當事人或現實的利害關係人。因此，對於此類爭訟中最常見的案件類型、爭執癥結和處斷情況，對於最可能引起國際代位索賠的具體糾紛問題以及海外私人投資公司對美資施加法律保護的具體範圍，不可不略知梗概。特別是多年來，海外私人投資公司對於投保人的索賠要求之所以**不敢過寬過濫**地有求必應，除了上述兩個方面的**國內緣由**之外，顯然主要因為它在國內依約付賠的根據以及由此而來的**國際代位索賠**的根據，必須言之成理，持之有故，經得起東道國內行人的**推敲**。所以，舉凡吸收美資的第三世界國家，為了維護自身利益，避免遭受愚弄，就尤有必要對有關典型案例作較為深入的了解。

在海外私人投資公司及其前身諸機構的業務實踐中，絕大部分重大的索賠案例都屬於徵用風險範圍（即乙類承保項目）。該公司在積累多年經驗的基礎上，在保險合同中對於徵用承保項目規定得特別具體、細緻。下面擬以這些合同條文規定作為綱索，逐一擇要介紹曾經發生過的典型索賠案例及其處斷概況。

該公司現行的《海外私人投資公司234 KGT 12-70型投資保險合同（修訂版）》第一條第十三款規定：

「徵用行動」一詞，指的是投資項目所在國的政府所採取、授權、認可或縱容的、給予賠償或不給賠償的任何行動，該行動開始於保險期內，並且直接造成以下一種後果**長達一年之久**：

（1）阻礙投資人獲得海外美資企業依據有價證券以指定貨幣支付給投資人的到期款項；

（2）阻礙投資人作為**股東**或債權人**有效地行使**由於投資而

取得的對於海外美資企業的**基本權利**……

（3）阻礙投資人轉讓有價證券或有價證券所派生的任何權利；

（4）阻礙海外美資企業對本企業重要財產的使用或處置實行切實**有效的控制**，阻礙建設或經營該投資項目；

（5）……〔146〕

在合同本條款規定的後半部，加上一段很長的「但書」，列舉了八種情況，**即使具備**上述**要件**，亦**不視為徵用行動**：

（1）投資項目所在國政府正當合理地依據本國憲法所認可的政府方針，頒行某種法律、法令、條例或行政措施，按照其中的明文規定，並非有意實行國有化、沒收或徵用……並非專橫無理，而且按照企業的合理分類加以適用，並不違反國際法上的公認原則。

（2）投資人或海外美資企業在投資人可控制的範圍內沒有**採取一切**正當合理的措施，包括在投資項目所在國境內遵循當時可以採用的**行政程序**和**司法程序**，提起訴訟，以制止或抗議上述行動。

（3）根據投資人或海外美資企業自願參加簽訂的任何協議而採取的行動。

（4）（東道國政府）由於**投資人**或**海外美資企業**進行**挑釁**或**煽動**而採取的行動。但對下述行為不應認定是挑釁或煽動：甲、投資人或海外美資企業遵照美國政府的特定要求而採取的行動；

乙、在投資項目所在國的政府捲入訟爭的場合，投資人或海外美資企業在同該項訟爭有關的司法程序、行政程序或仲裁程序中誠實無欺地採取的任何合理措施。

（5）（6）（7）（8）……[147]

以上合同條款中關於「徵用行動」的規定，包含範圍甚廣。按照人們通常的理解：對外資企業的徵用，指的是東道國政府頒行法律或法令，**明文宣布**把外資企業收歸國有或加以徵用，並且指派專人前往**接管、接收**。但綜觀海外私人投資公司上述合同的規定，卻並**不以正式宣布徵用並派人接管**作為認定徵用性質的前提條件。恰恰相反，它把西方發達國家通常所說的形跡並不明顯的「**蠶食式徵用**」[148]也統統包羅在內，從而盡可能造成一種局面：**單按**國際法**一般**原則，未必可以進行國際索賠；**兼按**國內保險合同**具體條款**，卻可以進行國際索賠。

從下列各類索賠案例中，可以大體上看出海外私人投資公司和美國仲裁人員是如何理解和運用上述的合同規定的。

（一）關於東道國政府的直接牽連問題

按照前引《海外私人投資公司234 KGT 12-70型投資保險合同（修訂版）》第一條第十三款第一項的規定，凡對海外美資企業造成徵用後果的行動，必須是該企業所在地東道國政府所採取、授權、認可或縱容的。

東道國政府所採取、授權、認可或縱容的行動同海外美資企業所遭受的風險損失之間，必須有**直接的**因果聯繫。換言之，東

道國政府的**直接牽連**，乃是構成徵用風險事故的前提條件。根據此類條款，海外私人投資公司及其前身機構國際開發署曾對有關索賠案件處斷如下：

1. 一九六八年印第安頭人公司索賠案[149]

一九六一年十二月，美國印第安頭人公司與尼日利亞聯邦東區州政府簽訂了一項協議，決定在尼日利亞東區州阿巴市合資經營阿巴紡織廠，開展原棉織布和布坯印染等生產業務。印第安頭人公司擁有阿巴紡織廠全部股票的百分之七十，其餘的股票屬於當時的尼日利亞東區州政府所有。一九六四年十月，工廠開始正式投產，贏利頗豐。

當時，尼日利亞聯邦政府下轄四個州，其中包括東區州和北區州。北區州盛產原棉。阿巴紡織廠生產所需原棉，經合營雙方約定，應由尼日利亞設在北區州的國營棉花購銷壟斷機構供應。該國營機構與阿巴紡織廠另外訂立了原棉供應合同。

一九六七年五月，由於部族衝突，伊博族聚居的東區州當局宣布脫離尼日利亞聯邦，成立「比夫拉共和國」。當時的尼日利亞中央當局，即聯邦軍管政府，於同年六月開始對東區州實行經濟封鎖和經濟制裁，包括中斷對東區州的原棉供應、禁止東區州產品外運、凍結東區州在聯邦其他地區的銀行存款，等等。緊接著，聯邦軍管政府又於同年七月向東區州發動軍事進攻，於是內戰爆發。在這種局勢下，位於東區州的阿巴紡織廠因原料無以為繼、產品無法外銷、資金周轉不靈而陷於癱瘓。同年八月間，工廠股東們決定停產關閉。

一九六七年八月，東區州的「比夫拉」軍政當局下令，命阿

巴紡織廠重新開工；並且不顧工廠資方抗議，於八月至十一月間徵用該廠，開工生產卡幾布匹，供當地軍隊製造軍服之需。同年十一月底，工廠重新關閉，「比夫拉」軍政當局從該廠搬走了部分價格昂貴的機器設備，未給任何補償。此後，又無償地陸續徵用了該廠的許多生產備用物資。一九六八年四月，「比夫拉」軍政當局宣布：一切外資企業均應重新開工，否則即按「放棄財產」論處；同年六月，進一步宣布：凡是不立即開工生產的工廠，一律予以沒收歸公。一九六八年九月四日，尼日利亞聯邦軍方宣布攻克阿巴市，即上述紡織廠廠址所在地。一九七〇年一月，尼日利亞聯邦軍管政府即中央當局最後打敗了「比夫拉」方面的軍隊，內戰結束。

　　早在一九六八年一月，印第安頭人公司眼看它在尼日利亞境內的資產不斷受到損失，當即根據它和美國國際開發署訂立的投資保證合同，正式提出索賠要求，要求按照事先投保的「徵用風險」給予事故賠償金。

　　此案涉及三個問題：第一，尼日利亞聯邦軍管政府（即中央當局）的上述經濟封鎖和經濟制裁造成了阿巴紡織廠的生產癱瘓，這是否構成投資保證合同中所規定的「徵用行動」？第二，尼日利亞原東區州的「比夫拉」軍政當局（即地方割據當局）強令阿巴紡織廠重新開工生產軍需布匹，並無償取去廠內機器設備和備用物資，這些舉動是否構成政府一級的「徵用行動」？第三，一九六八年九月尼日利亞中央當局軍隊收復阿巴市以後，原先「比夫拉」軍政當局對阿巴紡織廠採取上述行動造成資產損失的責任，應當由誰承擔？

對於這些問題，海外私人投資公司的前身機構國際開發署判斷如下：

　　第一，按照投資保證合同的有關規定：東道國政府所採取的行動如已阻礙美國投資人以股東身分有效地行使它對於投資企業的基本權利，或者已阻礙海外美資企業切實有效地控制本企業的重要資產，開展經營活動，只要此種情況持續一年之久，即可認定為發生了徵用風險事故。但是，如果東道國政府所採取的行動，既有本國憲法上的依據，又不違反國際法上的公認原則，對境內美資企業說來，並非專橫無理，亦非有意歧視，則即使已經具備前述要件，亦不得視為徵用行動。對照本案案情，可以看出：尼日利亞中央當局所採取的上述經濟封鎖措施，其中包括違反合同、中斷原棉供應等等，確實已使阿巴紡織廠陷入絕境，無法繼續經營。但是，尼日利亞中央當局採取這些措施的直接目的，在於制裁東區州的「比夫拉」地方割據當局；這些措施的法律效力，普遍適用於開設在東區州的一切公司、企業、商號，並非專門針對美資控制的阿巴紡織廠一家，有意加以歧視。更重要的是：上述這些措施乃是一國政府為了保持國家完整而採取的行動，符合其本國憲法的基本精神，也符合國際法的基本準則。因為，根據國際法中的戰爭法原則，主權國家的政府在軍事衝突中對於交戰對方採取經濟封鎖措施，是合法的，可以允許的。因此，不應把尼日利亞中央當局的上述措施認定為投資保證合同中所規定的「徵用行動」。

　　第二，在內戰期間對阿巴紡織廠採取前述諸行動的尼日利亞東區州「比夫拉」軍政當局，誠然不是控制尼日利亞全國的中央

一級政府，也並未獲得美國政府的承認，更未獲得國際上的普遍承認，但是，根據當時投資保證合同的有關規定，合同中所稱「投資項目所在國政府」（即東道國）一詞，「指的是**現任的**或**繼任的統治當局（不問它繼承政權時採取的方法，也不問它是否已被美國承認）**，或者該統治當局授權的代理機關，它們有效地控制著投資項目所在國的全部或一部，或有效地控制著該國政治上的小單位或領土上的小地區」〔150〕。按照這種定義標準來衡量，原尼日利亞東區州「比夫拉」軍政當局徵用阿巴紡織廠大量資產的行動，**也是政府一級的行動**，從而也應屬於投資保證合同所承保的徵用風險範圍。換言之，東道國地方割據當局的徵用行動**同樣意味著「東道國政府的直接牽連」**，意味著已經發生了徵用風險事故。盡管「比夫拉」軍政當局並未獲得美國政府的正式承認，也並非尼日利亞聯邦政府即中央當局所授權的代理機關，但它當時既已**實際上有效地控制著**阿巴紡織廠所在的東區州，憑藉實權，發號施令，就已具備了投資保證合同中所稱的「投資項目所在國政府」的資格。

第三，按投資保證合同的規定，徵用的事態和後果必須**持續一年之久**，才能被確認為已經完整地構成徵用風險事故。尼日利亞東區州「比夫拉」當局對阿巴紡織廠的徵用行動，應自一九六七年八月徵用工廠強令開工生產軍用卡幾布匹時起開始計算。投保人美國印第安頭人公司早在一九六八年一月即正式向承保人美國國際開發署提出索賠要求，顯然還不符合上述時限要求。因此，國際開發署有關負責人認為徵用事態雖已發生，仍需繼續觀察它的進一步發展。至一九六八年八月底，阿巴市的局面和阿巴

紡織廠的處境仍無改變，於是，國際開發署認定：合同中所規定的一年期限已經屆滿，承保的徵用風險事故已經確立。因此，承保人國際開發署負有法律上的義務向投保人印第安頭人公司依約支付全額賠償金。賠償金總額應相當於在徵用事故開始發生當天該公司對阿巴紡織廠投資的淨值，即二百七十萬美元。

根據以上分析判斷，國際開發署有關負責人於一九六八年九月十日正式函告投保人：確認本案事態發展業已構成該署承保的徵用風險事故，決定依約付賠。但又附有以下幾項條件：（1）本項確認，主要是以投保人向國際開發署申報的事態作為判斷依據的。因此，國際開發署保留權利，在上述一年期限屆滿之後的九十天以內，就投保人申報的有關主要事態進行獨立的調查核實。如在九十天內發現事實真相與投保人申報的情況有本質的、重大的出入，則可能改變上述事故確認和付賠決定。（2）風險事故賠償金的總額尚待進一步審計核定。投保人印第安頭人公司在領取賠償金之前，應當依照合同規定預先將它所擁有的涉及阿巴紡織廠資產的一切有價證券及其利息全部轉移給國際開發署，俾便後者依約代位索賠或另作其他處理。（3）雙方預先商定：投保人印第安頭人公司領取了賠償金之後，在阿巴紡織廠重新開工生產以前，應當為國際開發署繼續代管該海外企業的現有資產，以防止損失，靜待處理。

一九六八年十月十二日，國際開發署向印第安頭人公司支付了二百七十萬美元，作為徵用風險事故的賠償金。美國**國內**投保人與承保人之間的索賠、付賠問題，終於獲得解決。但在**國際代位索賠**問題上，仍然存在**糾葛**與**爭議**。

　　如前所述，阿巴紡織廠所在的阿巴市，已於一九六八年九月四日為尼日利亞中央當局收復，這就是說，在國際開發署所認定的徵用風險事故持續存在一年並於一九六八年八月十五日期滿確立之後不久，採取這種徵用行動的「比夫拉」軍政當局即已撤出阿巴市，不再是當地的「統治當局」，隨後不久，又徹底潰敗覆滅。按照國際開發署前述合同規定的推理，「比夫拉」軍政當局在占領和管轄阿巴市期間徵用阿巴紡織廠大量資產的行為，其賠償**責任應當轉歸**尼日利亞中央當局承擔，因為後者是前者的「**繼任統治當局**」。但是，這種推理卻不能為東道國所接受。

　　尼日利亞此次國內事件的背景和性質，因不屬於本文論述範圍，可暫不置論。就美國國際開發署這一方而言，上述這種合同的一般規定和這種論證的具體方法，存在著三處矛盾，難以自圓其說。首先，按當時投資保證合同第一條第二十款的一般規定，對於美國政府並未予以正式承認的統治當局的徵用行動，也視為東道國政府的徵用行動。這就意味著：美國在**政治上、法律上不承認**對方具備正式政府地位；而在追究法律責任和經濟責任時，卻唯恐其不承擔正式政府之責。為了避免在國際索賠問題上「師出無名」，於是不得不在官署（以及後來的官辦公司）參與訂立的投資保證合同中把對方當局當做事實上的政府看待，俾便與之談判、交涉、追究、索賠。這就無異於悄悄地給對方新出現的任何政權以**事實上的承認**。如所周如，在外交實踐中，美國政府對於自己看不順眼或不符合自己口味的新政府，往往拖延多年不予承認，可以說，它在政治上追求的是美國標準的「**理想主義**」，但它在經濟上奉行的卻不能不是美國式的「**實用主義**」，從而導

致對某些新政權在外交上採取不承認主義，在投資保證合同上採取承認主義。其力不從心，捉襟見肘，於此又見一斑。

其次，既然認為無論中央當局還是地方當局，其行動均屬政府行動，就應當用同一尺度加以衡量、分析。但在本案中，國際開發署分析尼日利亞中央當局在內戰中的經濟封鎖行動時，採用**國際法中的戰爭法準則**，承認這是戰時可以允許的行為；而分析地方當局在同一內戰中徵用工廠生產軍需品和取走部分工廠財產時，則避而不談同一準則，即不承認它作為交戰的另一方在軍事衝突中同樣享有徵用急需軍用物資這一國際法上的權利，**不肯免除**它的**賠償責任**，而且把這種責任**轉嫁於**尼日利亞中央當局。這在論證邏輯上顯然是有欠嚴密的。

最後，阿巴紡織廠資產的損失，實際上是當時尼日利亞這場內戰所造成的，應屬於「戰爭風險」範疇。但印第安頭人公司不按「戰爭險」卻按「徵用險」索賠，藉以取得更多的賠償金。國際開發署不據此拒賠，卻遷就該公司的要求，按照徵用風險事故的標準償付高額賠償金，然後按徵用事故向東道國代位索賠。這種處斷，於理於法，均屬不當，自難以立足。

由於東道國在承擔賠償責任問題上堅持異議，同時，鑒於這場風險事故產生的歷史背景確實相當錯綜複雜，承保單位的上述處斷也確有難以自圓其說之處，因此，無論是當時的國際開發署，還是後來的海外私人投資公司，即該署的繼承機構，都迄未能正式行使它所宣稱擁有的對東道國實行國際代位索賠的權利。[151]

2. 一九七一年貝爾徹木材公司索賠案[152]

美國貝爾徹木材公司根據一項特許協定，獲准在哥斯達黎加

境內經營伐木，兼營本公司木材成品出口業務。首批伐木作業開始於一九六八年十一月一日，結束於一九六九年四月三十日。兩個月之後，即一九六九年六月三十日，貝爾徹木材公司請求哥斯達黎加政府發給出口許可證。哥斯達黎加政府認為該公司未按特許協議的有關規定繳納立木砍伐費，不尊重東道國政府的應有權利，拒不頒發出口許可證。由於雙方發生爭執，直到一九六九年十月三十一日，哥斯達黎加政府才將木材產品的出口許可證發給貝爾徹木材公司。但此時已進入多風季節，海面風浪很大，而且無船可雇，木材無法及時運出。待到次年春天再運，許多木材已經腐爛不值錢了。貝爾徹公司認為東道國政府遲遲不發給出口許可證屬於背約，是一種「徵用行動」，因而在一九七〇年七月依據美國國內的投資保證合同向國際開發署正式索賠。該公司強調：首批伐木作業完工、木材成品堆積待運之際，正值風平浪靜季節，海上運輸安全，船隻隨時可雇。而大量木材之所以終於腐朽報廢，造成重大損失，其關鍵原因，就在於東道國政府背信違約，出口許可證頒發過遲，致使投資人無法正常經營，從而構成了投資保證合同所承保的徵用風險事故。承保人應依約支付賠償金。

　　本案在投保人正式提出索賠要求之後不久，即轉交國際開發署的繼承機構海外私人投資公司處理。繼任承保人海外私人投資公司在仔細分析案情之後，對上述索賠要求提出了四點答辯：第一，投資人貝爾徹木材公司拒絕按章繳納立木砍伐費，顯然是違反了原先的伐木特許協議。看來這就是導致東道國政府採取上述行動的主要原因。故推遲發證一事，其咎在於投資人一方，不在

東道國政府一方。第二，哥斯達黎加政府在一九六九年十月三十一日終於把木材出口許可證發給了貝爾徹木材公司，距離後者申請發證時間，只有四個月。這就是說，東道國政府暫時拒發出口許可證，**並未持續達一年之久，即並未達到合同規定**風險事態持續存在的**必要期限**，不足以構成徵用風險事故。第三，木材未能及時運出的真正原因，乃是恰遇天氣不佳，又值船隻短缺，並非**直接**由於哥國政府推遲發證。第四，總而言之，造成上述重大損失的原因，看來在很大程度上是本案投資人（即投保人）採取了某些不應有的行動，或者是出於疏忽大意，不採取某些應有的行動；而並不能歸咎於東道國政府的推遲發證。鑒於投資人不能確證哥斯達黎加政府的行動與貝爾徹木材公司的損失之間具有**直接的因果關係**，而且風險事態持續1年的時間條件也不具備，因此，就本案案情的性質而論，**並不屬於投資保證合同所承保的範圍**。投保人索賠無理，應予駁回。正式駁回的日期是一九七一年十二月三十一日。投保人未再申訴。

本案的處斷結果說明：投資人所受損失如與東道國政府並無直接牽連，即不得按徵用風險論處。

3. 一九七四年雷諾爾德斯金屬公司索賠案[153]

雷諾爾德斯金屬公司是在美國特拉華州登記的法人。一九六五年，該公司與當時的英屬圭亞那政府達成協議，在後者境內投資開設雷諾爾德斯—圭亞那礦業公司，經營鋁土礦開採業。一九六八年雷諾爾德斯金屬公司（母公司）向雷諾爾德斯—圭亞那礦業公司（子公司）投注新的巨額資本，以更新和擴大採礦設備。同時，該母公司就這筆新投資向當時的美國國際開發署投保。雙

方訂立了投資保證合同。

英屬圭亞那於一九六六年五月宣告獨立後，又進一步於一九七〇年二月成立圭亞那合作共和國，採取了一系列維護國家權益、發展民族經濟的新措施。一九七一年，圭亞那議會通過法案，決定將國家經濟命脈鋁礦開採工業收歸國有。一九七四年七月，圭亞那政府總理福爾伯斯·伯爾納姆進一步宣布：圭亞那政府計劃在一九七四年年底以前對境內的美資雷諾爾德斯—圭亞那礦業公司採取國有化措施。同年九月，圭亞那政府頒布施行一項關於鋁土礦徵稅的新條例，把原定**課稅率提高十餘倍**。此時，原由美國國際開發署主管的海外美資保險業務已改由海外私人投資公司全盤承接辦理。投保人雷諾爾德斯金屬公司與承保人海外私人投資公司經過密切協商，決定指令圭境內的子公司即雷諾爾德斯—圭亞那礦業公司**抗稅不交**。於是，圭亞那政府下令禁止未經繳納新稅的鋁礦土出貨裝運。雷諾爾德斯金屬公司隨即從圭亞那境內撤出全體美籍人員，中斷鋁礦土開採，解僱大批圭籍工人。雙方關係日益僵化、惡化。

此案明顯地屬於美國投資保證合同中所規定承保的「徵用風險」，即東道國因國家公益需要決定把本國境內的外資企業收歸國有。儘管圭亞那政府在一九七四年九到十月間尚未正式採取徵用行動，直接派人接管境內的該美資企業，但既已先由鋁礦企業國有化法令在一九七一年作出了一般規定，又繼由政府首腦就該美資鋁礦企業國有化期限在一九七四年作出具體宣布，此時期限即將屆滿，看來大局已定，難以挽回；而且投資保證合同中關於「東道國政府的直接牽連」這一前提條件也無疑已經具備。鑑於

投保人向承保人索賠巨款的問題即將正式擺上議事日程，作為承保人的海外私人投資公司，不能不憂心忡忡。但它通過其幹練辦事員的精心設計和緊張活動，終於「十分圓滿」地處理了此項風險事故，解決了法律糾紛。

海外私人投資公司處理和解決此項投資爭端的具體做法可大體歸納為以下幾個步驟：

（1）它慫恿和支持美資雷諾爾德斯—圭亞那公司抗稅，即拒絕按照圭亞那政府一九七四年九月新稅法規定的新稅率繳納稅款。作為投資保證合同中的承保人，海外私人投資公司無疑是此項國際投資糾紛案件中的**利害關係人**，而且隨著糾紛的發展和升級，還可能進一步從**潛在的代位索賠人**迅速轉化為**實在的代位索賠人**，即國際索賠中**直接當事人**。它慫恿海外美資企業對東道國政府抗稅，顯然是從它自身的利害得失出發，力圖預防或減少日後實行國際代位索賠時可能遇到新的困難或障礙。

（2）當時，儘管海外私人投資公司已經是實在的**利害關係人**或潛在的**當事人**，它卻以「**調解人**」的身分出面「斡旋」，在圭亞那境內上述美資企業被收歸國有以前，即先行商定由東道國圭亞那政府支付巨額徵用賠償金。上述美資企業與東道國政府關係惡化、破裂之後，海外私人投資公司迅即指派專家前往圭亞那實地察看、評估該企業所擁有的全部採礦設備實物，同時查核該企業的賬簿記錄，最後認定：該企業現在全部資產約值一四五〇萬美元，扣除該企業歷年積欠東道國圭亞那政府的應交稅款，淨值約為一千萬美元。一九七四年十一月初，海外私人投資公司的代表會見了圭亞那政府總理伯爾納姆，提出了解決一切爭端的具

體建議。一九七四年年底，圭亞那政府同雷諾爾德斯金屬公司（母公司、投保人）、雷諾爾德斯—圭亞那礦業公司（子公司）以及海外私人投資公司（承保人）共同簽訂了一項**四方「和解協議」**。其中最主要之點是：由圭亞那政府支付徵用上述美資企業的淨額賠償金一千萬美元。自一九七六年一月起，圭亞那政府應在十三年內以**分期付款**方式，全部償清這筆巨款，另加**百分之八點五的年息**。享有這筆賠償金債權的直接收款人是海外私人投資公司。所有逐年還債的款項，必須以美元現款存入海外私人投資公司在美國特定銀行中所開設的專門賬戶。

（3）圭亞那政府向海外私人投資公司交付的整筆賠償金，採取**發行債券**的形式，它必須是**可轉讓、可流通**的定期債券，類似於圭亞那國營公司在國外籌措資金時發行的一般有價證券。債券應標明清償義務和日期，並切實保證如期兌現還債。由於上述「和解協議」中明文規定：自簽署協議之日起，海外私人投資公司即已取得**「代位權」**，繼承了雷諾爾德斯金屬公司以及雷諾爾德斯—圭亞那公司的一切權利，並且可以全盤地或部分地把這些權利隨時轉讓給他人，因此，海外私人投資公司在取得圭亞那政府交來的上述債券之後，隨即憑藉該公司在美國國內外享有的**高度「資信」**，對這些債券本息的如期兌現清償加**以擔保**，然後在債券市場上把它迅速加以推銷，**轉售**給其他個人或公司，取得大量**現款**，再由海外私人投資公司墊支若干款額，湊足了現金一千萬美元。

（4）一九七五年二月二十日，即在上述「和解協議」簽署後第五十一天，原投資保證合同的風險承保人海外私人投資公司

依約交給投保人雷諾爾德斯金屬公司一張支票，面額為一千萬美元，供後者**立即兌取現款**，作為徵用風險事故的賠償金。同時，雙方於當天立下書面新約，除共同確認上述事實外，原投保人雷諾爾德斯金屬公司作出如下表態和保證：第一，該公司自即日起完全放棄根據上述投資保證合同所享有的任何索賠權利，即不得再向海外私人投資公司或其前身機構國際開發署提出任何索賠要求。第二，日後海外私人投資公司或其他債權人如果因圭亞那政府上述債券問題同圭亞那政府發生法律糾紛，那麼，在與此有關的行政訴訟、司法訴訟、仲裁程序或國際談判中，雷諾爾德斯金屬公司應當提供各種合作，包括盡力提供一切有關情報資料、物證和人證等等。簡言之，雷諾爾德斯金屬公司**獲得風險事故賠償金之後**，在促使圭亞那政府清償債務這一問題上，**仍然負有參加「打官司」的義務**。

根據上述四方「和解協議」所附的「分期付款日程表」，圭亞那政府所欠下的這筆債款，即賠償金一千萬美元，要到一九八八年一月才能還清。而從一九七六至一九八八年這十三年中，連本帶利，實際上竟應付出一千八百二十六萬美元，接近於原定賠償金額的兩倍。

海外私人投資公司向來以此案處理之「得心應手」而沾沾自喜，認為這是該公司解決徵用訟爭的「最佳案例」之一。因為在此案處理過程中，該公司以「調解人」身分上下其手，自己不但分文不虧，而且既滿足了美國投資人的索賠要求，又賺得了來自圭亞那政府的厚息。[154]

（二）關於股東的基本權利問題

一九八〇年卡博特國際投資公司索賠案[155]

按照前引《海外私人投資公司234 KGT 12-70型投資保險合同（修訂版）》第一條第十三款第一項第（2）點的規定，東道國政府採取的措施礙及投資人行使股東基本權利，長達一年者，應認定為徵用行動。

一九八〇年卡博特國際投資公司索賠案，是此類典型之一。一九七三年，美國卡博特國際投資公司投資於伊朗，與當地政府資本及私人資本合營大型炭黑製造廠，美資股份占百分之五十。雙方協定：工廠經理由美、伊兩方人員輪流擔任，六年一換；第一任經理由美方指派。一九七九年，適值首任經理任期屆滿之際，伊朗巴列維王朝被推翻，戰亂中工廠一度停工，美方隨即撤回經理人員。伊朗政府任命新經理之後，卡博特公司曾派遣代表出席一次工廠董事會議，此後即被拒絕參與工廠經營決策，不讓其參加另一次董事會議，也未再收到工廠的財務情況報告。另外，伊朗政府雖宣布即將收購卡博特公司在該廠的股份，但實際上並未立即收購。於是，卡博特公司依據美國國內保險合同，向海外私人投資公司索賠。後者經過核實、審議，承認卡博特公司作為海外企業股東的基本權利已被否定，同意支付賠償金。其主要理由如下：

公司股東的慣常權利應當包括**參加股東年會**的權利、**選舉董事**的權利、**分享一切股息**的權利、**獲得**有關公司**財務狀況報告**的

權利。儘管單單取消一次股東會議的參加權或僅僅沒有送達一份年度財務報告，並不就是本合同第一條第十三款第一項第（2）點含義中的股東「基本權利」已被「切實」取消，但是，一個擁有百分之五十股票的股東，他們的各種基本權利一再地遭到故意的否定，這種情況就可以說明股東的上述各項權利確實已被取消。如果這種情況是東道國政府採取、授權、認可、縱容的作為或不作為所造成的後果，那麼，這種連續地、故意地削減股東權利的做法就可以歸結為徵用行動。[156]

這起索賠案件，雖然在投保人與承保人之間的爭執不大，但海外私人投資公司在本案裁定備忘錄中所作的上述說明，卻有兩點具有一定的「政策性」：第一，它明確而具體地表述了該公司對保險合同中所謂**「股東基本權利」**的基本看法；第二，它明確地認定此次徵用事件並非作為一項單獨的、決定性的行動而**驟然出現**，而是由東道國政府的一系列措施所**積累形成**的。這種表述，基本上採用了西方發達國家法學界提出的所謂**「蠶食式徵用」**的概念。[157] 以上之兩點，對於日後海外私人投資公司處理同類索賠案件，勢必會有較大影響。

在本案的國際代位索賠過程中，美國海外私人投資公司與伊朗政府之間發生爭執。故已連同其他七起類似的索賠案件，提交設在海牙的「美國伊朗爭端特別仲裁庭」，請求仲裁。[158] 據海外私人投資公司有關負責人稱：截至一九八三年十二月二十日，本案仍在爭訟之中，尚未最終解決。[159]

（三）關於企業的有效控制問題

按照前引《海外私人投資公司234 KGT 12-70型投資保險合同（修訂版）》第一條第十三款第一項第（4）點的規定，東道國政府採取的措施直接阻礙海外美資企業**有效地控制**本企業重要財產的使用和處理，長達一年者，應認定為徵用行動。何謂「有效地控制」？在解釋上見仁見智，歧見甚多。下述三件案例，是此類訟爭中較為典型的。

1. 一九六七年瓦倫泰因石油化工公司索賠案[160]

一九六二年八月二十二日，美國瓦倫泰因石油化工公司與海地政府訂立了一項特許合同，允許該公司在海地境內投資組建「南美海地石油公司」，經營石油勘探、煉油以及製造石油化工產品等項業務。合同有效期為十年。美國資方的主要義務是在海地境內勘探石油資源，興建煉油廠以及石油化工廠，盡快投產，以便在合理的期間內向海地供應全國所必須的各種石油產品。海地政府賦予美資公司的主要權利是：（1）在十年以內，該公司享有在海地興建煉油廠和石油化工廠的排他性獨占權。換言之，海地政府同意：在上述特許合同有效期內，不允許任何其他人在海地境內營建同類的工廠。（2）一旦該公司所建煉油廠正式開工投產，就不再把經營石油產品進出口的權利賦予他人，除非供應不足，可當另論。此外，（3）海地政府還同意至少在五年以內對經營石油進出口或石油加工業務的**其他商人**徵收保護性關稅，而對上述美資公司則給予特惠待遇，豁免關稅及其他一切捐稅。

為了避免建廠遲延拖拉，合同的第六條規定：「南美海地石

油公司」必須以一筆五萬美元的押金，存入美國大通曼哈頓銀行。如果在上述特許合同簽署成立之後十八到二十四個月內尚未興建煉油廠，而此種遲延又並非出於戰爭、罷工或勞資糾紛，那麼，這筆押金應立即支付給海地政府，作為損害賠償。（1963年6月10日，海地政府把本條規定的期限延長了6個月。）但是，一旦該美資公司如期完成建廠工程，或者在一九六二年十月一日以前尚未獲得美國國際開發署針對本投資項目承保風險的合同，則這筆押金應即退還原存款人。其後，由於後一條件成立，大通曼哈頓銀行依約將這筆押金存款退還了原存款人，並通知了海地政府。

一九六三年至一九六四年間，該美資公司積極擴大籌資，並為建廠做了一些準備工作，但進展甚為遲緩，引起海地政府強烈不滿。一九六四年八月二十八日，海地官方刊物刊登了兩項總統命令。第一項命令載明：鑒於美資南美海地石油公司「從海地國家的一項特許中獲得利益，……但該公司的設立徒具虛名，迄今未能發揮應有功能」現將該項**特許合同**「宣布**失效**並予以**取消**」。第二項命令載明：自一九六四年八月二十八日起，把內容幾乎完全相同的特許權授予另一位科威特投資家謝克·穆罕默德·法耶德，特許合同有效期為五十年。一九六四年十月底，美國投資人瓦倫泰因攜同法律顧問等來到海地，要求會見海地總統以及其他負責官員，質問取消特許合同的理由，未果。十一月四日，這些美國人被海地武裝人員押送到飛機場，驅逐出境。一九六四年十一月九日，瓦倫泰因電告美國國際開發署：特許合同業已被取消，要求後者按照海外投資保證合同給予徵用風險事故賠

償。

國際開發署審議案情之後，決定拒賠。其所持主要理由有三：第一，東道國海地政府既未沒收也未徵用該海外美資企業的財產。第二，海地政府廢止特許合同是正當合理的，因為該投資人未能切實履行合同規定的義務。第三，投資人尚未用盡一切辦法尋求當地補救。只有用盡當地一切補救辦法而終歸無效之後，才能向國際開發署索取相應的損失賠償金。根據以上三點，不能認為投資保證合同中所承保的徵用風險事故業已產生和確立，故投保人索賠無理，應予駁回。

投保人不服，根據投資保證合同中的「仲裁條款」於一九六六年十月向「美國仲裁協會」提出申訴。自從美國政府實行海外私人投資保險制度以來，這是**不服政府**承保機構處理決定而**提交仲裁**的**第一樁**索賠案件。

美國仲裁協會重新審議了案情，於一九六七年九月十五日作出裁決，**否定了**承保人國際開發署原有的拒賠意見，**責令它向投**保人瓦倫泰因石油化工公司支付徵用風險事故賠償金。仲裁庭認為：

第一，按照本案投資保證合同的規定，國際開發署所承保的徵用風險事故**並不侷限於**海外美資企業的財產直接被**沒收、徵收**或奪走。就本案而言，投資保證合同條款對「**徵用**」一詞的界說**是含義很廣的**。凡是東道國政府所採取的行動「阻礙投資人作為股東或債權人有效地行使他對於海外美資企業的各種權利」，或者東道國政府「通過專橫無理地或有意歧視地行使政府權力，阻礙海外美資企業對本企業財產的使用和處置實行切實有效的控

制，或者阻礙建設或經營該投資項目」，等等，都可以認定為
「徵用行動」。可見，「**徵用行動**」並不是單指直接侵奪企業的有
形財產。換言之，投資保證合同中對「徵用」一詞所下的廣泛定
義，不但足以包含取消特許合同這一行動在內，而且也足以包含
各種「**推定性剝奪**」或「**蠶食性徵用**」。對照本案案情，海地所
採取的前述三項措施，即廢止原有特許、把特許權轉授他人以及
把美國投資人驅逐出境，其直接後果綜合起來，顯然已經嚴重阻
礙該美國投資人對於「南美海地石油公司」有效地行使其應有權
利，並嚴重阻礙「南美海地石油公司」**有效地控制、使用**和**處置
本企業的財產**，無法繼續經營下去。特別是正值美國投資人積極
籌措新資金力圖加速建廠和擴大經營的關鍵時刻，東道國海地政
府取消了特許合同，這就大大削弱了該投資項目對美國人的吸引
力，從而破壞了原投資人進一步籌集資金的能力和繼續經營原定
項目的能力。因此，海地政府的這些措施應被認定為投資保證合
同中所承保的徵用風險事故。

　　第二，上述特許合同雖針對遲延建廠規定了可將押金充公以
賠償海地方面損失的條款，但通觀合同全文，並無任何條款授權
海地政府可以提前廢約，單方面終止合同。姑不論美國投資人在
立約之後已經在購買工廠用地、配備幹部、培訓工人、擴大籌資
以及磋商購置機器設備等方面進行了一系列工作；縱使肯定美國
投資人在建廠問題上確有遲延拖拉情事，但是，海地政府**事先**並
未向美國投資人發出懈怠違約或履約不力的通知或**警告**，也未遵
守特許合同中關於把爭議提交仲裁的規定，就迅即取消了原有特
許合同，這就使東道國政府的這些做法構成了美國國際開發署投

資保證合同中所稱的「專橫無理」行為，從而應被認定為該保證合同承保的徵用風險事故。

　　第三，在本案情況下，美國投資人是無法在當地尋求救濟的。當時的投資保證合同規定：投資人應當採取一切正當合理的措施，針對徵用行動，尋求一切可能獲得的行動補救或司法補救。本案仲裁人員認為：此項條款無異於讓投資人自由決斷是否值得「為小利而花大錢」。美國設立海外私人投資保證制度的本旨在於促進本國國民向不發達國家投資，而投資保證合同中卻要求美國投資人在像本案這樣的條件下在異鄉他國提起訴訟，指控地位穩固、態度強硬的東道國行政當局所採取的措施屬於「違法行為」，要求予以改變，這就顯得「南轅北轍，荒謬可笑」。因為，呆板地、一成不變地貫徹實行投資保證合同中的這種規定，實際上只會挫傷，而不能促進美國私人向海外投資的積極性和勁頭。況且，美國與海地曾在一九五三年四月間訂有雙邊協議：凡是經過海地政府審查批准、在海地境內經營的美國投資項目，如果美國投資人按照美國國內的投資保證合同已從美國政府方面獲得了風險事故賠償金，那麼，海地政府承認美國當局享有代位索賠權；同時，此類代位應當成為「兩國政府直接談判的議題」。由此可見，此項雙邊協定已經豁免了關於美國投資人應當親自出面在東道國當地用盡一切辦法尋求補救的義務，取消了投保人向承保人索賠的這個前提。換言之，在本案條件下，即使投資人並未在東道國進行行政訴訟或司法訴訟要求糾正原措施，也可以向美國國內承保機構索取風險事故賠償。

　　投保人瓦倫泰因石油化工公司的索賠案，經過「美國仲裁協

會」專設仲裁庭的裁決，終以承保人國際開發署支付三十二點七萬餘美元賠償金而告了結。後者已從東道國海地收回大體相同的款額。[161]

此案的實際意義在於：通過投保人與承保人兩造的訟爭和拒賠、付賠兩度的反復，把美國海外投資保證合同中所稱的「徵用行動」概念明確化、具體化了。而本案仲裁人員千方百計為美國投資人曲為辯解的「鮮明」立場、本案仲裁庭對於「徵用」「有效控制」等詞語的解釋說明、對於取消特許合同這一事態的分析定性，等等，都為國際開發署及其繼承機構——海外私人投資公司後來處理類似的索賠案件，樹立了大體的圭臬。

2. 一九七七年阿納康達公司及智利銅業公司索賠案[162]

「阿納康達公司」以及「智利銅業公司」都是美國特拉華州的法人，後者是前者獨資經營的子公司。智利銅業公司投資於其獨資經營的子公司「智利勘探公司」，在智利境內開採丘基卡馬塔銅礦；阿納康達公司則投資於其獨資經營的另一家子公司「安第斯銅礦開採公司」在智利境內開採埃爾·薩爾瓦多銅礦（以下把阿納康達公司及其所屬的子公司以及孫公司，統稱為「阿納康達財團」）。

阿納康達財團投資於智利銅礦開發，已經多年，投資總額高達數億美元，是掌握智利銅礦命脈的最大的一家美資公司。一九六四年底，智利基督教民主黨領袖愛德華多·弗雷在智利保守黨支持下當選為總統。阿納康達財團認為投資氣候十分有利，遂決定對原有智利銅礦企業擴大投資，更新設備。一九六七年，投入巨額新資本一點六七億美元，並於**一九六七年十二月**二十九日與

美國國際開發署訂立了投資保證合同，約定由後者承保徵用風險。但按合同規定，這筆巨額投資當時尚非「**正式投保**」，而只是「**預備投保**」。「預備投保」也必須逐年交納保險費，但其繳費率遠低於「正式投保」，僅約後者的九分之一。相應地，在「預備投保」期內，其有關投資並不立即正式享有被保險權，即風險事故索賠權。但在每年合同期滿更新續訂之際，投保人審時度勢，依據投資環境的變化，有權申請立即轉為「正式投保」。直到**一九六九年十二月**二十九日，即上述合同期滿第二次更新續訂之際，阿納康達財團才**變「預備投保」**為「**正式投保**」，並按後者的繳費率交納保險費年金。

如所周知，銅礦資源向來是智利的國民經濟命脈所在，但長期為外國資本特別是美資所控制。「銅礦國有」，是智利人民長期奮鬥的目標。在人民強烈要求從外資手中收回本國銅礦資源的情況下，智利議會經過長期論戰，於一九六六年一月二十五日制定《銅業法》。其主要內容之一是決定組建國營的「智利銅業公司」（或音譯簡稱「科德爾科公司」），以智利礦業部部長為首，組成董事會，統籌國內銅礦經營、成銅出口等項業務；授權該智利銅業公司負責組建和參加一系列「混合公司」，由外國資本與智利資本聯合經營，分享贏利。

一九六九年五月，智利總統弗雷邀請阿納康達財團負責人員密談，告以智利輿論對於該財團繼續擁有智利兩大銅礦甚為不滿，非議頗多，智利現任政府面臨巨大社會壓力；因而敦勸美國資方把這些銅礦轉交「混合公司」經營，即通過智利籌款**高價收買美資股份**的辦法，以**逐步實現**銅礦「**智利化**」。經過談判，雙

方於一九六九年六月二十六日達成基本協議：

（1）組建兩家「混合」銅礦開採公司，並把阿納康達財團原先擁有的兩大智利銅礦企業全部資產轉給該兩家新建的「混合」公司。[163]

（2）阿納康達財團把這兩家「混合公司」全部股票的各百分之五十一，出售給智利國營的科德爾科公司。價款按這些美資企業現有資產的賬面價格計算，由智利科德爾科公司出具同等金額的**定期債券**（期票）交給美國資方，以分期付款方式，自一九七〇年六月起，在十二年內還清。還債時，除本金外，外加年息百分之六。智利科德爾科公司一旦從新建的「混合公司」銅礦經營中開始獲得股份**紅利**，應**立即**用以**還債**。也就是說，以股票日後孳生的新紅利，交還股票出讓人美國資方，抵充股票本身的價款。

（3）阿納康達財團將來願把新建「混合公司」其餘的百分之四十九的股票，進一步出售給智利科德爾科公司。出售時間可在一九七二年底至一九八一年底之間，具體日期由智利方面選定。但是，這些股票的售價應按新建「混合公司」逐年平均利得的**若干倍**來計算，換言之，阿納康達財團要求這部分股票的**售價大大超過**它的**票面價值**。

（4）技術援助合同和銷售協助合同應另行談判，但均應讓**阿納康達財團人員繼續主管**採礦、營建和銷售業務。

談判結束後，智利總統弗雷和美國駐智利大使科裡雙方都稱讚此次談判是「成功」的。一九六九年底，阿納康達財團按照約定的優厚條件，把它原有智利銅礦企業股權的百分之五十一轉讓

給智利科德爾科公司。自此時起，阿納康達財團雖然在**名義**上**失去了**對智利兩大銅礦的**獨資經營權**，但**實際**上在相當長時期裡，**仍然是**大權在握，**全盤控制**，並在智利高價贖買過程中，坐享巨利厚息。

然而，好景不長。一九七〇年九月，智利社會黨領袖薩爾瓦多‧阿連德‧戈森斯在其他進步政黨聯合支持下當選總統，上臺執政。在以**阿連德**為首的進步勢力積極推動下，智利銅礦**國有化步伐大為加快**。智利議會於一九七一年七月十六日通過了著名的《憲法第10條修訂案》。規定盡速把大型銅礦企業**直接全盤收歸國有**，並迅即制定了貫徹實現的具體法令。《憲法第10條修訂案》。定，被收歸國有的外資公司可在相當時期內獲得以**智利法定貨幣**支付的賠償金，但是，應當從中扣除該公司自一九五五年五月第11828號法令頒行以來所逐年獲得的「超額利潤」。而判斷「超額利潤」多寡時，則應對照參考這些外資公司在一般國際經營中正常的贏利水平。

根據以上規定，阿納康達財團與智利前政府在一九六九年達成的前述協議及其有關安排，實際上已被全盤取消。經過智利有關當局核算，斷定在實行上述扣除後，不必再對阿納康達財團支付任何賠償金。美國資方不服，向智利「銅業特別法庭」申訴，未能獲勝。於是在一九七二年二月十日向投資風險原承保人美國國際開發署的繼承機構——海外私人投資公司呈遞申請書，要求按投資保證合同的規定，給予徵用風險事故賠償金。

海外私人投資公司審議本案案情之後，於一九七〇年九月十九日駁回了阿納康達財團的索賠要求，拒絕支付賠償金。其所持理

由，主要是如下四點：

第一，按照本案投資保證合同規定，投保的標的物應當是屬於美國自然人或法人所有的海外資產或資本。對照本案案情，阿納康達財團應東道國智利弗雷政府的要求，在一九六九年六月間就銅礦股權轉讓等問題所作的前述安排，早已改變了該財團在智利這筆投資的原有性質，從而使這筆投資不再屬於原有投資保證合同所承保的範圍。

第二，按照本案投資保證合同的規定，對於每一筆海外投資說來，東道國的「徵用行動」（即投資人所遭遇的徵用風險事故），只能發生一次。本案這筆投資，實際上早在一九六九年六月間就已確定由智利政府加以徵用。因為早在當時，阿納康達財團就已同意在頗為優厚的條件下把銅礦股權分批分期轉讓給智利國營的銅礦公司，即科德爾科公司。可見，應當認定本案這筆投資被徵用的風險事故是發生於一九六九年六月。但是，在當時，投保人阿納康達財團與承保人國際開發署之間的合同關係只是「預備投保」與「預備承保」，並非「正式投保」與「正式承保」，因此投保人當時還沒有資格正式享受「被保險權」，從而對開始發生於當時的徵用風險事故，無權提出索賠要求。

第三，按照本案投資保證合同的規定，在合同有效期內投保人如有「違約行為」，承保人就有權隨時提前終止合同，拒絕付賠。同時，合同第二條第十一款[164]見定，一旦合同生效，投保人就負有責任在力所能及的範圍內把投保的投資項目加以貫徹實施。對照本案案情，鑒於阿納康達財團在一九六九年六月就已決定將銅礦投資股權轉讓給智利政府經營的科德爾科公司，這就意

味著該財團已不再依約使該項銅礦投資項目切實貫徹執行下去，也說明**投保人**已有「**違約行為**」，從而導致**承保人**有權終止原保證合同，**解除承保責任**；也導致投保人無權再按照原保證合同索取風險事故賠償。

第四，綜合以上三點，應當斷定：在一九七一年智利阿連德政府大力貫徹銅礦國有化計劃當時，投保人阿納康達財團在智利境內已不再享有原投資保證合同中所必須加以保護的原型投資權益。既然這種權益本身已經不復存在，那麼，也就不存在這種權益被徵用的問題。簡言之，一九七一年阿納康達財團在智利境內所遇到的那種事態，不能被認定為原投資保證合同所承保的徵用風險事故。索賠顯屬無理，應予駁回。

投保人阿納康達財團對於繼任承保人海外私人投資公司的上述拒賠決定表示不服，向設在首都華盛頓的「美國仲裁協會」提出申訴。

美國仲裁協會受理此案後，經過多次聽證、庭辯和長期審議，終於在一九七五年七月十七日作出裁決，**推翻了海外私人投資公司的拒賠決定**，確認後者有義務依約支付徵用風險事故賠償金。仲裁庭的意見可以大體歸納如下：

第一，關於一九六九年百分之五十一銅礦股權歸屬的變化是否已經改變了阿納康達財團這筆投資的性質問題。這個問題牽涉到全案的關鍵，即一九六九年的大半數股權轉移是否已經**根本改變了**原投資保證合同的**主題**，從而把這筆投資排除在合同承保範圍以外，使雙方當事人之間投保、承保的法律關係從此終結，不再存在。本案保證合同所承保的標的物明文規定為「投資」，這

是一種「**無形的、綜合性的權益總稱**」，並不像一般保險標的物（如人壽、房子）那樣明確、有形和具體。就投資保證合同本身的文字逐一加以推敲，並無任何條款明文禁止投保人將海外企業的資產轉讓給他人。而且，從美國保護海外美資的立法精神、斷案歷史以及投資保證手冊規定來看，可以斷定：只有在投資人與投資項目之間已經**全然沒有任何利害得失**的密切關聯的情況下，原有合同所規定的投保、承保關係才告終止。

對照本案，卻完全不屬於此類情況。因為，從實際效果上觀察，在一九六九年**大半數股權轉移之後**，阿納康達財團**照舊是**原投資項目的**經營人**，正在繼續貫徹原有的投資贏利目標，而且順利地**享有**相當可觀的**經濟利益**。這就是問題的本質所在。可見，本案承保人據以拒賠的前述第一點理由，是站不住腳的。

進而言之，在當代國際投資的實踐中，由於形勢變化，外國投資人應東道國政府的要求，雙方重新談判，提前修改原訂合同的事例，也所在多有，並不罕見。仲裁庭是這樣分析的：

歷史經驗表明：在世界上不發達地區訂立的長期採礦特許合同或長期開發合同，往往具有這樣的特點：在這些合同繼續生效的過程中，就應東道國政府的要求，重新談判磋商。力量對比正在發生變化：在早先初試的談判中，一方是天真幼稚的政府，它對自己所擁有的礦藏規模，茫然無知；而它所面臨的對手，卻是一個老謀深算的跨國公司，後者可以在世界的許多地區隨心所欲地挑選愜意的投資場所。可是後來時過境遷，雙方重新舉行談判。此時，一方是日益成熟、胸有成竹的行政當局，它熟知自己

擁有什麼，深信它自己能迅即自力更生地經營事業，並且認為外國投資人的贏利實在太過豐厚……另一方則是吃了許多苦頭、地位日益削弱的外國商行。[165]

裁決書中的這一段文字，旨在為阿納康達財團一九六九年的股權變動進行辯解，但卻也從一個側面承認了弱小民族逐漸覺醒、國際力量對比發生重大變化、傳統的國際經濟**舊秩序**正在被國際經濟**新秩序**所**更替**的「無情」現實。

第二，關於一九六九年百分之五十一銅礦股權歸屬的變化是否徵用風險事故問題。按照本案投資保證合同的規定，東道國政府採取的措施，直接阻礙海外美資企業有效地控制、使用或處置本企業的重要財產，或直接阻礙海外美資企業繼續經營該投資項目，持續達一年以上，方能被認定為「徵用行動」，即被肯定為徵用風險事故業已發生和確立。這是判斷是否徵用事故的關鍵標準之一。對照本案案情，一九六九年的股權轉移實況完全不具備以上條件，因而不能認定徵用事態早在當時就已經開始發生並持續存在。

事實是這樣的：一九六九年六月就**股權轉移**問題進行談判期間，阿納康達財團代表把繼續**保留**充分的**控制權**看成是絕對必要的前提，堅持這是出讓大半數股權所必不可少的條件；而智利政府代表則同意讓阿納康達財團在百分之五十一股權出讓之後**繼續負責**新建「混合公司」銅礦企業的經營管理。在這個基礎上，雙方共同制定了一整套規章制度，其中包括新建「混合」採銅公司的內部章程、銷售合同、諮詢合同，等等。綜觀這些文檔，都貫

穿著一條總的線索，即在雙方合股經營中，給予智利國營科德爾科公司**以外觀上、面子上的優勢**，而給予阿納康達財團絕大部分的**實際控制權**。

　　具體說來：（1）在新建「混合公司」的董事會中，科德爾科公司占有四個名額，阿納康達財團只有三名。從表面上看，前者可以通過董事會中的合法多數在經營方針上進行控制。但是，擬定銅礦開採計劃和決定人事去留的大權，卻全盤由阿納康達掌握。換言之，縱使董事會否決了美國資方提出的既定計劃，它也無權擬定並提出自己的替代方案。（2）股份紅利分配、財會結算事宜，全部委託阿納康達財團的人員辦理；在財會重大事宜上，美方人員並享有否決權。可見「混合公司」中的財會大權也全歸阿納康達財團掌握。（3）諮詢合同名為「諮詢」實則其中明文規定：「混合公司」的各級經理人員和各部門主管人員都負有責任，**必須貫徹**執行**美方人員**傳達給他們的各種「**指示**」以便切實有效地實行經營管理。（4）前述兩家「混合公司」成立之後，智利方面只派來了兩名總經理，其他主管人員和經營管理人員，從上到下，幾乎全是美方原班人馬。美國資方還對許多原有僱員作了許諾：保證他們不會失業；如在智利被解僱，即可從美方獲得新的工作崗位和其他各種實惠。這就使他們有恃無恐，唯美國大老闆之命是聽。（5）銅礦營建規劃中的一切重大問題，都和往常一樣提交設在美國紐約的阿納康達公司總部審批。

　　由此可見一九六九年百分之五十一股權轉移之後，實際上原有銅礦的經營以及投資項目的貫徹實施，都同往常一樣，基本上按原有模式繼續進行，既未中斷，亦**無重大實質性**變化。直到一

九七〇年九月智利大選，新總統上任之後相當一段時期裡，投資項目的營建仍按原定計劃繼續實施。總之，一九六九年**大半數股權轉移之後，美國資方**對智利境內本企業重要財產的使用和處置，**從未失去「有效的控制」**，也從未間斷。根據投資保證合同規定的上述標準，不能認定為當時就已開始發生徵用風險。

真正的徵用風險事故，應當是開始發生於**一九七一年七月**十六日智利《憲法第10條修正案》正式通過，並貫徹實施於阿納康達財團在智利銅礦的投資之後。因為直到此時，阿納康達財團投資經營的海外美資企業才**真正失去**對本企業重要財產的**有效控制**。而此項真正的徵用風險事故，正是開始發生在「**正式保險**」的有效期間以內，從而符合投資保證合同所規定的索賠條件。因為，早在此項徵用風險事故發生之前許久，即一九六九年十二月二十九日，阿納康達財團已將這筆投資從「預備投保」改為「正式投保」，並按新的繳費率向承保人逐年交納保險費，從而開始**正式享有被保險權**，即正式享有徵用風險事故的索賠權。投保人的此種法律地位，直到一九七二年二月向承保人正式提出索賠要求之際，一直持續存在，迄未改變。

第三，關於投保人阿納康達財團是否有「違約行為」問題。這個問題的關鍵在於：阿納康達財團於一九六九年將銅礦股權百分之五十一轉讓給智利國營公司，這是否意味著它已無意繼續經營原先投保的投資項目，不再努力貫徹實施該投資項目，從而違反了投資保證合同第二條第十一款的規定。

海外私人投資公司所持拒賠理由之一是：投保人連續不斷地擁有「對於投資項目的**所有權**」，乃是繼續獲得保險權利的必不

可少的條件。仲裁人員認為：在投資保證合同中並無此種明文規定，而美國保護海外美資的立法精神，也並無此種要求。所以**出讓股權**但卻**保持實際投資利益**一舉，並非「**違約行為**」。可見，問題的癥結仍在於美國資方在大半數股權出讓後是否照舊努力貫徹實施該投資項目。關於這個問題，在上述第二點所列舉的五個方面的事實中已經包含了答案。這五個方面的事實既說明了在大半數股權出讓後阿納康達財團對原有銅礦的「**有效控制**」從未中斷，也說明它「**貫徹實施**」該投資項目的長期「**努力**」從未中斷，還說明它通過這筆投資獲得的**豐厚利潤**也從未中斷。一直延續到一九七一年七月關於銅礦收歸國有的智利憲法修訂案認真貫徹執行之後，情況才發生根本變化。

　　針對阿納康達財團於一九六九年將智利境內美資企業銅礦股權百分之五十一轉讓給智利國營公司一事，仲裁庭作了這樣的分析：此項轉讓交易，並非一般的現金買賣，而是特別的分期付款安排；而且**價款來源也大異常規**。股票出讓人（美國資方）與股票受讓人（智利當局）雙方約定：將這批業已轉讓所有權的股票在銅礦經營中所不斷孳生出來的股份紅利，作為股票本身的**價款**，分期地、自動地、源源不斷地**流入原出讓人**美國資方的**錢櫃**。其具體辦法是在銀行設立專門賬戶，集聚紅利，定期交付美國資方，智利方面無權干涉。另外，原有投保投資中的這一部分仍然在該投資項目原有銅礦經營中繼續承擔著風險。正是在這種「**繼續孳生紅利、繼續承擔風險**」的意義上，應當說，這**業已出讓**的百分之五十一的股票，實際上仍是**原有**那筆投保**投資**的一部分。它的命運遭遇同美國**原投資人**（即投保人阿納康達財團）的

利害得失，**仍然**是**血肉相連**、不可分割的。因此，直到一九七一年七月智利採取來勢迅猛的國有化措施之前，這批股票及其所代表的經濟權益，實際上仍然緊緊地牽連到和歸屬於投保人阿納康達財團所經營的投資項目，從而**不應把它排除**在原投資保證合同的**承保範圍之外**。同時，鑑於智利新政府於一九七一年把前政府在一九六九年所作的上述安排一筆勾銷，而且進一步把阿納康達財團在智利境內銅礦股權的其餘部分，即一九六九年美國資方表示願意日後高價轉讓但尚未轉讓的百分之四十九的股權，也全盤收歸國有，並且由於扣除歷年「超額利潤」，不再給美國資方以任何賠償金，因此，應當認定：這就是原投資保證合同中所承保的徵用風險事故。

第四，基於以上各點，仲裁庭裁決：繼任承保人海外私人投資公司應當依照本案投資保證合同的規定，向投保人阿納康達財團支付徵用風險事故賠償金。賠償金中不但應當包括前述新建「混合公司」中投保人**尚未出讓**的百分之四十九股票的價值，而且應當包括「混合公司」中投保人**業已**於一九六九年**出讓**給智利的百分之五十一股票的價值。其具體款額由雙方自行商定。如不能達成協議，可提交本庭**另行裁決**。

繼任承保人海外私人投資公司對於美國仲裁協會所作的上述裁決表示不服，向首都華盛頓地方法院申訴，要求撤銷上述裁決。法院駁回所請，維持原裁決。海外私人投資公司進一步上訴於「美國上訴法院」所設的哥倫比亞特區巡迴法院。

在本案爭訟懸而未決期間，智利政局發生了劇烈變化：一九七三年九月十一日，智利軍人在美國支持下發動政變，推翻了阿

連德政府，由陸、海、空三軍司令和警察總局局長組成執政委員會，阿連德總統在同政變部隊戰鬥中以身殉職。

智利軍政府上臺執政後，推行新的親美政策，並決定對阿連德當政時期收歸國有的美資銅業公司支付數億美元巨款，給予高價賠償。

一九七四年七月二十二日，阿納康達財團與智利軍政府達成新協議，對賠償金額和支付辦法作了具體規定：由智利國營銅業公司出具分期清償的債券（期票），即「科德爾科期票」，交與美國阿納康達財團，並由智利中央銀行對於這些債券的如期清償兌現加以擔保。一九七四年八月一日，智利當局把這些債券正式遞交阿納康達財團，並承諾和保證於十年內分期清償完畢。

阿納康達財團急於將這批長達十年的分期債券提前兌現，以利資金周轉。海外私人投資公司挾其「雄厚資信」，完全可以輕易地幫助前者實現這一願望。於是原告和被告從「**公堂對簿**」轉向「**客廳協商**」終於在一九七七年三月三十一日達成「和解協議」協議要點，有以下數項：

（1）雙方從此息訟止爭，由涉訟兩造聯名向首都華盛頓哥倫比亞特區巡迴法院呈遞文書，表示一致同意**撤回上訴**。同時，聯名向「美國仲裁協會」聲明一致同意撤回申訴，終止第二階段的仲裁。

（2）由海外私人投資公司向阿納康達財團支付現款四千七百餘萬美元。這筆款項應從美國「聯邦基金儲備」中撥付。

（3）對於阿納康達財團手中的六張遠期債券（預定清償日期為自1981年8月至1984年2月，每半年一次），由海外私人投資

公司「以**美利堅合眾國**的全部**信用**和**信譽**作為**擔保**」，保證它們能如期如數切實兌現，從而大大增強這些債券在市場上的「身價」和流通能力，便於阿納康達財團脫手轉讓，提前兌成現金。這批遠期債券的總額，也是四千七百餘萬美元。兩者合計，阿納康達財團獲得的賠償金總數高達九千五百餘萬美元。

（4）阿納康達財團應將手中掌握的部分智利「科德爾科期票」寫上「背書」，將這些期票的**索償權轉移**給海外私人投資公司，俾便後者屆時憑票向智利**代位求償**。

（5）日後海外私人投資公司憑上述「科德爾科期票」向智利索債、回收債款本息時，如遇糾紛，阿納康達財團在接到海外私人投資公司的書面要求後，應即採取相應行動，緊密配合。阿納康達財團為提供這種合作而開支的各種費用，包括聘請律師打官司的費用，概由海外私人投資公司承擔，全部實報實銷。

至此，這場訟爭長達六個年頭的索賠官司，經過投保人索賠—承保人拒賠—仲裁庭裁決付賠—承保人堅持拒賠並提交法院—法院駁回所請，責令付賠—承保人不服上訴，繼續堅持拒賠—雙方聯名撤訴等曲折，最後以美國國內**投保人**與**承保人**兩造言歸於好、「**一致對外**」而告終結。

作為一個「典型案例」，本案的實際意義之一在於：它向世界上接受美國投資的發展中國家傳遞了一條信息：在美國法官（法院）和學者（仲裁庭）眼中，海外美國私人投資縱使在**名義上其所有權業已轉移出讓**，不再屬於原投資人所有，但只要這筆投資在**實際**上還直接牽涉到**原投資人**的**利害**得失，美國當局就**仍然**對它實行法律保護，不遺餘力。

3. 一九七八年列維爾銅礦及銅器公司索賠案[166]

美國馬里蘭州列維爾銅礦及銅器公司（以下簡稱「列維爾銅業公司」）獨資設立一家子公司，取名列維爾—牙買加鋁業公司（以下簡稱「列維爾鋁業公司」），在牙買加境內經營鋁土開採和煉製純鋁。一九六七年三月十日，東道國牙買加政府與列維爾鋁業公司訂有長期採礦特許協議，規定由前者對後者的投資給予合理的保護；列舉後者應對前者繳納各種稅款的種類和範圍；同時規定，除了所列舉的捐稅項目外，牙買加政府不得對列維爾鋁業公司另外課徵任何其他捐稅（協議第12條）。協議期限自該鋁業公司生產設施正式投產之日起計算，有效期為二十五年。

牙買加原為英國殖民地，一九六二年八月宣布獨立後，由牙買加工黨執政，上述協議就是在工黨政府當權時簽訂的。該黨主要代表牙買加大農場主、大資產階級的利益，在一九七二年大選中被人民民族黨擊敗下野。人民民族黨上臺執政後，大力推行維護民族權益，發展民族經濟的新政策。該黨領袖、牙買加政府總理邁克爾・曼利在一九七二年十月的第二十七屆聯合國大會以及一九七四年四月的第六屆聯合國特別會議上，大聲疾呼應當改變外國投資家與東道國在分享自然資源開發事業的經濟利益中的不公平比例，抨擊舊的國際經濟秩序及其關係結構嚴重阻礙貧窮國家的正常發展，要求國際社會採取措施，認真地改革這種舊秩序、舊結構。另一方面，一九七四年他在國內先後多次談到施政方針時宣布：牙買加政府決定要對作為本國經濟命脈的鋁礦開採和煉鋁工業獲得**最大份額的所有權**，從而**實行有效的國家控制**。他鄭重聲明：過去同外國投資家訂立的鋁礦開採合同已經**「被歷**

史所廢除」，「牙買加政府不能再受這些合同約束」。在同年五月十五日發表的一場演說中，他理直氣壯地強調：

同各家鋁業公司重新談判合同，這不僅是必不可少的，也不僅是一個**主權國家**的**權利**，而且是對人民的一種義務。這些考慮比合同協議的尊嚴性，要重要得多。

在合同的重新談判中，雙方討價還價，十分緊張激烈，迄無結論。一九七四年六月八日，經牙買加議會討論通過，頒行了新的《鋁土礦生產稅徵收條例》，**大幅度增稅**。在這種情況下，列維爾鋁業公司生產成本增加，庫存產品滯銷，連續數月虧損累累。於是，不顧牙買加政府的勸阻，在一九七五年八月間自行決定停產關閉。

一九七六年一月，列維爾鋁業公司起訴於牙買加最高法院，指控牙買加現任政府的增稅措施違反了前任政府與該公司訂立的長期採礦特許協議，要求免徵新稅。牙買加最高法院駁回所請，並認定：前政府參加訂立的原有協議中關於禁止徵收任何新稅的規定「從一開始就是無效的」。因為這種規定明顯地損害了牙買加的主權尊嚴；況且，按照牙買加的法律，參加訂立協議的行政機關的**部長們**根本**無權**在涉及稅收的問題上**對於議會的立法主權**任意加以**限制**和**束縛**。因此，一九六七年的特許協議並未為列維爾鋁業公司創造出任何免納新稅的權利，從而，該鋁業公司無權依據一九六七年的協議要求免徵。於是，列維爾鋁業公司的母公司——列維爾銅業公司在一九七六年四月間依據美國國內的投資

保證合同，轉向美國海外私人投資公司索賠，要求按承保的徵用風險事故支付巨額賠償金九千多萬美元。

海外私人投資公司拒絕支付賠償金。主要理由是：

第一，根據投資保證合同的規定，東道國政府採取的措施，必須**直接阻礙**境內美資企業**有效地控制**本企業重要財產的使用和處置，並且持續一年之久，才能被認定為發生了徵用風險。對照本案案情，當時牙買加政府用以限制外資鋁礦企業的若干措施中，只有頒行新的鋁土礦稅則這一項算是跡象明顯的行動，儘管它不符合原特許採礦協議中關於不課徵額外新稅的約定，但它本身還不就是美國投資保證合同中所承保的「徵用行動」風險。因為東道國政府**仍然允許**境內的列維爾鋁業公司**有效地控制**本公司的財產，它並未要求該公司關門停業，更沒有直接接管或剝奪該公司的資產。換言之，在實施一九七四年六月的新稅法之後，該鋁業公司仍然繼續享有一九七四年六月以前原有的全部財產和全部權利，既擁有一切生產設施設備，還擁有採礦租約特許，完全可以照常營業。

第二，由於當地政府對鋁礦土增課新稅而引起的公司生產**成本**增加，只要經營得法，該公司完全可以把這方面的負擔**轉嫁**到消費者身上去。

第三，一九六七年的採礦特許協議和有關合同顯然應受東道國牙買加法律的管轄。根據牙買加最高法院的判決，原協議中**禁止課徵新稅**的條款因違反牙買加法律而**「自始無效」**。因此，根本不存在「違約」問題。何況，即使發生違約行為，也並不能一概構成海外私人投資公司投資保證合同中所規定的徵用風險。

　　第四，總之，該鋁業公司在營業上所處的逆境，主要是由於它自身**不善經營**所造成的，**不屬於**海外私人投資公司**承保**的徵用風險**範圍**，索賠應予駁回。

　　投保人列維爾銅業公司對承保人海外私人投資公司的拒賠裁定不服，於是按投資保證合同中仲裁條款的規定，[167] 在一九七六年十二月間提交設在首都華盛頓的「美國仲裁協會」仲裁。

　　仲裁小組由三位仲裁員組成。經過長時間的審議和討論，仲裁小組內部意見分歧，無法達成一致結論，最後形成「二比一」的局面，把「多數派」和「少數派」的不同意見，分別記錄在案；同時依照少數服從多數的原則，把多數派的意見作為正式的有約束力的仲裁決定，加以執行。

　　「多數派」（即仲裁員G. W. 海特和卡洛爾‧威澤爾兩人）的意見認為：海外私人投資公司**拒賠無理**，應當依約支付徵用風險事故賠償金。他們所作的長篇分析，可大體歸納如下：

　　第一，關於是否存在「違約行為」的問題。牙買加政府違反一九六七年特許採礦協議中禁止課徵額外捐稅的約定，另徵新稅，是否構成「違約行為」？牙買加最高法院斷定：本國行政官吏無權束縛議會立法主權，協議有關條款（第12條）「自始無效」。從牙買加國內法說，這種判決誠然是有道理的。海外私人投資公司也把它作為理由之一，據以拒賠。但是，這個問題不能單憑牙買加**國內法的標準**加以判斷，還要根據**國際法的標準**作出鑑定。換言之，上述協議不僅適用牙買加國內法，受牙買加國內法管轄；而且適用國際法，受國際法管轄。因為，此項協議的當事人一方是外國投資人，另一方是東道國政府，內容涉及如何促

進東道國的經濟發展，所以它不是一般的國內合同，而是國際性合同；而且其中涉及保護外國投資人的財產不受東道國政府侵害的問題，所以應當適用國際法上的「國家責任」原則來判斷是非。據此，牙買加政府違反一九六七年特許協議中有關規定而另課新稅的措施，顯然是一種國際法上的「違約行為」，應當追究「**國家責任**」。受到損害的外國投資人有權索賠。

　　第二，關於課徵新稅是否構成徵用風險的問題。這個問題，取決於課徵新稅是否阻礙列維爾鋁業公司切實**有效地控制**本企業的重要財產。違反特許協議增征鋁土礦稅一舉，單就其本身而言，當然並非徵用行動；但是，這種「違約行為」一旦同其他現存因素結合起來，卻足以構成徵用行動。事實上，在增收新稅的同時，牙買加政府還提高了礦區土地使用費，取消了原先給予鋁業公司的某些經濟津貼費，等等。因此，判斷本案中的增稅法令的性質，必須聯繫到牙買加政府採取增稅等措施的**動機意圖**以及這些措施所造成的**實際後果**，加以**綜合考察**。就前者而言，牙買加政府早已公開聲明自己的目標，要對鋁礦業實行有效的國家控制，增稅等措施都是圍繞這一中心目標而相繼採取的；就後者而言，這些措施表面上看來雖不很嚴厲激烈，但處處掣肘，已在不知不覺之中逐漸削弱了列維爾鋁業公司的經營能力。特別是綜合考察這些措施，可以看出：作為該鋁業公司投資依據的一九六七年採礦特許協議實際上已被廢除，從而使整個公司前途未卜、捉摸不定，遇事難以果斷決策。凡此種種，實際上已使該公司對本企業財產以及本企業命運失去有效的控制。儘管它在名義上、理論上仍然擁有並控制著本企業的財產和設施，但這種控制已經不

是切實有效的了。

第三，關於應否支付賠償金問題。一九六七年的採礦特許協議乃是列維爾鋁業公司在牙買加投資和立足的主要根據。牙買加政府一九七四年頒行新稅法等措施實際上已經廢除了一九六七年的特許協議，構成了國際法上的「違約行為」。受害的當事人有權索賠。鑒於這種國際法上的「違約行為」已造成後果，使得列維爾鋁業公司對本企業重要財產的**有效控制**，業已**名存實亡**，因此，根據原先美國國內投資保證合同第一條第十五款第一項第（4）點的規定，應當認定徵用事故已經發生。海外私人投資公司作為承保人，應當依約付賠。

第四，關於賠償金數額問題。作為總的原則，海外私人投資公司應當依約付賠。但是，鑒於列維爾鋁業公司確實存在經營不善、長期虧累的問題。因此在計算賠償金數額時，凡是因該公司本身經營不善而導致的損失，因不屬於政治風險承保範圍，應當扣除，不予賠償。投保人列維爾銅業公司原先提出的索賠金額高達九千零四十七萬餘美元，但仲裁小組中的「多數派」採納了海外私人投資公司提供的物證和計算方法，扣除了列維爾鋁業公司賬面資產中實際上大量減值的數額，認定在「徵用風險」發生當時該鋁業公司純投資額僅餘下一百一十三萬餘美元，承保人應按此項結餘的純投資額支付賠償金，即**僅約原索賠額的八十分之一**。此外，由於海外私人投資公司方面在仲裁中敗訴，故應另外負擔仲裁費用十八萬餘美元。

仲裁小組「多數派」對本案所作的上述裁決，與其說是為列維爾銅業公司「主持公道」，維護該投保人的權益，使它不受承

保人海外私人投資公司拒賠的損害；毋寧說是為了**重申**美國在海外美資被徵用與索賠問題上的**傳統觀點**，維護**所有**美國海外投資家的利益，使它不受東道國政府的「損害」。裁決書洋洋數萬言，論證中心之一就是：凡遇海外投資糾紛，不能全部也不能優先適用東道國的國內法，而應當全部或至少優先適用美國所理解、所堅持的「傳統國際法」。究其實質，就是盡力把美國投資家的利益置於東道國的主權之上。但是，美國的這些傳統觀點已隨著國際經濟秩序的新舊更替進程而日益顯得陳舊、過時。因此，即使在美國本國法學界中，也不是所有的人都全然加以贊同。

本案仲裁小組中的「少數派」即仲裁員弗朗西斯・貝爾根，針對「多數派」的上述見解，提出異議。他主張：本仲裁案中的承保人海外私人投資公司勝訴，**投保人**列維爾銅業公司**無權索賠**。所持理由有以下六點：

第一，本仲裁案件的主要爭端和癥結，在於如何理解投資保證合同中的有關條款。具體說來，問題的焦點是：依據美國國內投資保證合同的有關規定，投保人是否有權向承保人索賠，承保人是否有義務向投保人付賠。此項保證合同，簽訂於美國國內；合同雙方當事人，即列維爾銅業公司和海外私人投資公司，都是美國國內的公司；依據該合同中的仲裁條款，雙方遇有紛爭，應提交美國仲裁協會裁斷。凡此，都決定了一旦此項投資保證合同涉訟，或在解釋上發生分歧，即應受**美國法律**或仲裁規則管轄，**不應**任意**援引國際法**原則來加以解釋或處斷。何況，牙買加政府以及列維爾鋁業公司都不是本投資保證合同或本仲裁案件的當事人，更不應隨便把國際法問題牽扯在內。投保人與承保人之間有

關索賠拒賠的糾紛，其是非曲直，只能嚴格地按照美國投資保證合同有關條款本身的確切含義，根據美國本國的法律或規則，加以裁斷。

第二，按照上述投資保證合同有關條款的規定：東道國政府採取的行動，必須直接地阻礙境內美資企業有效地控制、使用或處置本企業的重要財產，而且長達一年以上，才能被認定為徵用行動，即被認定為發生了該合同所承保的徵用風險事故。簡言之，「**直接阻礙有效控制**」乃是構成徵用風險的前提條件。這裡，關鍵在於行動與後果之間的因果關係必須是**直接**的，而不是間接的；後果是行動直接造成的，而不是間接引起的。但是，無論從本案申訴人列維爾銅業公司所提供的事實材料來看，還是從本仲裁庭「多數派」仲裁員所作的論證推理來看，都不能確鑿地、令人信服地證明：牙買加政府增課新稅的行動確已**直接地**造成了列維爾鋁業公司無法有效地控制、使用或處置該公司財產的嚴重後果。恰恰相反，事實證明：在頒行新稅法後，牙買加政府始終沒有直接阻礙列維爾鋁業公司管理自己的工廠，經營自己的商業，並把自己的純鋁產品裝運出口。換句話說，該鋁業公司對本企業的一切財產和工商經營活動，始終保持著切實有效的控制權和自主權。由此可見，構成投資保證合同中所明文規定的「徵用行動」的**前提條件並不具備**，從而不能認定該合同承保的徵用風險事故業已發生。

第三，原投資保證合同第一條第十五款的最後一段文字毫不含糊地規定：投資項目所在國政府廢除、侵害、不履行或違反有關該項目的任何約許、協議或合同，只有在它已經構成符合本款

標準條件的徵用行動時，才可以認定為徵用行動。」可見，判斷是否「徵用行動」的唯一標準是上述美國投資保證合同有關條款所嚴格規定的條件。在本仲裁案件中，既然無法確鑿證明列維爾鋁業公司在牙買加的處境已經具備了上述前提條件，那麼，縱使一九七四年新稅法的規定與一九六七年的採礦特許協議有所抵觸，也決不能任意把有關徵用外資企業問題的一般國際法理論原則和觀點作為根據，斷定海外私人投資公司應當對列維爾銅業公司履行美國投資保證合同規定的賠付義務。

第四，就一九七四年六月頒行的鋁土礦生產稅徵收條例而論，無論根據哪一種合情合理的標準，都應當認定**徵收新稅**乃是牙買加**國家的正當權限**，並未越出應有的範圍，根本不具備橫徵暴斂或沒收財產的性質。因為，根據準確的計算，一九七四年實施的新稅率實際上只相當於純鋁成品**轉讓**價格的百分之二十左右，**並未超過**國際社會中課稅的**正常標準**。大多數歐洲國家課徵同類捐稅的比率，都高於此數。即使按美國國內法的課稅標準來說，這種稅率也是合情合理合法的。實際案例表明：美國最高法院在一九七四年間就曾駁回阿爾科公司對匹茲堡市政當局的指控，判定徵稅率占總收入的百分之二十是合法的，並非苛徵，並不含有變相沒收私人財產性質因而並不「違憲」對比起來，牙買加政府一九七四年開始課徵的新稅，不但沒有超過國際常規稅率，而且它對於境內的所有鋁業公司都是**一視同仁**、普遍適用的。儘管它確實給列維爾公司增加了新的捐稅負擔，但並非另眼歧視，因而課徵新稅一舉是無可厚非的。

第五，列維爾鋁業公司在一九七五年八月間停產關閉，這是

該公司不顧牙買加當局的勸阻，自行決定的。此事說明當時該公司仍然享有充分的自主權。該公司當時就認為停止「經濟上不合算」的經營活動乃是「任何企業主所固有的基本權利」。列維爾銅業公司總經理威廉·可林斯一九七五年七月二日寫信給牙買加總理說明了決定把牙買加境內所屬工廠停產關閉的原因，強調了生產過剩，產品庫存過多，市場銷售困難這一決定性的因素。列維爾鋁業公司也在一九七五年十月十日致牙買加當局的函件中申述：關廠停產的關鍵因素是該公司「正在承受著世界性不景氣的影響」。兩項函件都未指責牙買加政府課徵新稅的行動是造成該鋁業公司停產關門的直接原因，當然更不能由此推導出牙買加政府已對該鋁業公司採取「徵用行動」的錯誤結論。

第六，基於以上事實，「少數派」仲裁員弗朗西斯·貝爾根認定：對列維爾銅業公司在牙買加境內的資產說來，美國投資保證合同中所承保的**徵用風險事故並未發生**，並不存在。投保人**索賠無理**，應予駁回。

一九八〇年六月二十日，海外私人投資公司終於遵照美國仲裁協會本案仲裁小組「多數派」的裁決意見，如數向列維爾銅業公司支付了賠償金一百餘萬美元。由於海外私人投資公司自己原先就斷定本案中的徵用風險事故實際上並未發生，投保人索賠無理；如今自不宜出爾反爾，反向東道國牙買加代位索賠，故迄今未敢正式行使「國際代位索賠權」。[168]

（四）關於東道國政府的正當法令問題

按照前引《海外私人投資公司234KGT12-70型投資保險合同

（修訂版）》第一條第十三款但書第（1）項的規定，東道國政府**依據本國憲法**認可的方針頒行**正當合理的法令**，雖礙及海外美資企業的經營，亦不得視為徵用行動。根據此類條款，海外私人投資公司及其前身機構國際開發署曾對有關索賠案件處斷如下：

1. 一九六六年韋布斯特出版公司索賠案[169]

該公司投資伊朗，曾與當地政府訂立合同，就地設廠為伊朗學校出版供應教科書。其後，伊朗政府自行創辦出版企業，供應校用教科書，從而逐步把韋布斯特公司擠出伊朗主要市場。後者認為這就是徵用行動，於是依照美國國內的投資保證合同向當時的主管機關國際開發署索賠。國際開發署作出拒賠裁定。其理由可以歸納為：第一，伊朗當局改組教科書供應制度，是正常地行**使本國政府固有的權力**，是合理地調整國內出版業的正當措施，它並未影響到美國投資人對其海外企業實行有效的控制，也未侵害該公司繼續營業的權利和職能。第二，沒有任何跡象表明伊朗政府採取這些措施的本意在於剝奪本案投資人的股票所有權。第三，本案原有投資合同並未規定投資人有權壟斷伊朗公立中、小學校課本的出版供應事宜。因此，投資人無權要求繼續包辦此項課本供應生意。第四，綜觀本案案情，伊朗政府的行為並不屬於前述投資保證合同中所規定的「徵用行動」，索賠無理，應予駁回。至於該公司營業上的逆境和損失，主要應歸因於它自身經營不精，缺乏競爭能力，未能另行擴展自己的銷售市場，以彌補被當地政府占去的營業陣地。

2. 一九七二年華盛頓國際銀行索賠案[170]

一九六五年，美國華盛頓國際銀行在多米尼加境內投資組建

埃克斯普洛馬木材公司，經營伐木、製材、出口等業務。該木材公司系按多米尼加法律組成，一九六六年八月正式開張營業。華盛頓國際銀行擁有該公司全部股票的百分之八十。

此後不久，「美洲國家組織」的專家們在對多米尼加自然資源概況進行調查研究的基礎上，撰寫了專題報告。其中指出：由於林業管理制度鬆弛，伐木商亂砍濫伐，多米尼加國內的森林資源日益銳減，並危及國內的水土保持；如不及時採取護林補救措施，長此以往，後果不堪設想。多米尼加政府顯然十分重視此種意見，於一九六六年十二月八日發布命令，禁止本國木材出口。埃克斯普洛馬木材公司隨即於同月二十三日關門停產。投資人華盛頓國際銀行通過美國駐多大使館以及國際開發署對東道國施加壓力，促使後者給該美資木材公司頒發了新的伐木、出口許可證。該公司於停產一百零四天之後，在一九六七年四月六日重新開工。

按照多米尼加的法令，此項伐木經營從一開始就必須不斷獲得政府頒發的定量伐木、定量出口許可證，方能持續開工。自一九六七年四月至一九六八年八月，埃克斯普洛馬木材公司在陸續申請發給新的定量伐木出口許可證過程中，有時遇到東道國當局新的禁令，有時遇到辦事人員的拖拉作風，因而未能及時獲得新的伐木出口許可證。在上述期間內，該公司的工廠又曾數度停產。但每次停產後，幾乎都是由美國行政官員或外交官員出面過問，施加壓力，迫使東道國當局對該美資企業給予**破格優待**，發給新的許可證，使後者得以**避開禁令**，重新開工。不過，即使在連續生產期內，它也因颱風破壞以及經營不善而虧損累累。

一九六八年八月二十七日，多米尼加當局通知埃克斯普洛馬木材公司：今後不再頒發新的伐木出口許可證了。大約二十天以後，即同年九月十七日，該木材公司的投資人，即華盛頓國際銀行，向美國國際開發署正式提出索賠申請，要求按一九六七年五月間雙方訂立的投資保證合同的有關規定，支付徵用風險事故賠償金。

　　但此後不久，即一九六八年十一月十八日，多米尼加當局又通知該木材公司：即將發給新的許可證，允許恢復伐木製材生產。一九六九年三月三十一日，又進一步通知該公司：有關當局已同意另行頒發一項四倍於原定量的伐木出口許可證。每次定量指標用完以前，只要及早提出申請，即可**不斷更新**，取得相同定量的新許可。對於東道國當局的這些新約許，埃克斯普洛馬木材公司不置可否，既未答覆，也未重新開工。投資人只是一心一意等待國際開發署支付徵用事故賠償金。

　　國際開發署仔細調查和審議了案情，認為以上事實情節，不能構成本案投資保證合同中所規定的徵用風險事故，駁回華盛頓國際銀行的索賠要求。其所持理由大體如下：

　　第一，按照本案投資保證合同第一條第十五款的規定，東道國政府採取的措施，必須是直接阻礙境內美資企業有效地控制、使用或處置本企業的重要財產，或者直接使它無法經營該投資項目，才能定性為徵用風險事故。本案中埃克斯普洛馬木材公司的遭遇和處境，完全不屬於此類情況。因為，國際開發署在接到投保人索賠要求後，曾派人員前往實地調查，發現該木材公司所擁有的機器設備、管理機構、企業信譽、市場銷售等主要方面，都

沒有因東道國政府採取上述措施而直接地受到損害或破壞。恰恰相反，每逢一般伐木禁令，由於投資人的幕後活動和美國官方的施加壓力，該木材公司總是享受**例外開禁**或**優先開禁**的**特惠待遇**。誠然，東道國政府關於禁止濫伐林木的三令五申以及逐次限額審批伐木量和出口量的具體做法，確給埃克斯普洛馬木材公司造成很大不便；該公司申請給予一項為期二十年的長期伐木出口許可證，也遭到東道國政府拒絕；但是，該公司完全可以逐批地申請並連續地獲得短期伐木出口許可證，以便繼續經營。特別是東道國政府在一九六八年八月聲稱不再頒發新的許可證之後，短短六七個月內，即在同年十一月間及翌年三月間，又先後兩次通知埃克斯普洛馬木材公司，收回成命，允許該公司恢復伐木生產，並且給予四倍於原定、可以連續更新的新型伐木出口許可證。這就再次說明該公司不但未被勒令停產，反而是享受特惠。至於該公司在一九六八年八月以後之所以對上述解禁特惠無動於衷，堅持歇業而不再開工，根據國際開發署所掌握的確鑿材料以及該公司原負責人和知情人（包括原董事長兼經理托馬斯・奎克）提供的證詞，顯然可以看出是由於經營不善，虧損過多，入不敷出，無法支付工資。而原投資人華盛頓國際銀行的董事長在一九六八年十一至十二月談到是否繼續資助該木材公司擺脫財政困境時，已公開宣布：「我再也不把任何錢花在這上頭了，我們最好**甩掉**這個破爛包袱！」正是由於新的資金來源枯竭，該木材公司重新開工的資金嚴重短缺，以致無法繼續經營下去。簡言之，該公司的關門歇業，是出於財政枯竭原因，而不是許可證困難所致。由此可見，在本案中，根本不存在東道國政府採取行動

直接阻礙境內美資企業有效地控制、使用或處置本企業重要財產的事態；也不存在採取行動直接使它無法經營該投資項目的情況。因而並未發生過本案投資保證合同裡所規定、所承保的徵用風險事故。

第二，按照本案投資保證合同第一條第十五款的規定，徵用事態必須開始於投資保險期以內，並且持續存在一年以上，才能被認定為確實構成了徵用風險事故，並應予賠償損失。但是，如前所述，本案中埃克斯普洛馬木材公司數度停工，實際上並非由東道國政府伐木禁令或遲延發給許可證所直接造成的後果，因此不能視為已經發生過徵用事態。退一步說，即使把該公司的數度中斷生產歸咎於東道國的上述行動，那麼，仔細分析起來，也並不符合投資保證合同本款所規定的**時間條件**。前面提到：本案中的投資保證合同訂立於一九六七年五月，但第一次停工一百零四天這一事態卻產生並存在於一九六七年一至四月間，即在上述保證合同開始生效、保險期開始計算以前。其後的幾次停產事態，經過精確計算，即使全部累計起來也只有一百二十八日，遠遠不足三百六十五天之數，即不具備徵用事態持續存在一年以上這一先決條件，從而不可能構成本案投資保證合同中所規定的徵用風險事故。

第三，按照本案投資保證合同第一條第十五款但書第（1）項的規定：東道國政府採取的行動，縱使已經具備本款**正文**中所規定的徵用事態諸項條件（即確已直接阻礙境內美資企業有效地控制、使用或處置本企業的財產，或確已直接使它無法經營該投資項目；此種事態確實開始出現在保險期以內；確已持續存在達

一年以上），但是，如果東道國政府採取的該項行動，是（1）正當合理地**根據本國憲法**所認可的施政方針，頒行法令條例，或採取行政措施；（2）這種法令或措施並無明文規定有意實行國有化或徵用；（3）並非專橫無理；（4）是按照企業的合理分類加以適用；（5）並不違反國際法上公認的原則，那麼，就不能把東道國政府採取此項行動，認定為徵用風險事故業已發生。

國際開發署根據投資保證合同中的本項**但書規定**，針對索賠人華盛頓國際銀行所提出的主張，圍繞上述五點，逐一地列舉事實加以分析，並得出結論：東道國多米尼加政府當時就伐木出口問題所採取的各項行動，完全符合上述但書規定，因而應當**排除在「徵用行動」這一概念之外**，即不能認定為徵用風險事故。

根據國際開發署所列舉的大量事實，顯然可以看出東道國多米尼加政府當時頒行的各種護林法令和採取的相應措施，是完全正當、十分合理的。這些法令和措施的主要目的，就是在於制止濫伐亂砍，**保護本國森林資源，防止水土流失**，以免給本國人民帶來重大損失和長期災害。正如當時多米尼加總統巴拉格爾以及林業局局長埃斯特拉達・梅迪納所強調的：採取這些措施，「為的是制止破壞國家林木水土資源的行為，替子孫後代保住這些財富」；「否則，歷史就會懲罰我們，讓我們滴水全無」。既然這些措施確是為了保障本國人民根本利益，它當然完全符合多米尼加本國憲法的基本精神。華盛頓國際銀行為了達到索賠目的，曾任意歪曲投資保證合同條文本意，硬說上述但書文字中的「**憲法**」一詞，指的是**美國憲法**，因此必須以美國憲法作為標準，判定多米尼加政府的行動「違憲」，追究賠償責任。這種節外生枝、無

理取鬧的主張，由於其霸權面目和荒唐悖謬是如此彰明昭著，連美國國際開發署經辦人員也認為根本無法站得住腳，因而根據投資保證合同這段文字的真實內涵，予以批駁。強調：這裡指的**只能是東道國的憲法**，而「不應援引另外一種毫不相干的法律（即另外一國的憲法）來解釋本投資保證合同。因為，無論是但書文字本身，還是上文下文，都根本沒有這種含義。」

此外，國際開發署對本案所作的案情分析中還舉出這樣的事實：東道國多米尼加政府在頒行禁止濫伐林木的法令時，確實是按照企業的合理分類，公平執法的。它所實施的禁令，**是一視同仁、普遍適用的**，即不但適用於境內的一切外資伐木企業，而且適用於本國人經營的同一行業。只有經營鐵路枕木、橋梁用木、學校以及其他公共工程用木者，因為是東道國社會公益所需，才略有例外。就上述美資埃克斯普洛馬木材公司當時的處境而言，儘管它伐木出口顯然並非為了東道國社會公益，但多米尼加政府在美國官方的干涉和壓力下，總是一次又一次地在實施禁令過程中對該美資企業給予特殊優惠和破格照顧，即不但毫無「專橫」可言，反而是恩渥有加！（在這樣的條件下，投資人反誣東道國「蠻橫徵用」，豈非信口雌黃，恩將仇報？！）

基於以上事實，國際開發署斷定：退一步說，即使華盛頓國際銀行所指控的東道國政府行動，根據本案投資保證合同第一條第十五款**文本**的規定，可以**肯定**為「徵用行動」，那麼，根據該合同同條同款**但書**的規定，卻應加以**否定**，排除於「徵用行動」範圍——即承保範圍——之外！

總之，索賠無理，應予駁回。

　　索賠人華盛頓國際銀行不服，於是在一九七二年四月間依照投資保證合同中仲裁條款的規定，向設在首都華盛頓的「美國仲裁協會」提出申訴。此時，由於原海外投資承保業務已由國際開發署移交給新設立的海外私人投資公司承接辦理，後者即成為本案仲裁庭中的被訴人。

　　仲裁庭經過認真閱卷、調查、聽證和審議，於一九七二年十一月最後裁決：承保人國際開發署——海外私人投資公司**拒賠有理**，投保人即索賠人華盛頓國際銀行敗訴，駁回所請。

　　仲裁庭作出上述裁決的理由，與國際開發署所作的上述案情分析，其要點大體相同，茲不多贅。

　　3. 一九七三年佐治亞太平洋國際公司索賠案[171]

　　一九六八年五月，美國佐治亞太平洋國際公司獨資設立子公司「南美厄瓜多爾林業公司」，並由後者與厄瓜多爾政府訂立伐木特許合同，在該國境內經營木材生產。這家林業公司在企業籌辦過程中遇到一些困難，進展緩慢。一九七〇年七月，厄瓜多爾政府根據一項新的法令，取消了若干項伐木特許合同，其中包括與「南美厄瓜多爾林業公司」訂立的上述合同。厄瓜多爾當局指責該林業公司敷衍拖拉，不嚴格遵守特許合同第八條的規定，如期開工安裝生產設備並如期竣工投產。這就是執行上述法令、取消上述特許的主要根據。南美厄瓜多爾林業公司鑒於已耗去開辦費二十萬美元左右，深恐賠本，乃委託當地律師要求東道國當局收回成命，不把該林業公司列入上述新法令適用範圍，繼續給予伐木特許，但未獲批准。一九七一年四月，該公司進一步向東道國有關部門提出行政申訴，不久又被駁回。

在請求厄瓜多爾當局收回成命以及正式提出行政申訴過程中，該林業公司強調說：正是由於東道國厄瓜多爾政府未能履行特許合同中所規定的義務，讓該公司有權迅速獲得一塊適當的辦廠場地，以便興建一家鋸木工廠，因而使它無法嚴格遵照特許合同的有關規定，如期履約。對於這些辯解，厄瓜多爾當局未予採信。

鑒於東道國政府拒絕收回成命，南美厄瓜多爾林業公司的母公司——佐治亞太平洋國際公司早在一九七一年一月初就向海外投資的承保人美國國際開發署正式要求按照雙方事先訂立的投資保證合同，支付徵用風險事故賠償金。

隨後不久，本案即轉交國際開發署的後繼機構海外私人投資公司處理。後者的經辦人員經過實地調查和精心審議，認為佐治亞太平洋國際公司在厄瓜多爾的投資確實遭到了損失，應予彌補，但又不宜簡單地按常規辦事，即不宜採取一般的索賠和代位索賠的方式。其理由如下：

第一，海外私人投資公司認為厄瓜多爾政府取消原先給予南美厄瓜多爾林業公司的伐木特許權，是一種「專橫無理」的行為。因為，特許合同本身規定任何一方如欲提前終止合同，必須事先通知對方，並給對方留下設法補救的時間，但東道國政府並未信守此項廢約程序規定。更重要的是：東道國當局違約遲遲不給建廠場地是「因」，投資人違約未能如期建廠投產是「果」，不追究原因，只追究結果，這樣的執法根據是不公平的。誠然，東道國政府有權依據本國憲法所認可的方針，頒行各種法令或採取各種措施，限制外資企業經營活動，這些都是正當的，但是，

這些法令或措施，必須以並非「**專橫無理**」為前提；而厄瓜多爾政府的上述行為具有「專橫」性質，客觀上又阻礙投資人正常經營該投資項目，這就構成了投資保證合同上所規定的徵用風險事故。

第二，佐治亞太平洋國際公司曾聘請一位厄瓜多爾籍的當地律師，提供法律服務。據該律師一九七〇年十月八日函告：就在厄瓜多爾當局取消給予南美厄瓜多爾林業公司伐木特許之後不久，厄瓜多爾總統的一個侄兒，即擁有很大實權的國防部部長，已經決定組織公私合營的公司，從事伐木經營；該公司業已申請給予一片特許伐木區，其主要部分正就是前此劃給南美厄瓜多爾林業公司特許伐木的那塊地盤。厄瓜多爾的林業委員會已經同意此項申請。在美國的目光裡，這表明厄瓜多爾當局對該美資企業「另眼看待」，**有意歧視**。

第三，根據以上案情，投資保證合同中規定的徵用事態業已發生，並已持續存在一年以上，構成了徵用風險事故。承保人海外私人投資公司應當設法對投保人佐治亞太平洋國際公司所遭受的損失給予補償。但是，考慮到本案所處的特定環境和具體情況，這種補償不宜按通常案例，採取索賠─付賠─代位索賠的簡單方式。因為：

第四，一九七〇年十二月，南美厄瓜多爾、祕魯等五國共同制定了《安第斯地區外國投資法》，對外來投資（包括美資）的經營活動施加多種限制，藉以保護本地區各弱小民族的經濟權益。在此種情況下，海外私人投資公司不得不在本地區部分國家中暫時停辦投資承保業務。但是，據海外私人投資公司調查分

析，厄瓜多爾對上述《外國投資法》的某些解釋，對美國投資家說來，是比較「寬宏大量」的，因而厄瓜多爾乃是一個可以提供「**最佳機會**」的場所，大大有利於海外私人投資公司在這裡**重新開辦**它在其他安第斯國家中業已停辦的投資承保項目。基於這種理由，「從海外私人投資公司的利益考慮，應當對本案採取**斡旋和解**的辦法，而不是採取批准此項索賠要求和支付賠償金的辦法」[172]。所謂「斡旋和解」的辦法，具體說來，就是由海外私人投資公司經辦人員從中「撮合」，建議和說服厄瓜多爾政府作出安排，讓現在持有上述美資林業公司原來伐木特許證的厄瓜多爾「卡亞帕斯公司」作為一方，讓美國「佐治亞太平洋國際公司」作為另一方，共同組建一家「合資經營公司」，合作經營，分享利得。

此案經海外私人投資公司斡旋緩衝，於一九七三年八月由該公司支付十萬美元給佐治亞太平洋國際公司而終告了結。[173]出於種種考慮，而且數目較小，海外私人投資公司全面地權衡了利弊得失，後來未對東道國代位索賠。

4. 一九七九年阿格里科拉金屬公司索賠案[174]

一九七四年十月，美國阿格里科拉金屬公司與乍得的托姆巴巴耶政府簽訂協議，允許該公司在乍得境內獨資設立一家子公司，即「乍得阿格里科拉公司」，經營阿拉伯橡膠的種植、收購、加工和出口等業務。乍得阿格里科拉公司按照乍得法律組建成立，並承擔三項義務：（1）開闢一個具有相當規模的橡膠樹種植園；（2）建立一個橡膠加工廠；（3）同基本上由東道國政府控股的「索那科特公司」，合資經營橡膠購銷業務，即負責收

購和銷售乍得個體農民所採集的野生橡膠。該美資公司的主要權利則是享有全部乍得橡膠的包銷權，即壟斷銷售。

一九七五年四月，乍得武裝部隊發動軍事政變，推翻了托姆巴巴耶政權，由費利克斯‧馬盧姆為首的最高軍事委員會執政。新政府大力推行發展民族經濟的政策。一九七五年十二月十三日，乍得新政府書面通知乍得阿格里科拉公司應將該公司在一九七五至一九七六年享有的橡膠包銷權轉交給乍得的索那科特公司。隨後不久在雙方代表的會談中，乍得政府官員面告美國資方：原先的協議不再有效，新的安排則有待談判；而且新的安排中可能不再給予美國資方以橡膠包銷權。乍得政府始終不否認美國資方曾被賦予橡膠包銷權，但強調此次「暫時取消」美國資方的上述包銷權具有以下四點正當理由：

第一，按照原來雙方商定的計劃，該美資公司應在一九七四至一九七五年開闢園地並種植橡膠樹一千公頃。儘管美國資方宣稱已經種植了六百五十公頃，但據乍得政府調查落實，已種植的橡膠樹只有百分之二十成活。可見美方**懈怠違約**。

第二，按一九七四年十月以前原定的生產計劃，該美資公司應當在一九七五年以內開工興建並建成一座年產五百噸橡膠的加工廠。但美方始終未依約如期建廠，沒有履行應盡義務。

第三，一九七五年間，該美資公司曾經提出申請，要求東道國政府允許它把二千萬「非洲金融共同體法郎」（以下簡稱「法郎」）兌換成為美元匯出乍得境外。但是，截至一九七四年十二月三十一日，該公司定期投入的資本只有一千萬法郎，向乍得政府申報的贏利額為八百萬法郎。在連本帶利不過一千八百萬法郎

的情況下，卻要求把二千萬法郎兌成美元匯出國外，此種做法毫無疑義是一種濫用儲備基金的行為，即**抽逃資金**的行為。它起碼是表明美國資方無意繼續投資進一步開闢橡膠樹種植園和興建橡膠加工廠，不肯切實履行協議規定的義務。

第四，當地的野生橡膠樹，是乍得的國家財產，美資公司**無權**取代乍得本國機構，在橡膠商品流通過程中**壟斷**一切**銷售**業務。

美國資方一方面針對乍得新政府關於暫時取消美資公司橡膠包銷權的書面通知以及上述諸點理由，向東道國當局提出異議，進行辯解；另一方面，又以乍得新政府的此項新決定作為理由，於一九七五年十二月二十六日向美國海外私人投資公司正式提出索賠要求，即要求按照美國國內的投資保險合同，給予徵用風險事故賠償金。此後，美國資方代表與東道國乍得政府代表舉行了多次談判。美國資方於一九七六年一月間表示願意作出「讓步」，與乍得當局平分秋色，**分享**乍得橡膠的**包銷權**，即把東部乍得的包銷權交還給乍得索那科特公司，而美資公司則繼續保持西部乍得的包銷權。與此同時，美國海外私人投資公司也以「斡旋」為名，直接出面多次約見乍得駐美大使，對乍得政府施加壓力。但這些談判或「斡旋」拖延甚久，迄未達成新的協議。

事隔兩年多，一九七八年四月二十日，乍得政府函告海外私人投資公司：乍得當局擬按美國資方先前一九七六年一月間所建議的新條件，准許該公司恢復在乍得的經營活動。但在收到此函以前許久，美國資方早已宣布該項投資項目業已經營失敗，並斷然表示不再回到乍得繼續經營。於是，美國海外私人投資公司於

一九七九年二月向乍得政府送去一份針對本案投保人索賠要求的「分析意見」，指責乍得政府負有法律上的賠償責任；海外私人投資公司的法律顧問並擬親往乍得討論索賠問題。但當時正值乍得境內爆發內戰，此行遂作罷論。迄一九七九年六月為止，乍得政府未對海外私人投資公司有關上述索賠要求「分析意見」的函件，作出答覆。

在這種情況下，海外私人投資公司於一九七九年六月作出決定：本公司承保的徵用風險事故已經發生，並已持續達一年以上，應當按照原先投資保險合同的規定，對投資人（即投保人）美國阿格里科拉金屬公司支付賠償金六點七萬美元。

海外私人投資公司作出上述付賠決定的依據，與乍得阿格里科拉公司對乍得政府暫時取消包銷權的決定所作的辯解，大體上是一致的。其所持理由，可粗略歸納如下：

第一，關於開闢橡膠種植園的問題。美資公司未能按照原計劃面積如數開闢膠園並種植膠樹，其重大原因之一，在於東道國乍得當局未能依約及時撥給開闢種植園所需的租借地皮。可見，該公司未能完成橡膠樹種植計劃屬於「情有可原」。橡膠樹種植初期成活率甚低，並不足以證明該美資公司不能勝任或不負責任。一般說來，在企業經營的初期，即使經營管理良善，卻未能完成預期目標，這種現象，所在多有，並不罕見。

第二，關於橡膠加工廠的建廠期限問題。按一九七四年十月以前提出的生產計劃，雖然規定應於一九七五年一年內開工並建成，但一九七四年十月二十五日乍得政府與美資公司達成的**新協議**中則只是要求該美資公司「盡可能迅速完成加工設施，無論如

何應在五年以內全部竣工」，可見建廠完工**期限業已放寬**。而且協議中「盡可能迅速」一詞可以理解為：（1）至少應事先收集足夠的野生橡膠，才有必要建成一座年產五百噸橡膠的加工廠，但一九七四年全年的野生橡膠產量卻只有二百一十五噸，從經濟觀點上看，建廠可以再等待一段時間；（2）允許美國資方從野生橡膠的購銷經營中獲得利潤，轉而用以資助橡膠加工廠的興建，只要工廠營建完工不超過五年期限即可。因此，不能認為一九七五年十二月十三日以前尚未開工建廠就算是重大的違約行為。

第三，關於將儲備基金兌成美元匯出境外問題。乍得政府不讓境內該美資公司把二千萬法郎兌成美元匯出，這當然並未踰越乍得政府合法權利的範圍。儘管按照東道國政府法律的一般規定，外資企業的利潤可以自由匯出，但當闢園、建廠急需資金之際，當然不宜將大筆款項匯回美國。不過，該美資公司企圖把儲備基金匯出乍得境外是採取向乍得當局公開提出申請的方式，並無偷偷摸摸、違法匯兌行為。況且，實際上乍得政府業已有效地制止了這種打算，後來這筆基金還是用於該美資公司在乍得境內的經營事業。因此，這方面的違約行為實際上並未發生。

第四，綜上所述，美資乍得阿格里科拉公司在經營過程中的缺陷與不足，還不能說就是已經發生了重大的違約行為。針對這些缺陷與不足，完全可以採取較為寬大和緩的措施加以糾正。例如，一方面責成和督促該公司進一步開闢種植園和盡速開工建廠，另一方面允許它繼續開展原有的經營活動；確立嚴格的外匯管理制度，保護國內儲備基金，防止過量外流，等等。簡言之，

可以採取其他切實有效的辦法來預防重大的違約行為。因此，海外私人投資公司認為：乍得政府對境內該美資公司經營中的缺陷採取廢棄原定協議、中斷或取消包銷權、阻礙公司正常經營活動的做法，未免失之過苛，即「過於嚴厲而且很不恰當」，具有「**專橫無理**」性質。這些措施，已經使乍得阿格里科拉公司無法有效地控制和使用本企業的重要財產，無法開展原定的經營活動，而且事態持續存在已達一年以上，因而應當認定投資保險合同中所承保的徵用風險事故業已發生和確立，應予付賠。

在海外私人投資公司上述付賠決定所論證的幾點理由中，值得人們注意的是它對投資保險合同第一條第十三款但書第一項[175]的解釋和運用。按此項但書規定：東道國政府所頒行的法令或採取的措施，雖然直接地阻礙境內美資企業的正常經營，但如這些法令或措施是依據本國憲法所認可的施政方針，並非專橫無理，並不違反國際法上的公認原則，則不得視為徵用行動，即不應認定為徵用風險事故業已發生。在本案對上述但書的實際援引運用和案情論證中，海外私人投資公司專在合同文字中的「**專橫無理**」一詞上大做文章，振振有詞，但對於合同文字中所理應包含的另一些關鍵性問題，諸如：乍得新政府為維護本國經濟命脈而中斷或取消前政府所賦予外國投資人的本國重要資源銷售壟斷權，這是否符合乍得本國**憲法的基本精神**，是否為維護民族經濟主權所絕對必須；把弱小國家維護本**民族經濟主權**的必要措施指責為「專橫無理」，這是否違反**當代常識**，等等，則躲躲閃閃，有意避開。可見，它在這些問題上是理不直、氣不壯的。海外私人投資公司至今未就本案所支付的風險事故賠償金向乍得政府實

行代位索賠，而只是作為「可能向東道國收回的賠償金額」[176]
而記錄在案。看來，這同它在當代**國際法法理**上所處的虛弱地位
是不無關係的。

（五）關於在東道國就地尋求補救問題

按照前引《海外私人投資公司234 KGT 12-70型投資保險合
同（修訂版）》第一條第十三款但書第二項的規定，遇有徵用事
故發生，投資人或其所控企業不盡力在東道國就地通過行政、司
法程序抗議、制止者，按非徵用事故論，不得索賠。根據此類條
款，海外私人投資公司及其前身機構國際開發署曾對有關案件處
斷如下：

1. 一九六七年中央大豆公司索賠案[177]

該公司貸款給委內瑞拉「中美洲熱帶孵雞公司」，後者經營
失敗，整個公司產業成為破產訴訟中的標的物。當地官員奉命前
往查封公司所屬工廠設施，意欲扣押財產等待清償，遇到公司職
工抵制。他們占領廠房，設置路障，以免工廠被查封后陷於失
業，而且無法索回被資方拖欠的工資。美資中央大豆公司以及上
述孵雞公司的法律顧問勸告資方不要正式請求委內瑞拉政府出面
派警干涉，以免導致流血事件發生，擴大事態，從而造成工廠財
產的徹底毀損。資方接受了這種勸告，未向東道國地方的或中央
的行政當局請求「維持秩序，執行法律，保護廠區生命財產安
全」；也未向當地的司法部門提出控告，依法進行刑事訴訟和民
事訴訟。數日後，騷動平息，但孵雞公司的廠房設施在騷動中受
到嚴重破壞，其價值已不足以清償所欠中央大豆公司債款。於是

後者依美國國內的貸款保證合同向國際開發署索賠。

　　索賠的主要理由是：第一，該公司認定：這是一次暴動，而且是東道國委內瑞拉政府所縱容的。第二，按照貸款保證合同的有關規定，由於東道國內發生暴動而導致美國投資人財產受到嚴重損失，屬於「戰爭、革命或暴動」風險事故，即屬於國際開發署所承保的「丙類政治風險」範圍。第三，按照貸款保證合同的有關規定，由於東道國政府所「採取、授權、認可或縱容」的行動而導致美國投資人財產受到嚴重損失，屬於「徵用行動」風險事故，即屬於國際開發署所承保的「乙類政治風險」範圍。因此，第四，國際開發署作為承保人，應按前述保證合同有關條款的規定，向投保人即中央大豆公司如數支付風險事故賠償金。

　　國際開發署經過多方調查，最後決定不予賠償。其所持理由，歸納起來，有如下數點：第一，本案投保人所指控的東道國職工的上述行為，並未達到貸款保證合同中所規定的「戰爭、革命或**暴動**」的程度。從性質上說，這些職工為防止失業以及索回被拖欠的工資而對廠方採取措施，屬於**勞資糾紛**。對於資方說來，這只不過是一般**營業性風險**，不具有**政治風險**性質，從而不**屬於**原定保證合同的**承保範圍**。第二，沒有任何確鑿證據足以證明工廠職工的行動是出於委內瑞拉政府的教唆或指示。第三，也沒有任何確鑿證據足以證明委內瑞拉政府未派警平息騷動，就意味著貸款保證合同中規定應予追究責任的「認可或縱容」。因為債權人中央大豆公司**並未針對**孵雞公司職工的行動**提出抗議**，並請求東道國政府採取治安措施。既然無人提出要求，當地政府就沒有責任非要插手過問，並無包庇之嫌。而且，可能正是因為中

央大豆公司的不作為（無所作為、不吭聲），因而影響到東道國政府決定不過問此次工潮。第四，以上情節既說明當地政府同工廠職工騷動毀房行為並無直接牽連，也說明投保人並**未積極**依循**行政程序**和**司法程序**尋求救助，**違反**了合同上述**但書**規定。由此可見，第五，本案投保人所指控的事故，既不是暴動風險，也不是徵用風險。所提索賠要求沒有任何合同上的根據或法律上的根據，應予駁回。

2. 一九七二年華爾施建設公司索賠案[178]

一九六三年三月，美國華爾施建設公司與蘇丹政府訂立合同，接受後者委託，承建自首都喀土穆至瓦德・麥多尼之間的主幹公路，全長一百八十三公里。一九六六年十月，雙方另訂新合同，商定由蘇丹政府出資購買華爾施建設公司在蘇丹境內的大部分機器設備，同時允許華爾施建設公司在本項修路工程中繼續使用。一九六七年六月，以色列在美國支持與蘇聯縱容下，對當時的阿聯等國發動侵略戰爭，包括蘇丹在內的若干阿拉伯國家隨即同美國斷絕了外交關係。於是，參加修路工程的華爾施建設公司美籍人員按美國駐蘇丹大使館的緊急命令，撤離蘇丹，修路工程中途停頓。

隨後不久，華爾施建設公司向蘇丹政府提交了修路工程墊支款項的發票清單，要求後者償清欠款約五十萬美元。蘇丹政府償還了二十八萬美元左右，餘數約二十二萬美元，遲遲拒不支付，也未說明原因。一九六八年九月，華爾施建設公司向當時的投資承保機構美國國際開發署提出書面申請，要求按照投資保證合同規定，給予徵用風險事故賠償。

國際開發署經過審議，認為索賠理由不足，拒絕賠償，並於一九六九年五月末正式駁回所請。該署認為：

第一，華爾施建設公司所提供的材料，不能確鑿證明東道國蘇丹政府的行動是蓄意徵用、沒收海外美資企業，或把它收歸國有。換句話說，僅僅是一次拒絕按照發票賬單付還墊支款項，沒有其他**有力佐證**，就不足以推斷蘇丹政府全盤吞沒該項美資。相反，國際開發署有關負責人根據另外一些情報資料認定：東道國政府拒還部分墊款只不過是由於其他原因引起的**一般違約行為，並非徵用行動**。

第二，沒有證據表明：華爾施建設公司所指控蘇丹政府拒還部分墊款的上述行動，「嚴重地阻礙」該修路工程的繼續進行。事實上，在蘇丹政府拒還部分墊款之前幾個月，華爾施建設公司早就撤退人員，未再繼續開工，即早已中斷履行一九六六年訂立的上述修路合同。況且，蘇丹政府暫時拒還部分墊款，也並不排斥雙方當事人繼續依約完成工程，再作結算。

第三，由此可見，華爾施建設公司目前所遇到的問題只是一般的合同糾紛，並非投資保證合同上承保的徵用風險事故，因而不能據此向承保人國際開發署要求支付賠償金。

鑒於國內索賠受阻，華爾施建設公司無奈，只好直接轉向蘇丹政府申訴索債。蘇丹政府提出反訴，指責華爾施建設公司未經東道國許可，**擅自停工撤員，破壞**原訂修路合同，理應向蘇丹支付二萬美元**損害賠償金**。一九七〇年十一月，蘇丹司法部正式駁回華爾施建設公司的索債要求。於是，案件糾紛又轉回美國國內。投保人華爾施建設公司於一九七一年一月再次向承保人正式

索賠。

此時，原由國際開發署主管的投資保證業務已轉由海外私人投資公司接辦。後者重新審議本案，並且根據案情的新發展以及投保人提供的新材料，**改變**了國際開發署的**原有裁決**，認為應予賠償。理由大體如下：

第一，投資人華爾施建設公司在蘇丹政府拒絕還清部分工程墊款開支之後，自一九六八年起，就曾直接通過行政渠道，並且委託蘇丹籍的當地律師通過同一渠道，多次提出抗議。到一九七一年十一月為止，歷時已三年有餘。在這個過程中，涉訟雙方曾舉行多次談判，但蘇丹司法部終於在一九七〇年十一月十二日發出公函，明白無誤地駁回華爾施建設公司關於清償部分工程墊支費用的要求。自此以後，雖經華爾施建設公司想方設法，**繼續索償**，蘇丹政府仍然堅持原有立場，拒絕付款。因此，應當認定：投資人已在東道國按照當地的**行政程序**和**司法程序**，盡力採取**補救措施**，從而**排除了**原先投資保證合同第一條第十五款**但書**中不予賠償的規定。[179]

第二，如上所述，蘇丹司法部一九七〇年十一月十二日的函件已經正式地、毫不含糊地駁回了華爾施建設公司的索償要求。事隔一年左右，一九七一年十一月九日，華爾施建設公司又進一步提供了該公司所聘當地律師發來的電報，其中匯報說：「蘇丹政府現在明確答覆：仍然堅持全盤拒絕〔華爾施建設公司的〕索償要求。」此種情況，已由《美國在喀土穆的利益》一書第九六一頁的記載所證實。鑒於蘇丹政府業已正式駁回華爾施建設公司的索償要求，並始終堅持原有立場，不肯改變，這就十分清楚地

表明了該東道國政府確實有意從根本上取消華爾施建設公司收回工程墊支費用的權利，**即有意徵用**本案美國投資人的有關財產，從而**排除了**前述**佐證不足**的問題。

第三，根據以上情節，應當認定：徵用事故業已發生；而一九七〇年十一月十二日，即蘇丹司法部發出公函正式駁回索債要求的當天，乃是徵用事故發生的第一天。按照投資保證合同的有關規定，從當天起，事態持續存在一年，即一九七一年十一月十二日，就正式構成了徵用風險事故。現在，已是一九七二年，條件已經具備，海外私人投資公司應當依約付賠。

一九七二年十二月十四日，承保人海外私人投資公司向投保人華爾施建設公司支付了徵用風險事故賠償金二十二萬餘美元。後來，承保人從東道國回收了十九萬餘美元，略有虧折。[180]

美國國際開發署及其繼承機構海外私人投資公司在處理以上兩案過程中，對前者拒賠，而對後者先是拒賠，繼則付賠。其中決定性**關鍵**，端視投保人是否已經**盡力**在東道國**當地**依法採取**補救、爭訟**措施。如此斷案，顯然是為了立下「圭臬」，驅使投保人盡力先在索賠第一線「衝鋒」，俾便承保人在後面從容指揮。這是符合該署和該公司的一貫立法精神和立約精神的。[181]

（六）關於在東道國搞挑釁活動問題

一九七四年南美國際電話電報公司索賠案[182]

按照前引《海外私人投資公司234 KGT 12-70型投資保險合同（修訂版）》第一條第十三款但書第四項的規定，如果徵用事

件的發生是由於美國投資人或其所控制的企業在東道國**搞挑釁活動**而引起的，**不予賠償**。合同的這一條款，還有更高一級的法律依據，即《1969年對外援助法案》第二三八條第二款。這一款規定：海外私人投資公司對徵用風險的承保，應以東道國的有關措施並非出於投資人的**過錯**或**不軌行為**，作為基本前提。[183] 然而，某些實踐卻同理論文字**背道而馳**。其典型事例就是對一九七四年美國南美國際電話電報公司索賠案的處斷。

南美國際電話電報公司是美國國際電話電報總公司所獨資經營的一家子公司。它早年就投資於智利境內的「智利電話公司」，迄一九七一年一月，控股達百分之七十，東道國政府股份只占百分之二十四，其餘百分之六為智利私人所有。鑒於這家公司經營的是涉及智利全國千家萬戶的公用事業，屬於國民經濟命脈之一，一九六七年智利當局即規定該公司中的政府股份比重應予提高。

一九七〇年十月，智利社會黨領導人薩爾瓦多·阿連德·戈森斯博士當選總統，大力推行經濟命脈國有化計劃。一九七一年五月，智利政府開始與南美國際電話電報公司資方就智利電話公司中的美資股份收歸國有問題進行談判。據當時智利政府評估，智利電話公司中美資股份的全部權益約值五千八百萬美元；而美國資方則堅決主張按智利電話公司賬面計算，美資權益應值一點五三億美元。由於雙方在估產和賠償金數額上分歧太大，談判終告破裂。一九七一年九月二十九日智利當局派員全盤接管了智利電話公司。於是，南美國際電話電報公司依照美國國內的投資保證合同的有關規定，在同年十月八日向海外私人投資公司索賠。

　　正值承保人海外私人投資公司審議此項索賠要求之際，美國報刊上出現了涉及本案的一樁爆炸性「內幕新聞」，全國轟動，輿論大嘩。事情是這樣的：

　　美國專欄作家傑克・安德森根據深入採訪、調查所得資料，從一九七二年三月二十一日起，在《紐約時報》上陸續發表了一系列的專題文章，其中引證了美國國際電話電報總公司內部的一批**絕密文檔**，初步披露了該公司與美國中央情報局共同策劃陰謀，嚴重**干涉智利內政**的部分事實。隨後，安德森又將這些絕密的文件檔案，原原本本地直接公之於眾。美國官方起初矢口否認此事，但迫於輿論，美國參議院「跨國公司問題小組委員會」在一九七三年三月二十日至四月二日舉行了連續十三天的聽證會，進一步調查了此事的來龍去脈，弄清了國際電話電報總公司主管人員與美國中央情報局高級官員密商插手智利政權更迭問題的部分內情。雖然遠未水落石出，真相大白，但畢竟已使此事無法繼續遮掩。

　　原來，美國國際電話電報總公司的一名董事約翰・麥康，同美國中央情報局淵源甚深。此人曾在一九六一至一九六五年長期擔任中央情報局局長。一九七〇年，他在美國國際電話電報總公司擔任董事期間，仍然兼任中央情報局的顧問。麥康充分利用了這種「淵源」和「方便」，於一九七〇年五至六月間，同當時美國中央情報局的在任局長赫爾姆斯祕密商定：雙方保持密切接觸，互相交換有關智利大選政局的情報。麥康一方面對赫爾姆斯表示：國際電話電報總公司樂意協助中央情報局執行在智利蒐集情報的「日常公務」另一方面又對美國國際電話電報公司的總經

理哈羅德‧吉寧提出建議：從本公司利益出發，同中央情報局保持密切聯繫是「明智可取」的。吉寧經過深思熟慮，認為麥康言之有理，乃於一九七〇年九月九日通知麥康：該公司願慷慨「**捐獻**」**一百萬美元**，支持美國政府「資助」智利國內的右翼政治勢力，要他們互相串聯，設法在大選中擊敗阿連德，**阻擋阿連德當選總統**上臺執政。遵照吉寧的囑託，麥康將此項贈款建議及其意圖及時轉達美國中央情報局局長赫爾姆斯以及掌握決策大權的白宮高級官員。在麥康的穿針引線下，美國國際電話電報總公司指派專人與美國政府要害部門的各級負責官員，就如何擊敗阿連德問題，頻繁接觸，多次密商，並留下文字記錄。

但是，基於智利民意抉擇，一九七〇年十月，阿連德終於當選為智利總統。一九七一年九月二十九日，智利新政府派人**接管**智利電話公司。兩天之後，美國國際電話電報總公司迅即派員遞送專函密信給美國總統的「國際經濟事務助理」彼得遜，建議採取十八項具體步驟以制裁阿連德政府，力圖切斷智利政府財源，衝擊金融秩序，製造經濟混亂，從而**迫使阿連德辭職下臺**。密信中說：「一切活動都應**悄然無聲**又**切實有效**地進行，眼看阿連德熬不過未來這六個月財政拮据的大難關。」[184]

美國國際電話電報總公司不僅在**美國國內**積極主動參與密謀，而且派遣要員徑赴智利，直接在**智利境內**從事**顛覆活動**。一九七〇年秋，正值智利國內大選、政權更迭的關鍵時刻，美國國際電話電報總公司中專職主管「美洲國際關係」的羅伯特‧貝雷勒茲兩度潛赴智利，會晤阿連德的政治勁敵親美的智利右翼首腦霍爾赫‧阿萊桑德里‧羅德里克斯的妻舅兼心腹阿爾圖羅‧馬

特，主動建議**提供金錢支持**；並共同策劃煽動**罷工**，製造**騷亂**，發動**軍事政變**。總之，不惜巨金，不擇手段，竭力阻擋阿連德當選執政。貝雷勒茲於得意之餘，竟將以上活動的「成績」寫成詳盡的書面備忘錄，密呈設在美國紐約的該公司總部「報功」。

此類密件在美國報刊被和盤端出之後，智利政府隨即將其彙編成冊，作為罪證，立此存照，並以英語和西班牙語兩種文字，出版散發。智利總統阿連德本人於一九七二年四月十八日面告美國駐智利大使戴維斯：美國國際電話電報總公司及其子公司的這些陰險活動業已嚴重地**觸犯**了智利的**國家尊嚴**，智利政府決定不再與該公司進行任何估產談判。同日宣布該公司在智利的一切財產將被完全收歸國有。

不言而喻，美國國際電話電報總公司及其子公司上述所作所為，早已**超出**工商營業**正軌**，因而受到美國國內外公正輿論的共同譴責。海外私人投資公司鑒於人心不可輕侮，為維護自身信譽，於一九七三年四月九日作出決定，駁回投保人南美國際電話電報公司關於徵用風險事故的索賠要求，**拒絕支付**任何**賠償金**。它列舉大量事實，著重論證了以下幾點主張：

第一，投保人一九七〇年在智利、一九七〇至一九七一年**在美國**，均有針對智利當局的**挑釁活動**和**不軌行為**，從而給它自己造成被動局面，喪失了同東道國智利政府進一步談判的任何機會，堵塞了在東道國就地尋求補救的途徑。

第二，投保人的這些挑釁活動和不軌行為，**干涉了智利的內政**，觸犯了智利國家的尊嚴，並使它自己留下嚴重污點，信譽掃地。此種情況，不但嚴重削弱了它自身向東道國索賠的地位，而

且嚴重損害了海外私人投資公司日後代位索賠的權利。因為，海外私人投資公司作為潛在的代位索賠人，其代位索賠權利和能力之大小，完全取決於**原始債權人**法律地位之強弱。在本案中，海外私人投資公司日後代位索賠的權能，勢必因原始債權人索賠地位之嚴重削弱而受到嚴重損害。

第三，投保人不但沒有及時地、如實地向承保人報告有關投資項目的一切活動情況，俾便承保人及時採取相應對策，反而有意**隱瞞**事實**真相**，以致造成許多延誤，並使承保人陷於被動境地。投保人對承保人蓄意欺瞞的典型事例之一是：美國國際電話電報總公司曾為公司總經理吉寧與白宮高級官員密謀一事準備了一份背景材料備忘錄，該公司法律事務處負責人理查德·貝特森特意在這份備忘錄的封面上鄭重提醒吉寧：

切切注意：千萬別將這份文件的任何複印本留給即將同您會談的那個人。如果我們**未經海外私人投資公司事先許可**，將這樣的文件留在外人手中，日後提出風險索賠要求就會遇到許多麻煩。

由此可見，這是蓄意欺瞞，明知故犯。

總之，以上三個方面，都完全背離了本案投資保證合同中的有關規定，顯見投保人沒有履行合同所載明的責任和義務，構成了嚴重的「**違約行為**」，從而**解除了承保人依約賠償風險損失的責任**。承保人斷然拒賠，自屬理所當然。

投保人南美國際電話電報公司對承保人海外私人投資公司的

上述拒賠決定表示不服。於是依據本案投資保證合同仲裁條款的規定，在一九七三年四月三十日，向首都華盛頓的「美國仲裁協會」提出申訴。

事隔一年之後，即一九七四年五月初，仲裁庭才開始正式審理此案。涉訟兩造經過充分準備，在仲裁庭上再次申述了各自的主張，並展開激烈爭辯。儘管其是非曲直，已是如此彰明昭著，然而，仲裁小組卻在一九七四年十一月四日最終否定了海外私人投資公司原有的**拒賠意見**，作出終局裁決：依據本案投資保證合同條文本身的規定，承保人海外私人投資公司對於投保人南美國際電話電報公司在智利境內因徵用風險事故所遭受的損失，負有賠償責任。具體賠償金額，待損失數字核實確定後，再另作裁決。

三位仲裁員在本案裁決書中既輕描淡寫，又振振有詞：

第一，美國國際電話電報總公司和南美國際電話電報公司在美國境內的上述行為只不過是向美國政府求援。而本案投資保證合同中並無條款明文禁止這種行為，因而並不構成任何「違約行為」。

第二，該兩公司在智利境內的上述行動，只不過是**「姑且試試，並無實效」**[185]，也不構成「違約行為」。因為「契約中並無明文規定禁止投資人在東道國內部進行政治活動，以便保護投資人自己的財產」[186]。

第三，海外私人投資公司有義務遵照本案投資保證合同規定，按徵用風險承保範圍，向南美國際電話電報公司賠償損失。[187]

至於在他人國境內偷偷摸摸地進行**政治收買**，尋找和培植自

己的政治代理人，插手干預他國元首（總統）選舉，妄圖左右他國政局，甚至**策劃**軍隊**騷亂**，發動武裝**政變**……這些，算不算干涉他國內政，侵犯他國神聖主權？對於他國**主權內政**大事，竟可以「**姑且試試**」，橫加褻瀆冒犯，這算不算粗暴違反**國際法**的起碼準則和聯合國憲章的明文規定？就一般法理常識而言，未遂犯似乎也是「**並無實效**」，其**未遂罪行**，算不算犯罪行為，應不應追究刑事責任？──對於這類根本問題，三位仲裁人在長達七十頁洋洋數萬言的裁決書上卻三緘其口，不置一詞，只是怯生生地附帶聲明：

我們僅僅是援引合同的書面文字（就事論事）。[188] 本案仲裁人員沒有必要，也從未曾對下述兩件事表示贊同或不贊同：（1）南美國際電話電報公司在一九七〇年和一九七一年向美國政府掛鉤搭線，是否正派恰當，是否符合該公司的經營方針？（2）如果美國果真採納了南美國際電話電報公司的建議，那麼，美國政府答應該公司的請求而採取行動，這究竟是美國政府的上策，還是下策？這類政策問題不好由我們來判斷決定。我們對這兩個問題或其中任何一個問題，都**不予表態**。[189]

實際上，他們對於前述國際法上的大是大非問題，已經以「不予表態」的方式表了態。讀了這一段躲躲閃閃、膽怯心虛的迂腐文字，令人不禁想起一則流行頗廣的寓言：某甲中箭受傷，求醫於某乙。乙取出小鋸，鋸斷甲體外的箭桿，即稱手術完畢，要求付酬。甲惶惑不解，訴說箭鏃尚在體內。乙答：「我是外科

醫生，只管體外部分。箭鏃既在體內，請另找內科醫生！」

在華盛頓的此次仲裁庭上，索賠**無理**的，勝訴了；拒賠**有理**的，卻**敗訴**了。然而，敗訴的海外私人投資公司並不是「弱者」，因而並**未真正受到損害**。

在本案提交華盛頓仲裁庭待決期間，智利政局在一九七三年九月十一日發生劇變。智利軍人在美國支持下以暴力推翻了阿連德政府。政變後上臺的軍政府奉行的政策，符合美國需要。於是，南美國際電話電報公司、海外私人投資公司重新開始了同智利軍政府談判、索賠或從中「斡旋」的活動。前面說過，本案仲裁庭於一九七四年十一月四日裁決承保人應當依約付賠。可是，就在這裁決之前整一個月，即一九七四年十月四日，涉訟雙方的代表即已聚首於美國首都，握手言歡，共同商定由投保人即投資人**直接向東道國智利**索取賠償。而一九七四年十一月十五日，即在上述仲裁庭裁決承保人應當付賠之後十天左右，承保人即正式函覆投保人，表示完全贊同該投保人（即投資人）在向東道國直接索賠問題上業已基本取得的重大「成果」，即：（1）直接支付賠償金的「替身」（該誰來賠）已經找好了；（2）賠償金總額（該賠多少）已經定好了；（3）賠償金付款方式（該怎麼賠）已經約好了；因而，（4）已經**無須**承保人先依**國內合同**付賠，再依**國際協定**代位索賠了。[190]

在海外私人投資公司正式覆函首肯和讚許之後，一九七四年十二月二十日，南美國際電話電報公司（以總經理約翰‧吉爾福伊勒為代表）同智利軍政府（以經濟合作部部長拉烏爾‧薩埃斯為代表）正式簽署了「和解協議」其主要之點是：

（1）東道國智利政府對美國投資人南美國際電話電報公司直接支付現款約一千八百萬美元，以償清智利電話公司積欠美方投資人的債款本息。

（2）南美國際電話電報公司在智利境內被徵用的股份資產權益，作價八千七百二十萬美元，由智利政府全數給予賠償。

（3）賠償金總額甚巨，智利方面無法一次總付完畢。現先開出兩張信用證，共計一千萬美元，供投資人分別於一九七五年三月、月向紐約某指定銀行兌取現款。其餘七千七百二十萬美元，以分期付款辦法，於一九七五至一九八七年首尾十三年內，分二十六期還清，**另加年息**百分之十。每期還款，均自一九七四年十二月十五日起開始計息。

（4）由智利方面把本金總額為七千七百二十萬美元的二十六張期票交付美方投資人，並由智利中央銀行對這些期票的如期全數清償提供擔保。

向東道國直接索賠就這樣如願以償，具體落實。大約半個月之後，原投保人南美國際電話電報公司會同原承保人海外私人投資公司在一九七五年一月七日又訂立了另一份「和解協議」。其要點是：

（1）鑒於**國際直接索賠**問題業已解決，國內該兩公司之間的訟爭即可迎刃而解，不必再對簿公堂、有傷「和氣」了。本案仲裁庭原擬就賠償金額問題進行第二次裁斷，現在顯然已無必要，應予撤銷。雙方從**此息爭銷案**。

（2）對於南美國際電話電報公司從智利所獲得的部分債券期票的如期全數兌現，由海外私人投資公司以自己雄厚的「**資**

信」提供無條件的擔保。

（3）海外私人投資公司於和解協議簽字當天，出錢收購南美國際電話電報公司手中所掌握的部分期票和債券，使後者立即獲得現款約三千四百八十餘萬美元，以利資金周轉。

（4）海外私人投資公司將投保人依據原投資保證合同在一九七一年九月二十九日（即智利阿連德政府派人接管智利電話公司美資股份之日）以後所繼續交納的保險費四百餘萬美元，全數退還投保人。

（5）自上述債券和期票轉讓、移交完畢之日起，南美國際電話電報公司依據這些債券和期票所享有的索兌權利，概由海外私人投資公司承接、行使。

（6）日後海外私人投資公司如因這些債券和期票的兌現清償問題同智利方面發生任何糾葛紛爭，則在與此有關的一切談判、訴訟過程中，南美國際電話電報公司應當緊密配合，積極參與，提供一切必要的合作。

於是，這場一度轟動全國、爭訟長達五個年頭的海外「投資保險」糾紛案件，終於以美國投保人與美國承保人之間的「公私通盤合作、聯合一致對外」的方式而「圓滿」地解決了。

至於智利方面所負的這筆巨額賠償金債款，名義上是八千七百二十萬美元，實則分期付款，連本帶息，累計竟高達一點二十五億美元之巨。按付款日程安排，直到一九八七年七月十五日才能還清。[191]

從以上各種典型案例中可以看出：海外私人投資公司及其前身機構對索賠案件的處斷，是相當「精明」「幹練」「靈活」和「老

謀深算」的。迄今為止，它們曾經受理和處斷過的索賠案件，其解決辦法，大體上可分為下列七類：

（1）由承保人海外私人投資公司或其前身機構以**現款支付**風險事故**賠償金**給予投保人——海外投資家，然後從東道國收回相應的款項。

（2）由海外私人投資公司對有關東道國發行的賠償金**債券**（期票）加以擔保，盡快在證券市場出售這些債券，從而使投保的投資家迅速獲得賠償金**現款**；然後要求東道國如期還債，使**債券本息**如期如數**兌現**。

（3）以東道國作出許諾、海外私人投資公司加以保證的方式，或以現金付賠與保證付賠兩者兼用的方式，予以解決。

（4）以「賠款協議」的方式，予以解決。

（5）由承保人海外私人投資公司或其前身機構駁回投保人的索賠要求。

（6）投保人自動撤回索賠要求。

（7）提交國際仲裁。

五、若干初步結論

綜上所述，可以看出：

第一，美國對海外美資實行法律保護的制度，幾經歷史變遷，導致海外私人投資公司的出現及其基本體制的建立，這是各種矛盾交匯、爭鬥、消長的產物；同時，它又是諸般矛盾的綜合體現。這些矛盾，有**國際**範圍的，也有美國**國內**的。就前者來

說，有**南北矛盾**（如發展中國家在必要時徵用境內美資企業與美國的反徵用），有**北北矛盾**（如禁止投保美資主要用於採購其他發達國家的商品和勞務[192]），有兩個**超級大國**之間的**矛盾**（如力爭把對蘇爭霸中心戰略要地所在國納入「投保適格」範圍，甚至專門為此修改立法，放寬限制[193]，等等；就後者來說，有美國**工人階級**同海外**投資家**的矛盾（如抨擊工廠「逃跑」，加劇失業問題[194]），有美國廣大**納稅人**同海外**投資家**的矛盾（如抨擊海外私人投資公司實際上側重於為少數海外投資巨頭提供「投資津貼」[195]），此外，還有**海外投資家**階層同**資產者其他階層**之間、海外投資家個人與資產階級**整體**之間利害得失的矛盾（如風險事故發生之後投保人與承保人之間的索賠紛爭）。總之，這些矛盾十分錯綜複雜，而海外私人投資公司的現行體制，正是所有這些矛盾相互交錯、相互滲透和相互作用之後產生的一個「**合力點**」。

　　然而，所有這些矛盾，並不是同等重要的。就美國海外私人投資公司所涉及的諸多矛盾而言，其中的**主要矛盾**，乃是**南北矛盾**，即廣大發展中國家同首屈一指的發達國家——美國之間的矛盾，或者說，國際經濟新秩序的眾多倡導者同國際經濟舊秩序的首要守護人之間的矛盾。從海外私人投資公司產生、發展的歷史軌跡來觀察，這一主要矛盾顯然是始終貫穿全程，主導一切和決定一切的。

　　第二，第二次世界大戰以後，特別是近二十年來，上述主要矛盾的兩個對立方面，始終是在「又鬥爭、又妥協」的情況下互相依存、互為消長。從其發展過程看，雖時有起伏、迂迴，但總

的說來，面對波瀾壯闊的「經濟民族主義」潮流，美國當局對海外美資實行法律保護時，已癒來愈不可能再僵硬地全面堅持其舊日的、美國標準的**「理想主義」**觀念和處事原則。因此，它在力爭盡多地維護既得利益、盡可能地守住國際經濟舊秩序陣地的同時，不得不逐步按照美國傳統的**「實用主義」**精神，竭思殫慮，從國際法的各種縫隙中，盡可能地尋找新的空間，繼續卵翼海外美資。立法者和專家們所設計出來的各種新辦法，有的是國際法上的「避法行為」，有的是公法關係與私法關係的交叉、交融或互為表裡，有的是以私法為手段，以公法為後盾……花樣不斷翻新，宗旨則始終如一：盡力從法律上保護海外美資。透過紛繁的各種現象，人們不難從中看到一條十分重要的發展線索：一九三八年國務卿赫爾式的傲倨[196]，早已失去時代基礎；一九六二年參議員希肯盧珀式的要挾[197]，也已不能通行無阻，於是乃有海外私人投資公司式的對等談判。這條發展線索及其總的發展趨勢，體現了第二次世界大戰以來美國國勢從鼎盛喧赫到式微衰落的逐漸過渡；也體現了第三世界眾多弱小民族從隨人俯仰到獨立行事的不斷覺醒；尤其體現了後者日益成為上述**主要矛盾**中的**主導方面**，在改變舊國際經濟秩序、建立新國際經濟秩序過程中，發揮著愈來愈明顯的主導作用。

第三，作為海外私人投資公司這一投資保護體制的延伸和配合，美國同眾多的第三世界國家先後簽訂了一百來個雙邊性投資保證協定。其基本條款，多屬大同小異。把這類協定中的基本條款同美國歷史上的若干傳統做法相比，看來前者是以多少較為平等的態度同第三世界各國打交道。這一點，應當實事求是，予以

肯定。也正因為如此，它是目前條件下第三世界各國所可以接受的。但是，既然其中還有「伏筆」[198]，再聯繫到美國在處理國際事務中的**多年積習**，聯繫到它對第三世界各國所作的某些妥協讓步殊非出於心甘情願，因此，人們對於它的「故態復萌」的可能性，即對於它可能繼續按照國際經濟舊秩序的框架以及國際法上陳舊過時的觀念標準，來解釋對海外美資的法律保護問題，就不能完全掉以輕心。至於對南美國際電話電報公司「智利式」事件[199]在一定條件下重演的可能性，即美資跨國公司利用自己擁有的強大實力粗暴地干涉東道國內政、從事顛覆活動的可能性，尤其不可不保持足夠的警惕。

第四，在此類投資保證協議中，一般均設有專款規定：舉凡由美國政府按上述體制施加法律保護的海外美資，都必須是**事先經東道國**政府**審查批准**的。[200]這一專款，為吸收美資的第三世界國家提供了維護自身獨立主權和經濟利益的重要條件。對於這一條件，發展中國家當然應牢牢把握，充分運用。而作為社會主義國家，對於外來投資的審查批准，更有自己獨特的尺度和標準。就中國而言，獨立自主和自力更生，向來是革命和建設的根本立足點。一九七九年以來，中國堅定不移地實行對外開放政策，在平等互利的基礎上積極擴大對外交流，有**選擇**、有步驟地吸收包括美資在內的外國投資，以促進中國的現代化建設，這是長期的戰略方針，也是建設具有中國特色的社會主義的必要措施。但是，中國人民始終保持著清醒的頭腦。鄧小平同志曾經明確指出：「中國人民珍惜同其他國家和人民的友誼和合作，更加珍惜自己經過長期奮鬥而得來的獨立自主權利。任何外國不要指

望中國做他們的附庸，不要指望中國會吞下損害我國利益的苦果。」[201]這一基本精神，適用於並指導著中國對外關係的一切方面，當然也包括對美資的吸收、使用在內。這是不言而喻的。

眾所周知，在半殖民地半封建的舊中國，根本談不上什麼**獨立自主**的對外開放政策。只有在中國人民已經站起來了，社會主義祖國獨立主權業已牢牢在握，國際環境發生了重大變化，黨中央決策極其睿智英明的今天，中國終於獲得了比以往任何時候都更加有利的對外開放、吸收外資的條件和時機。今天，中國有足夠的能力，自己**把關**；有堅定的膽魄，自己**做主**；有敏銳的目光，自己**挑選**；有強健的胃腸，自己**消化**。因此，在為促進社會主義現代化而積極吸收外資的過程中，杞憂大可不必，昏瞶必不可有，**膽大和心細**，則絕不可無！

第五，從二十世紀四〇年代末起，幾十年來，美國對海外美資實行法律保護的具體做法，經過多次的修改、補充，形成了以海外私人投資公司和國際雙邊投資保證協定作為兩翼的整套現行體制。現行的這套基本體制看來是**相對穩定**的。但每隔三五年，即有一次重新審議和修訂增刪。[202]就此點而言，它又是相對地**變動不居**的。對海外私人投資公司經營海外美資保險業務的最新授權，始於一九八一年十月，迄於一九八五年九月底，屆時，美國的立法者們又將適應著當時的形勢發展，根據美國投資人的利益作出新的調整。因此，凡是吸收美資的第三世界國家，對於美國施加於海外美資的法律保護制度及其具體辦法，對於這種制度和辦法的**歷史**、**現狀**和發展**趨向**，自不能不**持續地**密切注意、深入研究。只有這樣，才能在吸收美資和處理有關紛爭的過程中，

既維護東道國自己的應有權益，也保護對方的合法利益，真正做到公平合理，平等互利。

一九八三年一月草竟於　哈佛　龐德大樓

一九八四年十一月修訂於　廈大　海濱新村

注釋

* 這是筆者一九八一至一九八三年在美國哈佛大學從事國際經濟法學研究的部分心得，其主要內容，曾分別以《從海外私人投資公司的由來看美國對海外投資的法律保護》和《從海外私人投資公司的體制和案例看美國對海外投資的法律保護》為題，先後連續發表於《中國國際法年刊》一九八四年本和一九八五年本。其後，經修訂增補，撰成《美國對海外私人投資的法律保護及典型案例分析》一書，於一九八五年由鷺江出版社作為專著出版，全書約三十三萬字。現輯入本書的，是其中的十二萬字左右。

文中有關美國海外私人投資公司（OPIC）的論述均以當時（1981年10月至1985年9月）美國施行的 OPIC 立法作為依據和對象。此後二十多年來，有關立法經數度修訂增刪，其具體數字、措施和程序有所更改，但其所確立的基本體制和主要原則則保持相對穩定，未有根本性變動。本文輯入本書時，除訂正一九八五年初版的印刷錯誤並增添若干必要註解外，均保持原貌，以存其真。讀者如欲細察 OPIC 體制之最新詳情，請查索其主要立法 Overseas Private Investment Corporaion Amendments Act of 2003（http://www. corne11. edu/uscode/22/ch32schIPIspiv. html）和主要機構 Overseas Private Investment Corporation（http://www. OPIC. gov/）。

〔1〕　參見《十一個國家提議同中國商簽保護投資協定》，載《中國經濟新聞》（香港版）1982年6月21日第23期，第4、15-16頁。

〔2〕　拙著《美國對海外投資的法律保護和典型案例分析》一書中編譯和附錄了這些原始資料。在彙總合輯本書時限於篇幅，這些原始資料

未予收錄。讀者如感興趣，可查閱鷺江出版社1985年推出的上述拙著第143-420頁。

〔3〕 例如，一九七九年七月八日公布施行的《中華人民共和國中外合資經營企業法》第2條就明文規定：「中國政府依法保護外國合營者按照經中國政府批准的協議、合同、章程在合營企業的投資、應分得的利潤和其他合法權益。」

〔4〕 《中華人民共和國和美利堅合眾國關於投資保險和投資保證的鼓勵投資協議和換文》，載《中國國際法年刊》（1982）中國對外翻譯出版公司1983年版，第432頁。

〔5〕 同上協議，第1、3條，載同上書，第432-433頁。

〔6〕 〔美〕布魯斯‧列威林：《在阿瑟‧立特爾管理學院的一次演講：談談海外私人投資公司》1980年8月7日，見海外私人投資公司文檔。複製件收存於廈門大學法律系資料室。

〔7〕 參見〔美〕阿曼達‧本內特：《里根訪華使若干問題打破了僵局，但某些問題仍然相持不下》，載《華爾街日報》1984年4月20日。

〔8〕 同上。

〔9〕 《趙紫陽同里根就雙邊關係舉行會談》，載《人民日報》1984年4月28日第1版。

〔10〕 《里根總統和夫人舉行答謝宴會》，載《人民日報》1984年4月29日第4版。

〔11〕 指取代他人原有的法律地位，代為行使某種權利或履行某種義務。例如，甲代替債務人乙償清對債權人丙的欠債，甲即取得原債權人丙原有的地位和權利，可以向乙要求償還所墊支的款項。此種法律關係在保險公司的業務中最為常見。參見〔美〕亨‧坎‧布萊克：《法學辭典》，1979年英文第5版，第1279頁。

〔12〕 參見《聯邦德國、法國、日本、瑞典以及英國所舉辦的「海外私人投資公司」類型的保險項目》，載美國國會圖書館為第93屆國會準備的資料：《關於海外私人投資公司的評論分析》，1973年英文版，第114頁以下。

〔13〕 參見〔美〕布魯斯‧列威林：《在阿瑟‧立特爾管理學院的一次演講：談談海外私人投資公司》，1980年8月7日，見海外私人投資公司文檔。複製件收存於廈門大學法律系資料室。

〔14〕 參見中國對外經濟貿易部副部長魏玉明一九八二年六月七日在「中

國投資促進會議」開幕式上的講話：《關於中國從外國吸收直接投資的政策》，載香港《文匯報》1982年6月8日；《中國對外經濟貿易部全面解釋外商來華投資問題》，載香港《中國經濟新聞》1982年5月12日增刊第3期，第12頁；《十一個國家提議同中國商簽保護投資協定》，載香港《中國經濟新聞》1982年6月21日。

〔15〕美國同外國簽訂的第一個投資保證協議，是美國、土耳其專就兩國《經濟合作協議》第3條所進行的一次特別換文，簽署於一九五一年十一月。緊接著美國又於同年十二月與義大利簽訂了同類協議。分別參見《美國參加的條約及其他國際協議彙編》（第3卷）第3分冊，1952年英文版，第3721頁；第2分冊，第2877頁。

〔16〕參見〔美〕赫爾曼・瓦爾克：《美國商務條約中關於公司的規定》，載《美國國際法學刊》1956年第50卷，第373-375、378頁。

〔17〕這類專門條款首次出現在一九一一年美國同日本簽訂的《通商航海條約》上。談約第7條第1款規定：「根據一方締約國的法律已經予以承認或今後將予以承認，並在該國領域內沒有住所的商業性、工業性和金融性的股份有限公司，以及其他類型的公司和社團，有權在對方締約國領域內，依據該國的法律，行使它們的權利，並以原告或被告的身分，出席法庭。」載〔美〕貝文斯編：《一七七六至一九四九年美國參加的條約及其他國際協定彙編》（第9卷），1972年英文版，第418-419頁。

〔18〕《美德通商航海及領事權利條約》第1條第4款，載〔美〕貝文斯編：《一七七六至一九四九年美國參加的條約及其他國際協定彙編》（第8卷），1971年英文版，第154頁。

〔19〕《美國國務卿赫爾致墨西哥駐美大使納耶拉信件（1938年7月21日）》，載《美國外交文件彙編》（1938年第5卷），1956年英文版，第677頁。

〔20〕《美國國務卿赫爾致墨西哥駐美大使納耶拉信件（1938年8月22日）》，載同上書，第687頁。

〔21〕《墨西哥外交部部長阿伊致美國駐墨大使丹尼爾斯信件（1938年8月3日）》，載同上書，第679-680頁。

〔22〕《美國參加的條約及其他國際協議彙編》（第4卷第2分冊），1953年英文版，第2068-2069頁。

〔23〕參見美國法學研究所及美國律師公會主持編印、〔美〕塞爾利等編：

《國際商務往來律師指南》（第2卷），1979年英文第2版，第288頁。

〔24〕參見〔美〕斯科特・古吉昂：《美國式雙邊投資保護條約中的仲裁規定》（討論稿），1984年4月，見美國國際法學會文檔。複製件收存於廈門大學法律系資料室。古吉昂現任美國國務院助理法律顧問。

〔25〕這是西方資本主義國家於一九六一年成立的一個國際經濟組織，總部設在巴黎。現有二十四個成員國，幾乎全部是資本主義發達國家。

〔26〕〔美〕斯科特・古吉昂：《美國式雙邊投資保護條約中的仲裁規定》（討論稿），1984年4月，見美國國際法學會文檔。複製件收存於廈門大學法律系資料室。

〔27〕參見〔美〕大衛・魯濱遜：《評〈美國涉外法令精義詮解〉修訂本）關於徵用的觀點》，載《美國國際法學刊》1984年1月號，第177-178頁。魯濱遜現任美國國務院法律顧問。

〔28〕參見《美國貿易代表公署指望今年內向參議院呈遞八項雙邊投資保護條約》，載《美國出口週刊》（第20卷），1984年5月15日，第950-951頁。

據該刊報導：美國同埃及談判簽訂投資保護條約之際，雙方的「談判代表都低估了埃及議會對締結雙邊性投資保護條約問題的政治敏感心理，未經充分磋商推敲，就匆忙搶先簽署最後協議」，致使條約在提交埃及議會審查批准時中途擱淺。美國同巴拿馬簽署同類條約後不久，巴拿馬原任總統辭職下野。簽約問題隨即在巴拿馬國內引起軒然大波，各黨各派圍繞著條約內容的這一點或那一點，展開了激烈的政治性論戰。條約本身一直是巴拿馬在野反對黨報刊加以抨擊的一個「政治靶子」，因而也擱淺了。至於美國與海地、塞內加爾分別簽訂的同類條約，據說已「包紮完妥」，就等送交美國參議院完成審批手續了。不過，負責談判工作的美國貿易代表公署卻寧願再等一等，「等到有更多的、意義重大的（同類）條約獲得簽署之後，再一起送審，而不願把僅有的這兩項條約就此送呈國會審批。」看來是正在密切注視形勢的進一步發展。

〔29〕參見〔美〕大衛・魯濱遜：《評〈美國涉外法令精義詮解〉修訂本）關於徵用的觀點》，載《美國國際法學刊》1984年1月號，第177-178頁。

〔30〕參見〔美〕阿曼達・本內特：《里根訪華使若干問題打破了僵局，

但某些問題仍然相持不下》，載《華爾街日報》1984年4月20日。

〔31〕《雙邊投資保護條約樣本》（1984年2月24日修訂），載《美國出口週刊》（第20卷），1984年5月15日，第960-963頁。

〔32〕《1948年經濟合作法案》第111條第2款第3項，載《美國法令大全》（第62卷），1949年英文版，第144-145頁。

〔33〕這一點，在上述法案的序言中作了總的說明。參見《美國法令大全》（第62卷），1949年英文版，第137頁。

〔34〕參見《1951年共同安全法案》第520條，載《美國法令大全》（第65卷），1952年英文版，第384頁。

〔35〕參見《1959年共同安全法案》第413條第2款第4項，載《美國法令大全》（第73卷），1960年英文版，第251頁。

〔36〕參見《1950年經濟合作法案》第111條第2款第3項第5點，載《美國法令大全》（第64卷），1952年英文版，第199頁。

〔37〕參見《1956年共同安全法案》第413條第2款第4項，載《美國法令大全》（第70卷），1957年英文版，第558頁。

〔38〕參見《1961年對外援助法案》第221條第2款第1項，載《美國法令大全》（第75卷），1961年英文版，第429頁。

〔39〕參見《1981年海外私人投資公司法案（修訂）》第234條第1款第1項第3點，載《實用美國法令彙編（律師版）》（第22卷），1982年英文版，第136頁。

〔40〕一九八〇年中美關於投資保險和投資保證的協議第1條載明：「投資政治風險」的承保人是美國海外私人投資公司「或繼承該公司的美利堅合眾國政府的任何機構」。這種規定，顯然就是為了使前述法律關係穩定化。參見《中國國際法年刊》（1982），中國對外翻譯出版公司1983年版，第432頁。

〔41〕《1969年對外援助法案》第231條第1款，載《美國法令大全》（第83卷），1970年英文版，第809頁。

〔42〕海外私人投資公司自一九六九年由美國國會授權成立以來，其所據以設立的專題法案在一九七四、一九七八、一九八一年先後經過三次修訂，每次修訂都規定本次授權的有效期限，俾便到期重新修訂、重新授權。其用意顯然在於使公司的經營章程既能相對穩定，又能適應海外投資環境、氣候的變化，及時調整，靈活應付。按照《1981年海外私人投資公司法案（修訂）》第235條第1款第5項的規

定，國會對該公司承辦美資保險保證業務的本次授權，在一九八五年九月三十日以前繼續有效。參見《實用美國法令彙編（律師版）》（第22卷），1982年英文版，第142頁。

〔43〕《海外私人投資公司總經理布拉德福特・米爾斯在第63屆國會公聽會上的發言》，載《海外私人投資公司：美國第63屆國會第1期會議眾議院外交委員會對外經濟政策小組委員會公聽會》1973年英文版，第271-272頁。

〔44〕〔美〕布魯斯・列威林：《在阿瑟・立特爾管理學院的一次演講：談談海外私人投資公司》1980年8月7日，見海外私人投資公司文檔。複製件收存於廈門大學法律系資料室。

〔45〕〔美〕萬斯・科文：《徵用與海外私人投資公司的「法理學」》，載《哈佛國際法學刊》（第22卷第2期），1981年英文版，第270頁。

〔46〕周鯁生：《國際法》（上冊），商務印書館1976年版，第222-226、233-241頁。

〔47〕〔美〕L H. Henkin等：《國際法》，1980年英文版，第491-511頁。

〔48〕《美國最高法院判例彙編》（第168卷），1898年英文版，第252頁。

〔49〕參見《美國聯邦法院判例彙編（補編）》（第193卷），1961年英文版，第375-386頁。當時紐約地方法院判決的依據，就是前述一九八三年美墨糾紛以來美國自己對於國際法中有關徵用賠償準則的理解。它宣稱：古巴的徵用行動不是「出於公益需要」，而是純為「報復」，對在古巴的美國國民實行「歧視」；而且徵用財產未付給「充分足夠的賠償」所以，「違反國際法」參見前注〔20〕〔22〕及有關正文。

〔50〕參見《美國聯邦法院判例彙編》（第2輯第307卷），1963年英文版，第845-868頁。

〔51〕《美國最高法院判例彙編》（第376卷），1964年英文版，第439頁。全案詳況參見第398-472頁。

〔52〕《關於自然資源永久主權的決議》序言，第1、4條，載《第十七屆聯合國大會決議集》，1963年英文版，第15頁。

〔53〕參見本文第二部分（三）之2；陳安編譯：《國際經濟立法的歷史和現狀》，法律出版社1982年中文版，第40-73頁。

〔54〕參見《美國聯邦法令條例彙編》（第31卷），1981年英文版，第597-634頁。

〔55〕參見《實用美國法令彙編（律師版）》（第22卷），1982年英文版，第327-328頁（§2370）；《美國法令大全》（第78卷），1964年英文版，第1013頁。

〔56〕參見前注〔45〕及有關正文。

〔57〕參見《美國法令大全》（第76卷），1962年英文版，第260頁。

〔58〕《美國最高法院判例彙編》（第376卷），1964年英文版，第428頁。

〔59〕參見〔日〕曾我英雄：《新國際經濟秩序中的國際法問題》，載《亞非研究》1979年9月號；陳安編譯：《國際經濟立法的歷史和現狀》，法律出版社1982年中文版，第40-73頁。

〔60〕《建立新的國際經濟秩序宣言》第4條第5款，載《1974年聯合國年鑑》（第28卷），1977年英文版，第325頁。

〔61〕《各國經濟權利和義務憲章》第2條第2款第3項，載同上書，第404頁。

〔62〕《建立新的國際經濟秩序宣言》第4條第6款，載同上書，第326頁。

〔63〕參見前注〔52〕及有關正文。

〔64〕參見周鯁生：《國際法》（上冊），商務印書館1976年版，第237、282-288頁；〔美〕沃·弗雷德曼等：《國際法案例與資料》，1978年英文版，第835-839頁。

〔65〕《聯合國憲章》第2條第7款，載《聯合國憲章與國際法院規約》，1945年英文版，第3頁。

〔66〕參見《1952年國際法院判例彙編》，1952年英文、法文對照版，第93-1115頁。當時英國單方投訴於國際法院要求審理。但按《國際法院規約》第36條第2款規定：必須各有關國家一致同意提交該院審理的案件，該院才有權管轄。礙於這一規定，國際法院終以伊朗一方不同意作為理由，明確宣布：「本院對本案無權管轄」（投票表決時九票贊成此結論，五票反對），駁回英國的單方投訴，不予受理。

〔67〕《各國經濟權利和義務憲章》第2條第2款第3項，載《1974年聯合國年鑑》（第28卷），1977年英文版，第325、404頁。

〔68〕參見《聯合國憲章》第33條第1項、第36條第2項，載《聯合國憲章與國際法院規約》，1945年英文版，第8頁。

〔69〕參見《關於自然資源永久主權的決議》第4條，載《第十七屆聯合國大會決議集》，1963年英文版，第15頁；《各國經濟權利和義務憲章》第2條第2款第3項，載《1974年聯合國年鑑》（第28卷），1977

年英文版,第325、404頁。

〔70〕《美國一伊朗關於私人投資保證的協議》,載《美國參加的條約及其他國際協議彙編》(第8卷第2分冊),1957年英文版,第1600頁。

〔71〕在美國一伊朗投資保證協議之前,美國於同年一月同土耳其簽訂的同類協議中也有類似的仲裁條款。在此後出現的同類協定中,仲裁人由原定一人逐漸發展為三人,即兩國政府各指定一人,並由他們公推另一個第三國國民擔任仲裁庭庭長。如公推不成,則由國際法院院長指定。一九七三年四月美國同羅馬尼亞簽訂的《投資保證協議》則把上述庭長人選指定權授予聯合國秘書長。一九八〇年十月簽訂的中美投資保證協議裡的仲裁條款,看來是參照了上述美羅協議的。美土協議、美羅協議、中美協議裡國際仲裁規定,分別參見《美國參加的條約及其他國際協議彙編》(第8卷第1分冊),1957年英文版,第203頁;《美國參加的條約及其他國際協議彙編》(第24卷第1分冊),1973年英文版,第1074-1075頁;《中華人民共和國和美利堅合眾國關於投資保險和投資保證的鼓勵投資協議和換文》,1980年10月30日,載《中國國際法年刊》(1982),中國對外翻譯出版公司1983年版,第433-434頁。

〔72〕參見前注〔66〕。參見《1952年國際法院判例彙編》,1952英文、法文對照版,第93-1115頁。

〔73〕《國際法院規約》第34條第1款,載《聯合國憲章與國際法院規約》,1945年英文版,第25頁。

〔74〕詳況參見《1970年國際法院判例彙編》,1970年英文、法文對照版,第3-53頁。

〔75〕參見〔美〕洛文費爾德:《國際經濟法第二卷:國際私人投資》1982年英文版,第151-152頁;〔美〕梅隆:《國際法中的投資保險問題》,1976年英文版,第2-3、17、19、57、99頁。

〔76〕《1965年對外援助法案》第223條第3款,載《美國法令大全》(第79卷),1966年英文版,第654-655頁。參見注〔93〕及有關正文。

〔77〕參見前注〔60〕及有關正文。

〔78〕例如,一九六二年通過的原修訂案規定:凡徵用美資企業的東道國不按美國所要求的標準進行徵用賠償者,美國總統應即中斷「美援」供應,絕無通融餘地。一九七三年則修改為授權總統靈活掌握。如總統認為對上述國家不中斷「美援」供應「對美國國家利益有重大

好處」，可繼續提供「美援」。參見《1973年對外援助法案》第620條，載《美國法令大全》（第87卷），1974年英文版，第722頁。

〔79〕〔美〕梅隆：《國際法中的投資保險問題》，1976年英文版，第99頁。

〔80〕參見前注〔42〕。

〔81〕參見《美國政府組織機構手冊（1982-1983年）》，1983年英文版，第608-618頁。

〔82〕參見《1981年海外私人投資公司修訂法案》第239條第1、4款，載《實用美國法令彙編（律師版）》（第22卷），1982年英文版，第151頁；美國法學研究所及美國律師公會主持編印、〔美〕塞爾利等編：《國際商務往來律師指南》（第2卷），1979年英文第2版，第282頁。

〔83〕參見《1981年海外私人投資公司修訂法案》第233條第2款，載《實用美國法令彙編（律師版）》（第22卷），1982年英文版，第133頁。

〔84〕同上法案，第233條第3、4款，載同上書，第134頁。

〔85〕同上法案，第240（甲）條，載同上書，第157頁。

〔86〕同上法案，第232條、第235條第6款，載同上書，第132、143頁。該法案第237條第3款還進一步規定：由OPIC簽發的保險單應構成美國國家承擔的義務，並以美國國家信譽保證履行有關義務。

〔87〕同上法案，第236條、第240（乙）條，載同上書，第145、158頁。

〔88〕同上法案，第231條，載同上書，第127頁。

〔89〕同上法案，第234條，載同上書，第135-138頁。

〔90〕參見《1981年海外私人投資公司修訂法案》，第235條第1款，載《實用美國法令彙編（律師版）》（第22卷），1982年英文版，第142頁。

〔91〕參見《海外私人投資公司財政處呈交公司董事會的備忘錄》（1980年11月6日），收存於海外私人投資公司文檔。

〔92〕參見《美國勞聯一產聯經濟研究部專家伊莉莎白·傑吉爾等人在第97屆國會參議院外交關係委員會公聽會上的發言》，載《海外私人投資公司：美國第97屆國會第1期會議參議院外交關係委員會公聽會》1981年版，第243-267頁。

〔93〕參見《1981年海外私人投資公司法案（修訂）》第238條第3款，載《實用美國法會彙編（律師版）》（第22卷），1982年英文版，第150頁（§2198）。參見前注〔76〕及有關正文。

〔94〕參見前注〔73〕至〔76〕及其有關正文；〔美〕梅茲爾：《從巴塞羅

納機車公司案件看投資保證體制中法人投資的國籍問題》，載《美國國際法學刊》。1971年第65卷，第536頁。

〔95〕參見《1981年海外私人投資公司法案（修訂）》第237條第1、2款，載《實用美國法會彙編（律師版）》（第22卷），1982年英文版，第146頁。

〔96〕參見同上法案，第231條第1款、第2款第2項，載同上書，第127頁；《卡內基國際和平基金會高級會員弗列德·伯格斯騰在第97屆國會參議院外交關係委員會公聽會上的發言》，載《海外私人投資公司：美國第97屆國會第1期會議參議院外交關係委員會公聽會》，1981年版，第248頁。

〔97〕參見《海外私人投資公司代總經理傑拉德·威斯特在第97屆國會參議院外交關係委員會公聽會上的發言》，載《海外私人投資公司：美國第97屆國會第1期會議參議院外交關係委員會公聽會》1981年版，第150-151頁。其後，此項標準又有新的調整：投資項目所在國人均年收入在984美元以下者，OPIC應優先考慮予以承保；投資項目所在國人均年收入在4269美元以上者，則應限制承保。以上美元，均按1986年以美元實值予以核計。參見《2003年OPIC法案（修訂）》第231條第（2）款。

〔98〕參見前注〔41〕及有關正文。

〔99〕《海外私人投資公司投資保險手冊》1980年英文版，第19-20頁；美國法學研究所及美國律師公會主持編印、〔美〕塞爾利等編：《國際商務往來律師指南》（第2卷），1979年英文第2版，第303頁。

〔100〕同上手冊，第5-6頁：美國法學研究所及美國律師公會主持編印、〔美〕塞爾利等編：《國際商務往來律師指南》（第2卷），1979年英文第2版，第292頁。

〔101〕參見《1981年海外私人投資公司法案（修訂）》，第231第3款，第11-13項，載《實用美國法令彙編（律師版）》（第22卷），1982年英文版，第150頁（§2198）《海外私人投資公司投資保險手冊》，第17頁；美國法學研究所及美國律師公會主持編印、〔美〕塞爾利等編：《國際商務往來律師指南》（第2卷），1979年英文第2版，第294頁。

〔102〕在一九七七年以前，有關海外私人投資公司的法案中本無本段正文中所説的A、B兩點限制。一九七七年國會討論對該公司重新授權

問題時，遇到工會方面的猛烈抨擊和反對。他們指責海外私人投資公司大力鼓勵「逃跑工廠」。因為，在海外私人投資公司提供保險的支持下，美國許多公司關閉了設在本國的工廠，而「逃跑」到第三世界去開設新廠，利用當地的廉價勞力，贏得厚利，從而削減了美國國內工人的就業機會，製造新的失業隊伍。為了緩和國內的階級矛盾，並使該公司的重新授權問題得到順利解決，國會遂在《1981年海外私人投資公司修訂法案》中增添了上述A、B兩點規定。但每筆投資是否屬於A、B兩類，仍由該公司當局全權自由裁斷。參見《美國勞聯一產聯提交第95屆國會眾議院外交委員會國際經濟政策小組委員會公聽會的聲明》，載《海外私人投資公司計劃的延期和修訂：美國第95屆國會第1期會議眾議院外交委員會國際經濟政策小組委員會公聽會》，1977年英文版，第353頁。

〔103〕參見《海外私人投資公司代總經理赫伯特·薩爾茲曼在第93屆國會公聽會上的證詞》，載《跨國公司與美國外交政策：美國第93屆國會第1期會議參議院外交關係委員會跨國公司問題小組委員會公聽會》，1973年英文版，第541頁。

〔104〕參見《海外私人投資公司董事會決議（1973年9月10日）》，載〔美〕梅隆：《國際法中的投資保險問題》，1976年英文版，附錄，第602-606頁。

〔105〕參見本文結論之（二）

〔106〕參見《海外私人投資公司234 KGT 12-70型投資保險合同（修訂版）》第13條，載1982年英文版單行本，第25頁；1981年海外私人投資公司法案（修訂）第234條第1款第1項第1點之（A）載《實用美國法令彙編（律師版）》（第22卷），1982年英文版，第135-136頁。

〔107〕參見《海外私人投資公司234 KGT 12-70型投資保險合同（修訂版）第14條第1款，載1982年英文版單行本，第25-26頁。

〔108〕同上合同，第16條，載同上單行本，第27頁。

〔109〕參見《海外私人投資公司總經理布拉德福特·米爾斯在第93屆國會公聽會上的發言》，載《海外私人投資公司：美國第93屆國會第1期會議眾議院外交委員會對外經濟政策小組委員會公聽會》，1973年英文版，第265頁。

〔110〕參見《海外私人投資公司234 KGT 12-70型投資保險合同（修訂版）第18、20條，載1982年英文單行本，第28、30-31頁；《1981年海

外私人投資公司法案（修訂）》，第234條第1款第1項第1點之（B），載《實用美國法令彙編（律師版）》（第22卷），1982年英文版，第136頁。在現行的《2003年OPIC法案（修訂）》第238條（b）款的「定義」中，已將原定的「東道國政府」一詞增補擴大為「外國政府、外國政府的政治分支機關，或由外國政府擁有或控制的一家公司」。這實際上意味著：即使只是東道國的地方政府或一家國有公司有重大違約行為，也要追究其中央政府的「徵用」責任。

〔111〕《1981年海外私人投資公司法案（修訂）》第238條第2款，載《實用美國法令彙編（律師版）》（第22卷），1982年英文版，第150頁。

〔112〕參見《1981年海外私人投資公司法案（修訂）》第234條第1款第1項第1點之（C）載《實用美國法令彙編（律師版）》（第22卷），1982年英文版，第136頁。

〔113〕參見《美國第97屆國會第1期會議眾議院第195號報告書》，1981年英文版，第7頁。

〔114〕《海外私人投資公司提交董事會的備忘錄：關於騷亂保險的一般方針和指導原則》（1982年4月20日）附錄一，1982年英文版，第1頁。

〔115〕同上。

〔116〕參見《海外私人投資公司關於實施騷亂保險項目的報告書》（1982年8月20日），1982年英文版單行本。此項承保內容已獲國會審批同意，並於1983年開始實行。參見《海外私人投資公司1983年度報告》，1984年英文版，第27頁。

〔117〕參見《海外私人投資公司234 KGT 12-70型投資保險合同（修訂版）》第1條第7款，載1982年英文版單行本，第3頁。按現行規定，OPIC現在還增添了新的承保項目：凡因禁兌、徵用和戰亂三種風險事故而造成營業中斷（business interruption）風險事故，亦可預先投保。參見《2003年OPIC法案（修訂）》，第234條第（a）（1）（D）款。

〔118〕美國第93屆國會第1期會議眾議院外交委員會對外經濟政策小組委員會：《關於海外私人投資公司的報告》，1973年英文版，第35-36頁。

〔119〕參見《海外私人投資公司234 KGT 12-70型投資保險合同（修訂版）》第19條第1款、第23條第1款，載1982年英文版單行本，第28、33頁。

〔120〕參見海外私人投資公司文檔：《費恩國際公司索賠案卷》，第 5969、6159號合同，海外私人投資公司1973年10月20日裁定備忘錄，第4頁。

〔121〕參見《海外私人投資公司234 KGT 12-70型投資保險合同（修訂版）》第2條第12款，載1982年英文版單行本，第15頁。

〔122〕參見《海外私人投資公司234 KGT 12-70型投資保險合同（修訂版）》第16條、第19條第2款和第33款、第23條第2款，分別載1982年英文版單行本，第27、28-29、33頁。

〔123〕同上合同，第2條第13款，載同上單行本，第15-16頁。

〔124〕參見同上合同，第11條，載同上單行本，第24頁。

〔125〕參見周鯁生：《國際法》（上冊），商務印書館1976年版，第235-236頁。摘引者注。

〔126〕美國法學研究所及美國律師公會主持編印、〔美〕塞爾利等編：《國際商務往來律師指南》（第2卷），1979年英文第2版，第307-308頁。

〔127〕例如，一九七四年圭亞那政府對境內美資雷諾爾德斯—圭亞那礦業公司課以重稅，並宣布將於年底以前把該公司收歸國有。海外私人投資公司在賠償訟爭中的做法是：第一，慫恿美資雷諾爾德斯公司拒交稅款；第二，以「調解人」身分出面「斡旋」，同圭亞那政府談判，確定由圭政府支付巨額賠償金一千萬美元：第三，由海外私人投資公司依照國內保險合同向雷諾爾德斯公司支付賠償金一千萬美元：第四，圭亞那政府必須以分期付款方式償還海外私人投資公司墊支的一千萬美元，外加分期付款的厚利高息。參見海外私人投資公司文檔：《雷諾爾德斯金屬公司索賠案卷》，第5877號合同，《雷諾爾德斯金屬公司（圭亞那）索賠案案情梗概》，第2-3頁。並參見本文第四部分（一）中的第三件案例。

〔128〕參見前注〔23〕及有關正文。

〔129〕《維也納條約法公約》第26條，載《聯合國條約法會議文件》，1971年英文版，第292頁。

〔130〕如1957年9月簽訂的《美國—伊朗私人投資保證協議》，載《美國參加的條約及其他國際協議彙編》（第8卷第2分冊）1957年英文版，第1159-1600頁。

〔131〕如1965年2月簽訂的《美國—巴西投資保證協議》第3條第1、款，

載《美國參加的條約及其他國際協議彙編》（第18卷第2分冊），1967年英文版，第1808頁。

〔132〕參見本章第二部分之（三），第2、3點。

〔133〕《中美投資保證協議》第3條第2款，載《中國國際法年刊》（1982），中國對外翻譯出版公司1983年版，第433頁。

按：一九七三年四月簽訂的《美國—羅馬尼亞投資保證協議》第3條以及同年一月簽訂的《美國—南斯拉夫投資保證協議》第4條中，也有基本相同的文句。（載《美國參加的條約及其他國際協議彙編》（第24卷第1分冊），1973年英文版，第1074、1092頁。）

〔134〕原文是「denial of justice」。此詞在中文著作中有「拒絕司法」「拒絕正義」「執法不公」等多種譯法。茲按其實際含義譯為「拒絕受理或執法不公」，雖較累贅，但可避免以文害意。美國哈佛研究部在一九二九年所草擬的《國家責任公約草案》第九條對此詞解釋如下：「一個國家如果拒絕受理案件或執法不公，致使一個外國人受到損害，它就負有責任。拒絕受理或執法不公，存在於以下幾種場合：拒絕提交、無理拖延或阻礙提交法院審理；在司法程序或救濟程序上嚴重缺乏行政管理；不為適當的司法行政管理提供公認的必要保證；作出顯然不公正的判決。國家法院的工作失誤並未形成不公正判決者，不屬於拒絕受理或執法不公。」（參見《美國國際法學刊第23卷特別增刊》，1929年英文版，第134頁。）哈佛上述草案中的這種看法，在西方發達國家中（特別是在美國）具有一定的代表性。對於這種看法的評論，可參見周鯁生：《國際法》（上冊），商務印書館1976年版，第四章第七節「國家的責任」、第五章第二節「外國人的法律地位」。

〔135〕《美國參加的條約及其他國際協議彙編》（第19卷第4分冊），1968年英文版，第4693頁。按：在一九七三年一月簽訂的《美國—南斯拉夫投資保證協議》第4條中，也有完全相同的文字，載《美國參加的條約及其他國際協議匯編》（第24卷第1分冊），1973年英文版，第1092頁。

〔136〕參見前注〔18〕及有關正文。

〔137〕美國法學研究所及美國律師公會主持編印、〔美〕塞爾利等編：《國際商務往來律師指南》（第2卷），1979年英文第2版，第308頁。

〔138〕據海外私人投資公司索賠問題高級法律顧問斯騰先生函告：該公司

長期以來從未正式援用雙邊投資保證協議中規定的國際仲裁辦法，解決索賠糾紛。只是直到最近，才有數起涉及伊朗政府的索賠案件，開始採用國際仲裁辦法。但由於尚在訟爭之中，尚無結論，材料概未公布。因此，迄今美國學術界所能看到的有關該公司的索賠案例資料，都是以該公司（承保者）和美國投資家（投保者）作為兩造當事人的。（見斯騰先生1983年1月26日、2月20日致本文作者函件。）

〔139〕《1981年海外私人投資公司法案（修訂）》第237條第3款，載《實用美國法令彙編（律師版）》（第22卷），1982年英文版，第146頁。

〔140〕參見《海外私人投資公司投資保險手冊》，1980年英文版，第14頁；《1981年海外私人投資公司法案（修訂）》第237條第5款，載《實用美國法令彙編（律師版）》（第22卷），1982年英文版，第146頁。

〔141〕參見《海外私人投資公司代總經理傑拉德·威斯特在第97屆國會參議院外交關係委員會公聽會上的發言》，載《海外私人投資公司：美國第9屆國會第1期會議參議院外交關係委員會公聽會》。1981年版，第209頁。

〔142〕試以該公司新近發表的一九八三年度營業財政情況報告為例：由於投保顧客多，該年度處在有效期中的投資保險承保總額高達9,513,381,000美元（即已超過95億美元大關），單單當年一年所收入的保險費等等，除用於支付各種風險事故賠償金以及公司各種營業開支之外，純利潤高達82,677,000美元（即已超過8000萬美元）。參見《海外私人公司1983年度報告書》，1984年英文版，第1、41頁。

〔143〕參見前注〔88〕及有關正文。

〔144〕參見《海外私人投資公司總經理布拉德福特·米爾斯在第93屆國會公聽會上的發言》，載《海外私人投資公司：美國第93屆國會第1期會議眾議院外交委員會對外經濟政策小組委員會公聽會》，1973年英文版，附表二，載《海外私人投資公司：美國第9屆國會第1期會議參議院外交關係委員會公聽會》，1981年版，第157頁；《海外私人投資公司1983年度報告書》，1984年英文版，第42頁。

〔145〕參見前注〔92〕及有關正文。

〔146〕《海外私人投資公司234 KGT 12-70型投資保險合同（修訂版）》第1條第13款，載1982年英文版單行本，第4頁。

〔147〕同上合同條款，載同上單行本，第5頁。

〔148〕原文為「creeping expropriation」。「creeping」一詞含有「逐步蔓延的、躡手躡腳的、悄悄爬行的、匍匐前進的、不知不覺的、不聲不響的」等多種含義。這裡意譯為「蠶食式徵用」。

〔149〕參見海外私人投資公司文檔《印第安頭人公司索賠案卷》：（1）《國際開發署備忘錄：關於第5045號（尼日利亞）投資保證合同的責任問題》；（2）《呈交國際開發署私人投資管理局助理局長赫爾伯特·薩爾茲曼的本案處理備忘錄》（1968年9月10日）；（3）《國際開發署私人投資管理局助理局長赫爾伯特·薩爾茲曼致印第安頭人公司等函件》（1968年9月10日）。以上原檔影印件收存於廈門大學法律系資料室。

〔150〕這是當時原投資保證合同第1條第20款的規定。該款內容相當於經過修訂的現行投資保險合同第1條第16款，文字上略有變動。參見《國際開發署備忘錄：關於第5045號（尼日利亞）投資保證合同的責任問題》，第2頁；《海外私人投資公司234 KGT 12-70型投資保險合同（修訂版）》第1條第16款，載1982年英文版單行本，第6頁。

〔151〕參見《海外私人投資公司第A. II. A號報告書》（即海外私人投資公司及其前身機構對歷年索賠案件處理情況一覽表，1948年到1983年6月30日），第1頁，原檔影印件收存於廈門大學法律系資料室；《海外私人投資公司索賠問題高級法律顧問R. D.斯騰致本文作者函件》（1983年11月1日），原件收存於廈門大學法律系資料室。

〔152〕參見海外私人投資公司文檔《貝爾徹木材公司索賠案件》（1）《貝爾徹木材公司總經理布拉迪·貝爾徹致國際開發署索賠案件主辦官員路易斯·約爾丁函件》（1970年7月3日）；（2）《海外私人投資公司索賠案件主辦人員托馬斯,曼斯巴奇致貝爾徹木材公司總經理布拉迪·貝爾徹函件》（1971年2月17日）。以上原檔影印件收存於廈門大學法律系資料室。

〔153〕參見海外私人投資公司文檔《雷諾爾德斯金屬公司索賠案卷》：（1）《雷諾爾德斯金屬公司索賠案案情梗概》（原件未署明日期）；（2）《圭亞那政府與雷諾爾德斯金屬公司及海外私人投資公司和解協議》（1974年12月31日）；（3）《海外私人投資公司與雷諾爾德斯金屬公司關於解決索賠爭端的和解協議》（1975年2月20日）。以上原檔影印件收存於廈門大學法律系資料室。

〔154〕關於美國法學界對於海外私人投資公司處理此案的評述，可參見〔美〕彼得・吉爾伯特：《徵用與海外私人投資公司》，載《國際商務中的法律與政策》第9期，1977年英文版，第528-531、547-550頁；〔美〕萬斯・科文：《徵用與海外私人投資公司的「法理學」》，載《哈佛國際法學刊》（第22卷第2期），1981年英文版，第288頁。

〔155〕參見海外私人投資公司文檔《卡博特國際投資公司索賠案卷》：《海外私人投資公司備忘錄：關於卡博特國際投資公司索賠案的處理決定》（1980年12月27日）。

〔156〕海外私人投資公司文檔《卡博將國際投資公司索賠案卷》：《海外私人投資公司備忘錄：關於卡博特國際投資公司索賠案的處理決定》（1980年12月27日），第13-14、16頁。

〔157〕參見前注〔148〕及有關正文。

〔158〕參見《海外私人投資公司1983年度報告書》，1984年英文版，第25頁。原檔影印件收存於廈門大學法律系資料室。

〔159〕參見《海外私人投資公司索賠問題高級法律顧問理查德・斯騰致本文作者函件》（1983年11月1日、12月20日）。原件收存於廈門大學法律系資料室。

〔160〕參見美國仲裁協會商事仲裁庭：《關於瓦倫泰因石油化工公司與國際開發署糾紛案件裁決書》（1967年9月15日），載《國際法學資料》（1970年）（第9卷），第889-917頁。

〔161〕參見《海外私人投資公司第A. II. A號報告書》（即海外私人投資公司及其前身機構對歷年索賠案件處理情況一覽表，1948年至1983年6月30日），第1頁。後來，海地政府同意以三十二點七萬餘美元贖回原先授予美資「南美海地石油公司」的特許權。此項贖款即由美國國際開發署代位回收。（參見《海外私人投資公司索賠問題高級法律顧問理查德・斯騰致本文作者函件》（1983年11月1日）原件收存於廈門大學法律系資料室。）

〔162〕參見美國仲裁協會商事仲裁庭：《關於阿納康達公司及智利銅業公司與海外私人投資公司糾紛案件的裁決書》（1975年7月17日），案件編號：16 10007172，載《國際法學資料》（1975年）（第14卷），第1210-1249頁；海外私人投資公司文檔《阿納康達公司索賠案卷》：《阿納康達公司及智利銅業公司與海外私人投資公司關於索賠爭端的和解協議》（1977年3月31日）。原檔影印件收存於廈門大

學法律系資料室。

〔163〕即「南美丘基卡馬塔銅業公司」和「南美薩爾瓦多銅業公司」。

〔164〕相當於經過修訂的現行投資保險合同第2條第7款。參見《海外私人投資公司234 KGT 12-70型投資保險合同（修訂版）》，1982年英文版單行本，第12頁。

〔165〕美國仲裁協會商事仲裁庭：《關於阿納康達公司及智利銅業公司與海外私人投資公司糾紛案件的裁決書》，（1975年7月17日），案件編號：16 10 0071 72，載《國際法學資料》（1975年）（第14卷），第1238-1239頁。

〔166〕參見美國仲裁協會商事仲裁庭：《關於列維爾銅礦及銅器公司與海外私人投資公司糾紛案件的裁決書》（1978年8月24日），案件編號：16 10 013776號，載《國際法學資料》。（1978年）（第17卷），第1321-1368頁。

〔167〕參見《海外私人投資公司234 KGT 12-70型投資保險合同（修訂版）》第11條，載1982年英文版單行本，第24頁。

〔168〕參見《海外私人投資公司第A. II. A號報告書》（即海外私人投資公司及其前身機構對歷年索賠案件處理情況一覽表，1948年至1983年6月30日），第5頁，原檔影印件收存於廈門大學法律系資料室；《海外私人投資公司索賠問題高級法律顧問R. D.斯騰致本文作者函件》（1983年11月1日），原件收存於廈門大學法律系資料室。

〔169〕參見海外私人投資公司文檔《韋布斯特出版公司索賠案卷》：國際開發署：《關於韋布斯特出版公司索賠案的處理決定》（1966年9月2日），原檔影印件收存於廈門大學法律系資料室。

〔170〕參見海外私人投資公司文檔《華盛頓國際銀行索賠案卷》：（1）國際開發署備忘錄：《華盛頓國際銀行徵用事故索賠案案情分析》，原檔影印件收存於廈門大學法律系資料室；（2）美國仲裁協會商事仲裁庭：《關於華盛頓國際銀行與海外私人投資公司糾紛案件的裁決書》（1972年11月8日），案件編號：16 10 0041 71，載《國際法學資料》（1972年）（第11卷），第1216-1234頁。

〔171〕參見海外私人投資公司文檔《佐治亞太平洋國際公司索賠案卷》：（1）《呈交海外私人投資公司代總經理赫爾伯特‧薩爾茲曼的本案處理備忘錄》（1973年8月2日）；（2）《佐治亞太平洋國際公司副總經理格雷‧伊萬斯致國際開發署私人投資管理局保險處主辦官員戈

登‧伊克爾函件》（1971年1月6日）；（3）《佐治亞太平洋國際公司投資人活動及厄瓜多爾政府公然採取徵用行動簡況》（1971年1月6日）。以上原檔影印件收存於廈門大學法律系資料室。

〔172〕海外私人投資公司文檔：《呈交海外私人投資公司代總經理赫爾伯特‧薩爾茲曼的本案處理備忘錄》（1973年8月2日），第3頁。

〔173〕參見海外私人投資公司文檔：《海外私人投資公司第A. II. A號報告書》（即海外私人投資公司及其前身機構對歷年索賠案件處理情況一覽表，1948年至1983年6月30日），第2頁。原檔影印件收存於廈門大學法律系資料室。

〔174〕參見海外私人投資公司文檔《阿格里科拉金屬公司索賠案卷》：《海外私人投資公司備忘錄：關於阿格里科拉金屬公司索賠案的處理決定》（1979年6月7日）。原檔影印件收存於廈門大學法律系資料室。

〔175〕參見《海外私人投資公司234 KGT 12-70型投資保險合同（修訂版），1928年英文版單行本。

〔176〕《海外私人投資公司第A. II. A號報告書》（即海外私人投資公司及其前身機構對歷年索賠案件處理情況一覽表，1948至1983年6月），第4頁。

〔177〕參見海外私人投資公司文檔《中央大豆公司索賠案卷》：（1）《國際開發署特別風險保證處處長雷‧米勒致中央大豆公司副總經理休格函件》（1966年7月8日）；（2）《中央大豆公司律師波爾格曼致國際開發署特別風險保證處處長雷‧米勒函件》（1966年9月22日）；（3）《呈交國際開發署私人投資管理局助理局長赫爾伯特‧薩爾茲曼的本案處理備忘錄》（1967年9月21日）。

〔178〕參見海外私人投資公司文檔《華爾施建設公司索賠案卷》：（1）《國際開發署私人投資管理局助理局長赫伯特‧薩爾茲曼致華爾施建設公司副董事長華爾施函件》（1969年5月28日）；（2）《呈交海外私人投資公司總經理布拉德福特‧米爾斯的本案處理備忘錄》（1972年2月23日）。以上原檔影印件收存於廈門大學法律系資料室。

〔179〕相當於現行的《海外私人投資公司234 KGT 12-70型投資保險合同》（修訂版）第1條第13款但書第2項的規定，載1982年英文版單行本，第5項。

〔180〕參見海外私人投資公司文檔：《海外私人投資公司第A. II. A號報告書》（即海外私人投資公司及其前身機構對歷年索賠案件處理情況

一覽表，1948至1983年6月30日），第2頁。原檔影印件收存於廈門大學法律系資料室。

〔181〕參見前注〔118〕、104〕及有關正文。

〔182〕參見海外私人投資公司文檔《南美國際電話電報公司索賠案卷》：（1）《海外私人投資公司在美國仲裁協會商事仲裁庭上的答辯狀》（1974年7月19日）；（2）美國仲裁協會商事仲裁庭：《關於南美國際電話電報公司與海外私人投資公司糾紛案件的裁決書》（1974年11月4日）（3）《海外私人投資公司總經理馬歇爾·梅斯致南美國際電話電報公司總經理約翰·吉爾福伊勒函件》（1974年11月15日）；（4）《海外私人投資公司與南美國際電話電報公司和解協議》（1975年1月7日）。

〔183〕參見《美國法令大全》（第83卷）1970年英文版，第815頁。《1969年對外援助法案》的這一條款，一直沿用至今，繼續保留在《1981年海外私人投資公司修訂法案》第238條第2款中。參見《實用美國法令彙編（律師版）》（第22卷），1982年英文版，第150頁及有關正文。

〔184〕參見美國仲裁協會商事仲裁庭：《關於南美國際電話電報公司與海外私人投資公司糾紛案件的裁決書》（1974年11月4日），案件編號：16 10 0038 73，載《國際法學資料》（1974年）（第13卷），第1337、1338、1344頁。

〔185〕參見美國仲裁協會商事仲裁庭：《關於南美國際電話電報公司與海外私人投資公司糾紛案件的裁決書》（1974年11月4日），案件編號：16 10 0038 73，載《國際法學資料》（1974年）（第13卷），第1309頁。

〔186〕同上刊物，第1347頁。

〔187〕參見美國仲裁協會商事仲裁庭：《關於南美國際電話電報公司與海外私人投資公司糾紛案件的裁決書》（1974年11月4日），案件編號：16 10 0038 73，載《國際法學資料》（1974年）（第13卷），第1310、1374-1375頁。

〔188〕同上刊物，第1349頁。

〔189〕同上刊物，第1310頁。順便說說：據美國學者介紹，這三位仲裁員（即羅特·威廉森、約翰·范·武爾希斯以及阿米·卡特爾）原來都是退休法官，曾分別在美國三個州的最高法院擔任法官之職（見

〔美〕斯泰納、瓦格茨：《跨國法律問題》，1976年英文版，第478頁，注〔81〕）。論法律知識和審判經驗，他們理應都是出類拔萃的佼佼者，但卻囿於霸權積習，視弱國主權如草芥，以致寫出這樣的裁決書來，貽為國際笑柄。真是偏見比無知離開真理更遠！

〔190〕參見海外私人投資公司文檔《南美國際電話電報公司索賠案卷》：《海外私人投資公司總經理馬歇爾·梅斯致南美國際電話電報公司總經理約翰·吉爾福伊勒函件》（1974年11月15日）。原檔影印件收存於廈門大學法律系資料室。

〔191〕本案中由海外私人投資公司經手交付南美國際電話電報公司的金額應是九千四百餘萬美元。參見《海外私人投資公司第A. II. A號報告書》（即海外私人投資公司及其前身機構對歷年索賠案件處理情況一覽表，1948至1983年6月30日），第9頁。原檔影印件收存於廈門大學法律系資料室。

〔192〕參見前注〔101〕及有關正文。

〔193〕參見前注〔97〕及有關正文。

〔194〕參見前注〔102〕及有關正文。

〔195〕參見前注〔92〕及有關正文。

〔196〕參見前注〔19〕〔20〕及有關正文。

〔197〕參見前注〔57〕及有關正文。

〔198〕參見前注〔133〕到〔137〕及有關正文。

〔199〕參見本章第四部分之（六）。

〔200〕參見《中美投資保證協議》第2條；美國—伊朗、美國—巴巴多斯、美國—羅馬尼亞、美國—南斯拉夫同類協議第2條。分別參見《中國國際法年刊》（1982）中國對外翻譯出版公司1983年版，第432頁；《美國參加的條約及其他國際協議彙編》（第8卷第2分冊），1957年英文版，第1159-1600頁；《美國參加的條約及其他國際協議彙編》。（第19卷第4分冊），1968年英文版，第4693頁；《美國參加的條約及其他國際協議彙編》（第24卷第1分冊），1973年英文版，第1074、1092頁。

〔201〕鄧小平：《中國共產黨第十二次全國代表大會開幕詞》，載《人民日報》1982年9月2日。

〔202〕參見前注〔42〕及有關正文。

第二章

從OPIC到MIGA：跨國投資保險體制的淵源和沿革[*]

⤷ 內容提要

第二次世界大戰結束後半個世紀以來，專為跨國投資非商業性風險而建立的保險體制，其主要發展脈絡，是從OPIC模式演進到MIGA模式。OPIC模式始創於美國，其組建的表面理由是：在美國海外投資遭遇政治風險時，可由OPIC出面處理，從而「做到在絕大多數場合避免產生政府同政府之間的迎面相撞、直接對抗」；而其深層意圖和實際功效，則是通過OPIC機構的運作，使得本來屬於美國國內私法關係上的索賠代位權上升為對東道國具有國際公法上拘束力的一種權利。鑒於美國始創的這種跨國投資保險體制行之有效，其他發達國家（資本輸出國）便相繼倣傚，也建立起類似的投資保險體制。其共同特點是：以國家為後盾，以國內立法為依據，以與發展中國家締結的雙邊投資協定為先行，由政府專門機構或國家指定的專業公司為本國海外投資者提供非商業性風險的保險。但是隨著世界經濟的發展，這類模式就逐漸顯現出自身所固有的狹隘性和偏限性，受到各國的法律、政治、國籍、保額等限制，使得許多跨國投資無法獲得擔保。形勢要求設計一種能夠打破國家界限、在跨國投資保險方面

進行國際協作的體制，藉以擺脫上述狹隘性和侷限性，從而更有效地促進世界資本的跨國流動。MIGA模式遂應運而生。本文簡扼評述從OPIC到MIGA的發展進程以及MIGA的組織結構、基本體制、運作原則、主要業績和存在問題等，指出MIGA體制是當代南北兩大類國家之間互相依存、衝突、妥協和合作的重要產物，它源於OPIC體制，又遠高於OPIC體制；運用MIGA機制對於中國具有重大的現實意義；應當充分了解和熟練掌握這種機制，在國際投資領域，進一步推動全球的南北合作和南南合作，加速國際經濟秩序除舊布新和新舊更替的歷史進程。

↘ 目次

多邊投資擔保機構（Multilateral Investment Guarantee Agenc，簡稱「MIGA」）是一個世界性組織，成立於一九八八年四月。它的主要功能，是為跨國投資在東道國可能遇到的非商業性風險，即政治風險，提供擔保。作為一家保險機構，它所承保的非商業性風險，分為以下四種：[1]

（1）貨幣匯兌險：指的是東道國政府採取措施，限制或妨礙外國投資者在合理期間內將當地貨幣兌換成為外幣，並匯出東道國境外，致使外商遭受損失。

（2）徵收和類似措施險：旨的是東道國政府採取徵收或其他類似措施，實際上剝奪了外國投資者對其投資的所有權、控制權或其重大收益，致使外商遭受損失。

（3）違約險：指的是東道國政府拒絕履行或違反與外國投資者簽訂的合同，外商無法求助於司法或仲裁機構，索取賠償，或審理中久拖不決，或雖有判決、裁決卻無法執行，致使外商遭受損失。

（4）戰爭和內亂險：旨的是東道國境內發生軍事行動或內部動亂，致使外商遭受損失。

世界各地的跨國投資者，可以根據投資項目所在東道國的國情，以及自己的需要，就以上四種非商業性風險類別，選擇其中的一種或幾種，向MIGA投保，訂立投資保險合同，取得保障。

MIGA是國際復興開發銀行（International Bank for Reconstruction and Development，通常簡稱「世界銀行」或「世銀」）集團的第五個成員。在MIGA成立之前，世界銀行集團包括四個成員，各自具有獨立的法人資格。它們是：世界銀行、國際金融公司（International

Finance Corporation）、國際開發協會（International Development Association）以及解決投資爭端國際中心（International Centre for Settlement of Investment Dispute，簡稱「ICSID」）。

和ICSID一樣，MIGA也是世界銀行主持組建的、旨在促進各國游資跨國流動的一個專門組織。不同的是：ICSID通過受理和處斷國際投資爭端，為跨國投資家在東道國所可能遇到的各種非商業性風險提供法律上的保障；[2] MIGA則通過直接承保各種非商業性風險，為跨國投資家提供經濟上的保障，並且進一步加強法律上的保障。簡言之，兩者的業務和功能，互相配合，相輔相成，可謂「殊途同歸」，其主要宗旨和共同效應都在於通過「國際立法」（國際公約），切實保護跨國投資者的權益，改善國際投資環境，促進資本跨國流動，特別是向發展中國家流動。

MIGA組建的法律根據，是世界銀行擬訂的《多邊投資擔保機構公約》（Convention Establishing the Multilateral Investment Guarantee Agency，簡稱《漢城公約》）。在世界銀行的主持下，經過多年的醞釀、反覆的磋商以及對草案的多次修訂，《漢城公約》於一九八五年十月在世界銀行的漢城年會上正式通過，向世界銀行成員國以及瑞士開放，供各國簽字。按照本公約第六十一條的規定，公約生效的前提條件有二：第一，已經有五個第一類簽字國（發達國家）以及十五個第二類簽字國（發展中國家）交存批准書；第二，這兩類國家已經認購股份的總額不得少於MIGA全部法定資本總額的三分之一（約合3.6億美元）。一九八八年四月十二日，《漢城公約》因上述兩大前提已經具備而正式生效，隨即正式組建成立MIGA，並於一九八九年六月正式開張營業。

中國是MIGA的創始成員國之一。一九八五年一月間，世界銀行曾派遣代表前來北京就有關組建MIGA的問題與中國政府進行會談、磋商。一九八八年四月二十八日，中國正式簽署《漢城公約》，兩天后即交存了批准書，並按規定認購了MIGA的股份，從而成為本公約的正式成員國。中國認購了3138股MIGA股份，相當於3138萬特別提款權（SDR）約折合四千萬美元。這個認股數字，在MIGA全體成員國中居第六位，[3]領先於許多發達國家，甚至超過由全球最發達國家組成的「七國集團」中的加拿大和義大利。中國綜合國力不強，特別是財力有限，卻認購了MIGA的大量股份，它對這個全球性多邊投資擔保機構的重視和支持，由此可見一斑。

中國對MIGA的重視和支持，並非出於短暫的策略考慮，而是基於長期貫徹改革開放基本國策的戰略需要。立足於中國的國情，認真研究MIGA，比較深入地了解MIGA體制的歷史、現狀及其發展前景，從而積極、正確地加以運用，這對於進一步改善中國的投資環境，吸收更多的外資，以促進中國的社會主義經濟建設，具有重大的現實意義。

一、跨國投資保險體制的淵源和沿革：從 OPIC 到 MIGA

MIGA是跨國投資活動發展到一定階段之後「應運而生」的產物。它的出現，可以說是一種歷史的必然。

一方通過跨國投資以追逐高額利潤，另一方藉助吸收外資來

發展本國經濟，這是當代國際經濟交往的常見形式。在跨國投資的實踐過程中，資本輸出國與資本輸入國之間、外國投資者與東道國政府之間、外國投資者與東道國公民或公司之間，既有互惠互利的一面，也時有利害衝突的一面。前一面導致國際合作，後一面導致國際爭端。

第二次世界大戰結束以後，亞洲、非洲、拉丁美洲許多弱小國家相繼掙脫殖民統治的枷鎖，成為政治上獨立，但經濟上仍很落後的發展中國家。它們為了鞏固和發展政治獨立，就必須進一步爭得經濟獨立，即必須進一步從根本上改造國內原有的殖民地經濟結構，擺脫外國資本對本國的經濟控制，獨立自主掌握本國的經濟命脈，充分利用本國的自然資源，大力發展本國的民族經濟。在這個過程中，這些國家對於原先根據不平等條約或在強弱地位懸殊條件下簽訂的投資協議、特許協議或合同，予以修改或廢除，對某些涉及本國重要自然資源和國民經濟命脈的境內外資企業，加以限制、徵用或收歸國有；或者建立嚴格的外匯管制制度，限制或阻礙外國投資者任意將資本或利潤兌換成外幣並匯出本國境外。這就觸犯了外國投資家以及西方原殖民國家即發達國家的既得利益，時時引起矛盾糾紛，甚至尖銳對抗，激烈衝突。除此之外，發展中國家在爭得獨立後的一定時期裡，由於各種內外因素的影響，往往政局不很穩定，甚至發生戰爭或內部動亂，使外商投資企業在當地的資產遭到毀損、破壞，蒙受損失。

面對這種新的局面，發達國家的政府殫精竭慮，以各種辦法來保護本國的海外投資，冀能使其盡量免受或少受各種非商業性風險所造成的損失。在多年反覆實踐中，它們逐漸認識到：單靠

粗暴的強權壓制和「外交保護」，難以切實有效地達到預期目的，而且往往引起發展中國家的強烈反彈，導致國際政治衝突。於是，發達國家政府的「法律智囊」們逐步摸索和設計了一條比較迂迴曲折的法律保護途徑：由本國專設的某個機構或公司，為本國投資者向海外跨國投資所可能遇到的各種非商業性風險，提供擔保（保險）。其操作程序大體有如下三個要點：

第一，由跨國投資者母國的政府與投資項目所在地東道國的政府簽訂國際協定，雙方同意由投資者母國的某家專設機構（或公司），承保此類投資項目在東道國境內可能遭到的非商業性風險，並共同承認作為承保人的該專設機構（或公司）日後依法享有跨越國界的代位求償權（subrogation）；

第二，由跨國投資者與其母國的上述專設機構（或公司）就所選定的有關非商業性風險類別，簽訂投資保險合同，並由前者向後者繳納保險費；

第三，一旦在東道國境內發生承保範圍內的非商業性風險事故，並經承保人確認和理賠之後，承保人即代位取得投保人（即跨國投資者）的索賠權，有權向東道國政府實行跨國代位求償。

這種做法，以美國的「海外私人投資公司」（Overseas Private Investment Corporation，簡稱「OPIC」）為典型，並逐漸成為在發達國家中流行的模式。為敘述方便，不妨稱之為「OPIC模式」。

（一）OPIC 模式的由來、演進和侷限

OPIC這種法律設計或體制模式，最早出現在美國。這並非歷史的偶然。如所周知，在第二次世界大戰結束以後相當長的一

段時期裡，美國國勢鼎盛喧赫，美國投資家在海外的跨國投資，遙遙領先於其他發達國家。二十世紀七〇年代中期以後，美國的綜合實力雖逐漸從巔峰走向下坡，但它迄今仍是全球最大的資本輸出國。上述法律設計，正是切合於美國的現實需要而出臺的。

早在一九四八年，作為推行「馬歇爾計劃」的一個重要環節，美國國會通過了《經濟合作法案》。根據這個法案，美國率先創立海外投資保險制度。此後二十年間，適應著形勢發展和海外投資家的需要，多次修訂有關法案，使這一專業保險體制在承保內容、適用地區、主辦機構以及運作體制等方面，不斷改善。至一九六九年，依據第八次修訂的《對外援助法案》。徹底改變了由美國政府專設行政機構主辦海外美資非商業性風險承保業務的傳統做法，把主辦此項業務的權力，授予一個新設的、美國政府官營的「海外私人投資公司」，完全按照保險公司的體制和章程經營管理；但與此同時，又把該公司定位為由美國總統直接指揮、控制以及「在美國國務院政策指導下的一個機構」。[4]

對於建立OP1C這一投資保險體制的宗旨、意圖及其「優越性」，美國的一些「權威人士」曾作如下說明：

美國國會眾議院外交委員會的對外經濟政策小組委員會提出：「深切期待海外私人投資公司施展才能，精心設計，妥善安排，做到在絕大多數場合避免產生政府同政府之間的迎面相撞、直接對抗。」[5]

海外私人投資公司前總經理布拉德福特・米爾斯一九七三年在美國國會的一次公聽會上反覆解釋了採取「公司」形式的種種好處，其中最主要的是：「海外私人投資公司在解決投資糾紛中

一向起著建設性的作用，從而避免了政府與政府之間的直接對抗。」他舉例說，如果美國的海外投資人未向該公司投保，一旦遇到徵用風險事故，「多半就是去找當地的美國大使館，找美國國務院和國會，要求採取行動。於是美國政府就捲進這種投資糾紛了。」反之，投資人如果事先曾向該公司投保，那麼，該公司就可以「充當外國政府與美國商行之間的橋樑，使政治性問題，取得商業性解決」[6]。因此，必須採取公司形式。

既然「商業性解決」是上策，那就乾脆讓私人去經營投資非商業性風險的保險業務，與美國政府完全無涉，豈不更好？對這個問題，該公司的另一位繼任總經理布魯斯·列威林解釋說：答案很簡單：私人保險公司認為，保這種險，太過冒險，不願意幹。」[7]因此，既必須採取「公司」形式，又必須純由政府經營。

此外，還有一位曾經為某投資家索賠案件當法律顧問的美國律師萬斯·科文，他在論及投資家為避免各種非商業性風險損失而寧願花錢向海外私人投資公司投保時，進一步介紹了該公司許多領導人的共同見解：「正如海外私人投資公司官員們所經常指出的，為了諸如此類的損失而去控告外國政府當局，要求賠償，單就費用高昂、曠日持久以及麻煩周章而言，就足以證明（向海外私人投資公司）花錢購買對付政治風險的保險單是很合算的；更不必提及國際法所固有的變幻無常、捉摸不定，以及主權豁免和國家行為這一類學說所體現的各種潛在障礙了。」[8]

實際上，美國政府建立OPIC機制，還有更深一層的真實意圖和實際功效，即**通過運用這種機構，使得本來屬於美國國內私法關係上的代位權上升為具有國際公法上拘束力的一種權利。**

　　一般而論，由美國保險公司與美國海外投資者所簽訂的投資保險合同，儘管該保險公司是政府官辦的，其所承保的又是非商業性風險，但作為保險合同雙方當事人（即承保人、投保人）之間的權利義務關係，它在本質上仍然還是美國國內民法、保險法上的一般私法關係；其法律上的約束力，當然也僅能在美國國境之內發生效用。但是，如前所述，訂立這種保險合同的前提是：投資者母國政府與投資項目所在國政府事先簽訂了國際協定，承認作為投資政治風險承保人的專設公司日後享有跨國的代位求償權。眾所周知，「條約必須信守」（*pacta sunt servanda*）是公認的國際法基本準則。一九六九年五月的《維也納條約法公約》進一步明文規定：「條約必須遵守。凡有效的條約，對於締約國具有拘束力，各締約國必須善意履行。」[9]因此，在美國看來，吸收美資的東道國一旦自願同美國簽訂了雙邊協定，允許海外私人投資公司享有代位索賠權，這就意味著承擔了一項在國際法上具有拘束力的義務，有責任如約履行。於是，原屬美國國內私法契約關係上的代位索賠權就此跨出了美國國界而「國際化」「公法化」了，美國在海外的投資也就據此獲得了更加強有力的法律保障。這是問題的一方面。

　　問題的另一個方面是：在許多發展中國家（資本輸入國）看來，美國所建立和運用的這種OPIC機制，也是可以接受的。對媲美國在保護其海外投資過程中原先慣用的強權壓制手段而言，採用OPIC機制可以說是從恃強凌弱、簡單粗暴開始轉向尊重弱者、平等協商。發展中國家在是否允許美資入境、是否願意與美國簽訂跨國投資保護（保證）協定等方面，都具有一定的自主權

和選擇權，從而使發展中國家所最為珍惜的國家主權獲得一定的尊重。

與此同時，發展中國家鑒於在本國政治、經濟獨立自主的前提下，在對入境美資實行必要監督和管理的條件下，美國資本的輸入畢竟帶來了國內經濟建設急需的大量資金、先進的生產技術和科學管理經驗，擴大了本國的就業機會，從而有利於發展本國的社會生產力，有利於增強本國的綜合國力，有利於提高本國人民的生活水平。因此，許多發展中國家立足於各自的國情，在全面權衡利弊和平等協商的基礎上，相繼同意與美國簽訂有關投資保證的雙邊協定，接受了OPIC這種跨國投資保險體制。

美國以外的其他發達國家（資本輸出國），鑒於美國率先創立的這種跨國投資保險體制行之有年、行之有效，便相繼仿效或師法，也建立起類似的投資保險體制。其共同特點是：以國家為後盾，以國內立法為依據，以與發展中國家締結的雙邊投資協定為先行，由政府專門機構或國家指定的專業公司為本國海外投資者提供非商業性風險的保險（insurance）或擔保（guarantee）。

例如，日本的海外投資保險制度於一九五六年開始正式實行，它是一九五〇年出口信貸保險制度的擴大。根據一九五六年的《出口信貸保險法》（即《輸出信用保險法》）的規定，海外投資保險分為海外投資原本保險和海外投資利潤保險兩種。一九七〇年，日本把兩種保險制度合二為一，直接由日本政府專設的機構即通商產業省所屬的出口保險部（Export Insurance Division, Ministry of International Trade and Industry）主管和經辦。其運作的基本法律根據是現行的《貿易保險法》。

又如，德國的海外投資保險制度根據一九五九年的《聯邦預算法》建立，由指定的兩家公司，即「信託股份公司」（Treuarbeit A. G.）和「黑姆斯信貸擔保股份公司」（Herms Kreditversicherungs A. G.）作為聯邦德國政府的代理人，承辦德國海外私人投資的保險業務。值得注意的是，這兩家公司只能從事保險合同業務的實際操作，而並無承保與否的決策權。舉凡海外投資者提出的投保申請，應首先呈交由聯邦經濟部、財政部、外資部以及經濟合作部的代表組成的部際委員會（Interministeriellon Ausschuß）審批。由此可見，德國聯邦政府對這兩家公司專業保險業務的管理和指揮，也是相當直接和具體的。[10]

發展到今天，世界上主要的公營出口信貸和海外投資保險機構組成了「信貸和投資保險機構國際聯盟」（The International Union of Credit and Investment Insurers，簡稱「伯爾尼聯盟」，the Berne Union）。組成這個聯盟的機構來自經濟合作與發展組織（Organization for Economic Cooperation and Development）開發援助委員會的所有成員國，以及韓國和印度，其中的主要骨幹乃是美、日、德三國的有關機構。[11] 美、日、德模式的海外投資保險體制在許多發達國家中相繼建立以後，數十年來，在促進世界游資跨國流動和擴大國際經濟合作方面，發揮了積極的作用。但是，隨著時間的推移和世界經濟的進一步發展，這類模式逐漸顯現出自身所固有的狹隘性和侷限性，不能適應世界經濟發展新形勢的要求。換言之，由於各國政府專門機構直接主辦或國家指定專業公司承辦的此類投資保險制度，往往有著這樣那樣的限制性要求，使得許多跨國投資無法獲得擔保。其中常見的障礙是：第

一，各國官辦的投資保險機構或公司既受本國政府的控制，又受本國法律的約束，還要受當局現實政治需要的消極影響。其典型事例之一是：美國政府自一九八九年下半年以來奉行「對華經濟制裁」政策，美國官辦的海外投資保險機構（「海外私人投資公司」）隨即緊密地配合美國當局的政治需要，停止向美商對華的新投資提供保險，至今尚未「解禁」。第二，各國官辦的投資保險機構或公司對於投保人或投保公司股東的國籍往往設有限制性規定，以致許多跨國設立的子公司往往四處「碰壁」，投保無門；[12]而且，在不同國家的投資者共同參加同一項目投資的場合，還會產生投保人不適格的問題。第三，各國官辦投資保險機構或公司的承保額一般都有上限，因此當投資者申請投保大型項目時，就會因單一國家官辦的投資保險機構或公司無法提供足額的保險而產生承保能力不足的問題。[13]

於是，國際經濟界和法律界的人們就開始設想並進而設計了一種能夠打破國家界限、在跨國投資保險方面進行國際協作的體制，藉以擺脫上述狹隘性和侷限性，從而更有效地促進世界資本的跨國流動。

（二）MIGA 模式的孕育和誕生

早在一九四八年，世界銀行內部就開始有了為跨國投資提供非商業性風險保險的設想。在五〇至六〇年代，除世界銀行外，一些國際組織、民間團體和私人也提出了建立多邊投資保險機制的種種構想，這類方案多達十幾種。其中較重要的是：一九六二年世界銀行起草的《多邊投資保險——工作人員報告書》、一九

六五年經合組織提出的《關於建立國際投資保證公司的報告書》及一九六六年世界銀行擬就的《國際投資保險機構協定草案》等。但這些方案都未能妥善解決一些關鍵性的問題，諸如發展中國家的出資、承保機構的代位求償權、設想中的機構與東道國之間爭端的解決、機構中投票權的分配，等等，因而難以得到眾多發展中國家特別是拉丁美洲國家代表們的支持。另一方面，發達國家由於已建立了各自的官辦投資保險制度，擔心一個世界性的多邊投資保險機構會與它們的官辦投資保險機構發生競爭，因而也沒有太大熱情。這些原因導致國際社會構建多邊投資保險制度的努力一次又一次地擱淺，直至八〇年代初才再度提上世界銀行的議事日程。

二十世紀八〇年代初，由於過分倚賴外國商業貸款，許多發展中國家面臨嚴重的債務危機，無力還債，導致國際債務糾紛頻起。與此同時，出於對東道國徵用等政治風險的擔心，流向發展中國家的外國直接投資在全球跨國直接投資流動總額中的比重急遽下降（儘管外國投資在發展中國家的利潤率往往比在發達國家高得多）。世界經濟形勢的發展證明：國際社會迫切需要一個南北兩大類國家都能接受的世界性機制，藉以緩解或消除外國投資者對非商業性風險的擔心，促進更多外國直接投資流向發展中國家，從而使兩類國家在平等互利基礎上，達到共同的繁榮。

正是在這樣的歷史背景下，南北兩大類國家的代表們重新折衝樽俎，反覆磋商，在互諒互讓、互作妥協的基礎上，達成共識，使孕育多年、一直處在難產狀態的全球性多邊投資擔保機構，通過一九八八年正式生效的《漢城公約》，終於誕生了。[14]

第二次世界大戰結束後半個世紀以來，專為跨國投資非商業性風險而建立的保險體制，其發展脈絡，大體如上。其中居於主導地位的，是從OPIC模式演進到MIGA模式。綜觀《漢城公約》全文不難看出，MIGA機制具有以下幾個突出的特點，從一定意義上說，這些特點也是它的優點：

　　第一，MIGA體制源於OPIC體制，又遠高於OPIC體制。MIGA在設置宗旨、主要功能、承保險別、投保條件、運作程序、理賠前提、代位求償等方面，顯然都借鑑和吸收了OPIC體制的有益經驗。但是MIGA體制絕非OPIC體制的簡單翻版或單純的多國化。MIGA在服務對象、承保範圍、保險能力、兼容並蓄、運用靈活等方面，具有明顯的優越性，遠非OPIC等單國的狹隘體制所能企及，其發展潛力也遠非後者所能匹敵。

　　第二，MIGA是當今世界南北兩大類國家之間經濟上互相依存、衝突、妥協和合作的產物。在跨國投資問題上，南、北之間的矛盾和衝突植根於兩大類國家間不同的經濟利益，但兩大類國家之間很強的經濟互補性又促使它們必須互相依存和取長補短。因此，衝突和矛盾的結果必然導致互相妥協和互相合作，共同謀求改善發展中國家的投資環境。如果沒有兩大類國家之間的相互妥協和合作，也就不會有MIGA的出現。

　　第三，這種妥協的結果之一，就是作為東道國的發展中國家在一定程度上自我限制本國在外國投資擔保問題上的主權。這種自我限制明顯體現在以下幾個方面：一是承認MIGA與外國投資者之間簽訂的擔保合同在一定條件下對東道國具有法律拘束力；二是承認MIGA對東道國的代位求償權；三是承認MIGA與東道

國之間的爭端解決方式為國際仲裁，而不是東道國法院的判決；四是承認在採用仲裁程序時，一併適用《漢城公約》、可適用的國際法規範以及東道國的國內法規範，而不僅僅限於適用東道國的國內法規範；五是承認國際仲裁裁決對當事人和當事國具有終局性的法律拘束力，猶如在《漢城公約》各成員國法院作出終審判決那樣。[15]

第四，妥協的另一方面的結果是，《漢城公約》成員國中的發達國家同意敦促本國投資者更加尊重東道國——發展中國家的政治主權和經濟主權。在一定程度上，務必恪守東道國的國內立法。這些要求尤其明顯地表現為：一是除非事先獲得東道國政府的同意，MIGA不得簽訂任何承保非商業性風險的擔保合同；二是MIGA不對不符合東道國法律和法規的投資提供擔保；三是MIGA只承保有利於東道國經濟發展的投資；四是MIGA不擔保任何因投保人認可或投保人負有責任的東道國政府的任何作為或不作為所造成的損失；五是從法律上禁止MIGA干涉任何成員國的內政，禁止MIGA夥同任何成員國從事反對其他成員國（特別是發展中國家）的政治活動。[16]

基於以上兩個方面的妥協和合作，加入MIGA既有利於發展中國家，也有利於發達國家。前者可以改善投資環境，吸收更多的外資，以加速本國經濟的發展；後者可以在相對安全的條件下增加更多的贏利機會。

第五，MIGA機制不同於任何國家官辦保險機制的突出特點，在於它對吸收外資的每一個發展中國家成員國，同時賦予「雙重身分」：一方面，它是外資所在的東道國；另一方面，它

同時又是MIGA的股東，從而部分地承擔了外資風險承保人的責任。這種「雙重身分」的法律後果是：一旦在東道國境內發生MIGA承保的風險事故，使有關外資遭受損失，則作為「侵權行為人」的東道國，不但在MIGA行使代位求償權之後，間接地向外國投資者提供了賠償；而且作為MIGA的股東，它又必須在MIGA行使代位求償權以前，即在MIGA對投保人理賠之際，就直接向投資者部分地提供賠償。此外，它作為「侵權行為人」還要面臨MIGA其他成員國（包括眾多發展中國家）股東們國際性的責備和集體性的壓力。可見，MIGA機制在實踐中加強了對東道國的約束力，對外資在東道國所可能遇到的各種非商業性風險，起了多重的預防作用。[17]

正因為如此，MIGA對跨國投資作出的承保，較任何國家官辦保險機構或公司作出的承保，具有更高的國際權威性和國際影響力。它對於緩解和消除跨國投資者對在東道國遭到非商業性風險損失的顧慮，促使更多的國際游資流入第三世界國家，確實能夠而且正在發揮任何國家官辦保險機制都無法企及的積極作用。

二、多邊投資擔保機構的概貌

《漢城公約》於一九八五年十月在世界銀行的漢城年會上正式通過，一九八八年四月正式生效。根據這個公約而組建成立的多邊投資擔保機構，則直到一九八九年六月才開始正式營業。

MIGA這個世界性的跨國投資保險機構正式開張營業以來，其成員國不斷擴大，業務蒸蒸日上，國際影響也日益增強。

（一）多邊投資擔保機構成員國結構

根據《漢城公約》的規定，凡是世界銀行的成員國，都有資格參加本公約，成為本公約的成員國，從而也就成為多邊投資擔保機構這個世界性跨國投資保險機構的股東。[18] 誠然，世界銀行的成員國並沒有非參加本機構不可的義務，但是《漢城公約》中關於本公約正式生效條件的規定〔第61條（b）款〕以及關於本機構投票權平衡分配的規定（第39條），都強調了必須有一定數量的南、北兩大類國家即發展中國家和發達國家共同參加、共襄盛舉的重要性和必要性。

為此，《漢城公約》在一九八五年通過之時，即專門附有一份當時世界銀行諸成員國的名單（即「Schedule A」通譯「附表A」）將這些國家分為兩大類，其中所列「第一類國家」就是發達國家，共二十個；「第二類國家」就是發展中國家（個別例外情況，下文另作分析），共一百二十八個。兩類合計共一百四十八個國家。

至於瑞士，它雖然並非世界銀行的成員國，但鑒於它在國際社會的經濟、政治生活中具有公認的特殊地位，因此也允許它參加進來，成為本公約的締約國以及多邊投資擔保機構的股東，並被列入上述「第一類國家」名單，遂使該第一類國家總數達到二十一個。

《漢城公約》在一九八五年十月世界銀行漢城年會上通過之後，由於種種原因，許多成員國心存觀望，並未即時完成簽署和批准手續。直到兩年半以後，即一九八八年四月，才湊足二十個成員國（其中發展中國家15個，發達國家5個），完成了批准手

續，並認購了應有的股份，從而使本公約正式生效。又過了一年，即一九八八年四月，兩大類一百四十八個國家中也只有大約四分之一完成了締約手續，成為本公約的正式成員國。[19] 簡言之，MIGA的確立和營運，經歷了一個「遲遲學走、步履蹣跚」的孩提階段。但是，由於它自身所固有的生命力和優越性，確能比較有效地適應國際社會兩大類國家的共同需要，因此近幾年來參加締約的國家明顯迅速地增多，出現了「健康成長、闊步前進」的勢頭。據統計，截至一九九五年四月二十五日，《漢城公約》的正式成員國已經達到一百二十八個，其中十九個為發達國家一百零九個為發展中國家；此外，還有二十四個國家已經簽署本公約，並正在完成交存批准書、認購股份和繳納應有股金等有關手續。現將本公約的正式成員國、預備成員國（即已簽署本公約但尚未完成批准、繳納股金等手續的國家）按其類別、地區綜合列表如下：

表3-2-1　　《多邊投資擔保公約》成員國名單[20]

正式成員國（128個）			
I. 發達國家[21]（19個）	比利時 加拿大 丹麥 芬蘭 法國	德國 希臘 愛爾蘭 義大利 日本	盧森堡 荷蘭 挪威 葡萄牙 西班牙	瑞典 瑞士 英國 美國
II. 發展中國家[22]（109個）	非洲地區	亞洲／太平洋地區	歐洲／中亞地區	拉美／加勒比地區
	安哥拉 貝寧 博茨瓦納 布基納法索 喀麥隆	孟加拉國 中國 斐濟 印度 印度尼西亞	阿爾巴尼亞 阿塞拜疆 白俄羅斯 保加利亞 克羅地亞	阿根廷 巴哈馬 巴巴多斯 貝利塞 玻利維亞

II. 發展中國家〔22〕（109個）	非洲地區	亞洲／太平洋地區	歐洲／中亞地區	拉美／加勒比地區
	佛得角	韓國	塞浦路斯	巴西
	剛果	馬來西亞	捷克	智利
	象牙海岸	密克羅尼西亞	愛沙尼亞	哥斯達黎加
	赤道幾內亞	尼泊爾	格魯吉亞	多米尼加聯邦
	埃塞俄比亞	巴基斯坦	匈牙利	厄瓜多爾
	岡比亞	巴布亞新幾內亞	哈薩克	薩爾瓦多
	加納	菲律賓	吉爾吉斯	格林納達
	肯尼亞	斯里蘭卡	立陶宛	圭亞那
	萊索托	瓦努阿圖	馬耳他	洪都拉斯
	馬達加斯加	越南	摩爾多瓦	牙買加
	馬拉維	西薩摩亞	波蘭	尼加拉瓜
	馬里		羅馬尼亞	巴拉圭
	毛裡塔尼亞		俄羅斯	祕魯
	毛里求斯	**中東／北非地區**	斯洛伐克	聖盧西亞
	莫桑比克	巴哈林	斯洛文尼亞	聖文森特
	納米比亞	埃及	土耳其	特立尼達和多巴哥
	尼日利亞	以色列	土庫曼	烏拉圭
	塞內加爾	約旦	烏克蘭	委內瑞拉
	塞舌爾	科威特	烏茲別克斯坦	
	南非	黎巴嫩	馬其頓	
	蘇丹	利比亞		
	斯威士蘭	摩洛哥		
	坦桑尼亞	阿曼		
	多哥	沙特阿拉伯		
	烏干達	突尼斯		
	扎伊爾	阿拉伯		
	贊比亞	聯合酋長國		
	津巴布韋			

預備成員國〔23〕（24個）			
非洲地區	亞洲／太平洋地區	歐洲／中亞地區	拉美／加勒比地區

發展中國家（24個）	非洲地區	亞洲／太平洋地區	歐洲／中亞地區	拉美／加勒比地區
	阿爾及利亞	柬埔寨	亞美尼亞	哥倫比亞
	布隆迪	蒙古	波斯尼亞和黑	多米尼加共和國
	加蓬		塞哥維那	危地馬拉
	幾內亞		拉脫維亞	海地
	幾內亞比紹	**中東／北非地區**	塔吉克	巴拿馬
	盧旺達塞拉	敘利亞	南斯拉夫	蘇里南
	利昂尼日爾	也門		聖基茨和尼維斯

現有的表3-2-1中成員國名單，較之一九八五年世界銀行漢城年會上提出並附在《漢城公約》正式文本之後作為本公約構成部分的「原始名單」，已有許多變動和發展。其中值得注意的是：

第一，原始名單所列世界銀行一百四十八個成員國，以及非成員國瑞士，均已獲得《漢城公約》分配的股份認購權，但是迄今仍有一些世界銀行成員國根據本國國情和出於各種考慮，並未申請參加締約，更未認購股份。例如，原始名單中列在「第一類國家」（即發達國家）的澳大利亞、奧地利、冰島、新西蘭迄今尚未加入本公約。原始名單中列為「第二類國家」（即發展中國家）的阿富汗、緬甸、泰國、新加坡、伊朗、伊拉克、墨西哥、中非、乍得、利比里亞、索馬里等國，迄今也未加入本公約。

第二，原始名單中列為「第二類國家」（即發展中國家）的希臘、葡萄牙、西班牙三國，現在均改列在「第一類國家」名單之中。反之，原始名單中列在「第一類國家」名單中的南非，現在則改列在「第二類國家」名單之中。這種改動在《漢城公約》及其有關補充規定中是有法律根據的。按照《漢城公約》第3條（c）款以及第59條（b）款規定：公約附表A所列的兩大類國家經MIGA理事會特別多數票[24]通過，即可予以修改。而MIGA理事會於一九八八年六月八日通過的《多邊投資擔保機構章程》第十七條（c）款則進一步明確規定對於在一九八七年十月三十日以後申請參加MIGA的新成員國（即「非創始成員國」），應由理事會指定該國歸屬何種類別。

第三，蘇聯所屬地區以及原東歐各社會主義國家，除匈牙利、羅馬尼亞、南斯拉夫三國外，在一九八五年時均不是世界銀

行成員國，故均未列在當時兩大類國家的原始名單之中。一九九
〇年以來，蘇聯和東歐地區在政治、經濟上發生了劇烈的振盪和
變動，並且出現了一系列新的獨立的國家。緊接著國內經濟、政
治制度改變之後，它們相繼參加了世界銀行的組織，並且先後參
加了《漢城公約》，成為本公約的新成員以及多邊投資擔保機構
的新股東。表3-2-1中「歐洲／中亞地區」一欄中所列的本公約
正式成員國和預備成員國，其絕大部分均屬此類。

　　第四，蘇聯所屬地區以及東歐各社會主義國家，在表3-2-1
中，全部被列入《漢城公約》的「第二類國家」即發展中國家。
這種劃分歸類，顯然是依據上面第二點所述《漢城公約》條款及
章程規定而由MIGA理事會作出決定的。不過，如細加分析，則
可看出這種劃分歸類有其切合實際的一面，又有其易滋混淆的一
面。眾所周知，原屬蘇聯的中亞地區各國以及歐洲波羅的海東岸
的三個小國，歷史上都曾經淪為沙皇俄國的殖民地或半殖民地，
經濟發展水平向來比較低下，現在把它們列入「第二類國家」，
這當然是切合實際的。但是作為蘇聯主體的俄羅斯，曾經長期是
全球兩個超級大國之一的「中堅」，從其經濟發展水平以及綜合
國力而言，當然是屬於發達國家之列，甚至是屬於此類國家的前
列。如今蘇聯雖已解體，但「百足之蟲，死而不僵」，俄羅斯的
現有經濟發展水平和綜合實力，仍遠高於一般發展中國家，不應
當同日而言，混為一談。因此把它歸入「第二類國家」，即發展
中國家之列，難免會引起國際社會經濟、政治諸領域中基本概念
上的混淆。

　　不過，如果注意到《漢城公約》「附表A」中對「第二類國家」

一詞所附加的一條專門註解，則應當強調：「本表列為第二類國家的各國，是專指本公約所稱的發展中國家成員國」（或譯：「發展中成員國家」，註解原文為：Countries listed under Category Two are developing member countries for the purposes of this Convention），而不是泛指或等同於國際社會中已經公認或「約定俗成」的一般意義上的發展中國家。[25] 例如，上述原始名單曾把素來不屬於發展中國家之列的西班牙、葡萄牙、希臘一度列為「第二類國家」，這也反證了《漢城公約》。所稱的「發展中國家」，其含義並不完全等同於國際社會中所慣用的「發展中國家」一詞。它只是專指那些急需吸收外資而MIGA又願意為其境內的外資承保非商業性風險的國家。只有這樣理解，才不會導致國際政治生活中基本概念上的含糊和混淆。

弄清了和強調了這一點，就不難理解MIGA理事會把俄羅斯、白俄羅斯、烏克蘭等國列為「第二類國家」的特定歷史條件：《漢城公約》「序言」和第二條強調本公約的宗旨在於通過消除與非商業性風險有關的憂慮，「促進和進一步鼓勵外國投資流向發展中國家」第十四條有關「適格東道國」的規定又明文設限：MIGA「只對在發展中國家成員國境內所作的投資提供擔保」。衡之於俄羅斯、白俄羅斯、烏克蘭等國的現實情況：體制劇變後經濟上急需外資注入，但其政局動盪不穩又使外國投資者因擔心遇到非商業性風險而趑趄不前。在此種條件下，如將這些國家列入《漢城公約》。表A中的「第一類國家」則投入這些國家的外資將因不符合本公約第十四條關於「適格東道國」的規定而無法獲得MIGA同意承保非商業性風險。這就不能消除外國投

資者的顧慮，從而也無法滿足俄羅斯等國家吸收外資的急迫需要。反之，只有把它們列入本公約所專門指定的「第二類國家」，即急需吸收外資而MIGA又願意為其境內外資承保非商業性風險這一特定含義上的「發展中國家」，才能從實際上解決俄羅斯等東道國吸收外資以及外國投資者向這些東道國投資雙方所遇到的困難問題。在特定的歷史條件之下，MIGA理事會適應本公約上述規定而採取的這種現實措施，也從一個側面反映出MIGA開展跨國投資保險業務時，在實際操作中的一種靈活性。

（二）多邊投資擔保機構股權、投票權分配

MIGA股權和投票權的分配，與一般保險公司相比較，有類似之處，又有獨特之處。這是由MIGA的固有本質所決定的。

按照《漢城公約》規定，MIGA具有完全的法人資格[26]。從表面上看，就其組織形式、經營管理、業務內容而論，它當然具有一般保險公司的共性。但是稍微深入分析，就不難看出它又有許多區別於一般保險公司的獨特個性：第一，它不單純是一般民法、商法意義上的公司，即不是單一國家國內私法上的主體，而是國際公法上的主體。它賴以成立的法律根據，就是一項特定的國際公約——《漢城公約》。第二，它的股東，全部是享有國際公法上平等主權地位的獨立國家，而並無任何不享有主權地位的地區或任何私人資方混雜其中。第三，MIGA本身及其代表和職員，均依據《漢城公約》的有關規定，享有國際公法上的某些「特權和豁免」[27]即類似外交人員的特惠待遇，這當然不是一般保險公司所能奢望和企及的。第四，也是最重要的，它的股

東，分別屬於全球南、北兩大類國家「營壘」。這兩大類國家之間既有著經濟上的互補性（即在經濟利益上互相依存、互相需要），又有著經濟上的對抗性（即在經濟利益上互相矛盾、互相衝突）。現在，它們為了一個共同的目標，即通過促進國際資本跨國流入發展中國家，藉以實現互利，而組成了MIGA，這就要求兩大類國家在國家利益上互諒互讓，作出必要的妥協，以利在MIGA中「合作共事」。MIGA兩大類股東關係上的這種特徵，顯然迥異於一般保險公司。

MIGA組織與一般保險公司相比較所具有的上述共性和個性，在MIGA股權和投票權的分配上有著明顯的綜合表現。換言之，MIGA相同於一般保險公司的共性，決定了它在股權和投票權的分配上基本上是按各股東認購股份的多寡來分配；MIGA不同於一般保險公司的獨特個性，決定了它在股權和投票權的分配上並不完全以認購股份的多寡作為唯一的標準。

根據《漢城公約》的規定：MIGA的法定資本為十億特別提款權（SDR1000 000 000）。全部資本為十萬股，每股票面價值為一萬特別提款權，供各成員國分別按分配定額認購。《漢城公約》設定：特別提款權等於1.082美元，故MIGA全部總資本值為10.82億美元。[28] 成員國每認購（subscribe）股，即在MIGA事務投票決策方面享有一票，稱為「股份票」（subscription vote）。[29] 換言之，在各成員國中，財力越大，認購股份越多（即出資額愈多）者，在處理MIGA事務中享有越多的投票權和越大的決策權。

但是，按《漢城公約》的規定，與「股份票」同時並存的是「成員票」（membership vote）。即每一成員國，不論其國家大

小、國勢強弱、財力鉅細、認股多寡，都同樣享有數量完全相等的一七七票投票權或決策權。《漢城公約》明文記載了作出這種規定的目的和意圖：旨在使MIGA投票權的安排能夠反映本公約南、北兩大類國家在MIGA的決策過程中享有「平等利益」（equal interest），[30] 並通過多方調整盡可能做到上述兩大類國家在MIGA事務投票權上的均衡與平等（voting parity）。[31] 換言之，每個成員國享有的投票權的票數，即是其「股份票」與「成員票」這兩者的相加。通過這種特定的投票權分配，實現兩大類國家在MIGA事務決策權上的總體平衡。

眾所周知，在當代的南、北兩大類國家中，發達國家財力雄厚，遠遠超過眾多貧弱的發展中國家。發達國家能夠分別通過多認購股份而擁有很多「股份票」投票權，但是在作為MIGA成員的一百多個國家中，發達國家畢竟只占成員國總數的八分之一至七分之一，在《漢城公約》「附表A」原始名單中列明者只有二十一個，[32] 相應地，它們所擁有的「成員票」投票權的總和，就為數有限；反之，雖然發展中國家財力薄弱，它們通過認購股份所能取得的「股份票」投票權，為數不多，遠遜於發達國家，但是發展中國家約占MIGA成員國家總數的七分之六至八分之七，它們所擁有的「成員票」投票權的總和，就遠遠超過發達國家的「成員票」投票權的總和。換言之，發展中國家在「股份票」方面的總體劣勢，從其在「成員票」方面的巨大總體優勢中，得到彌補而轉強；反過來，發達國家在「股份票」方面的巨大總體優勢，卻因其在「成員票」方面的總體劣勢，受到削減而轉弱。在這兩個方面互相消長的過程中，再加上《漢城公約》中

關於許多重要事務必須獲得「特別多數票」方能作出決策的明確規定，綜合運用得當，就可以使南、北兩大類國家在MIGA決策權（投票權）方面，達到總體上的均勢和平等，得以基本上實現「平起平坐」。

MIGA中各成員國投票權分配的這種格局和模式，顯然是南、北兩大類國家兩大營壘矛盾衝突→長期論戰→反覆談判→妥協合作的又一重要體現。對於在國際社會的經濟生活和政治生活中長期處於弱者地位的眾多發展中國家說來，在國際經濟組織的決策權即投票權方面爭取到按這種新的模式實行新的分配，確是得來不易的，也是它們團結一致、長期聯合奮鬥的初步成果。

茲將MIGA各個成員國——各個股東分別認購的股份數（股權）、繳資情況、投票權票數（含「股份票」和「成員票」）以及各成員國投票權票數在MIGA全部投票權總票數中所占的百分比，綜合列表如下。[33]

表3-2-2　多邊投資擔保機構認購股份及投票權分配一覽表
（截至1994年6月30日）

（貨幣單位：千美元）

成員國國名	股份認購及繳資情況					投票權分配情況	
	認購股份	應繳股金	已繳股金	欠繳股金	待繳股金	投票權票數	在總票數中所占百分比
阿爾巴尼亞	58	628	126	—	502	235	0.20
安哥拉	187	2023	404	—	1619	364	0.31
阿根廷	1254	13568	2714	—	10854	1431	1.23
阿塞拜疆	115	1244	249	—	995	292	0.25
巴哈林	77	833	167	—	666	254	0.22
孟加拉國	340	3679	736	—	2943	517	0.44
巴巴多斯	68	736	147	—	589	245	0.21
白俄羅斯	233	2521	504	—	2017	410	0.35

成員國國名	股份認購及繳資情況					投票權分配情況	
	認購股份	應繳股金	已繳股金	欠繳股金	待繳股金	投票權票數	在總票數中所占百分比
比利時	2030	21965	4393	—	17572	2207	1.90
貝利塞	50	541	108	—	433	227	0.20
玻利維亞	125	1353	271	—	1082	302	0.26
博茨瓦納	50	541	108	—	433	227	0.20
巴西	1479	16003	3201	—	12802	1656	1.42
保加利亞	365	3949	790	—	3159	542	0.47
布基納法索	61	660	132	—	528	238	0.20
喀麥隆	107	1158	232	—	926	284	0.24
加拿大	2965	32081	6416	—	25665	3142	2.70
佛得角	50	541	108	—	433	227	0.20
智利	485	5248	1050	—	4198	662	0.57
中國	3138	33953	6791	—	27162	3315	2.85
剛果	65	703	141	—	562	242	0.21
哥斯達黎加	117	1266	253	—	1013	294	0.25
象牙海岸	176	1904	381	—	1523	353	0.30
克羅地亞	187	2023	405	—	1618	364	0.31
塞浦路斯	104	1125	225	—	900	281	0.24
捷克	445	4815	963	—	3852	622	0.53
丹麥	718	7769	1554	—	6215	895	0.77
多米尼加聯邦	50	541	108	—	433	227	0.20
厄瓜多爾	182	1969	394	—	1575	359	0.31
埃及	459	4966	993	—	3973	636	0.55
薩爾瓦多	122	1320	264	—	1056	299	0.26
愛沙尼亞	65	703	141	—	562	242	0.21
埃塞俄比亞	70	757	152	—	605	247	0.21
斐濟	71	768	154	—	614	248	0.21
芬蘭	600	6492	1299	—	5193	777	0.67
法國	4860	52585	10518	—	42067	5037	4.33
柬埔寨	50	541	108	—	433	227	0.20
格魯吉亞	111	1201	239	—	962	288	0.25

成員國國名	股份認購及繳資情況					投票權分配情況	
	認購股份	應繳股金	已繳股金	欠繳股金	待繳股金	投票權票數	在總票數中所占百分比
德國	5071	54868	10973	—	43895	5248	4.51
加納	245	2651	530	—	2121	422	0.36
希臘	280	3030	606	—	2424	457	0.39
格林納達	50	541	108	—	433	227	0.20
圭亞那	84	909	182	—	727	261	0.22
洪都拉斯	101	1093	219	—	874	278	0.24
匈牙利	564	6102	1220	—	4882	741	0.64
印度	3048	32979	6596	—	26383	3225	2.77
印度尼西亞	1049	11350	2270	—	9080	1226	1.05
愛爾蘭	369	3993	798	—	3195	546	0.47
以色列	474	5129	1025	—	4104	651	0.56
義大利	2820	30512	6102	—	24410	2997	2.58
牙買加	181	1958	391	—	1567	358	0.31
日本	5095	55128	11026	—	44102	5272	4.53
約旦	97	1050	210	—	840	274	0.24
哈薩克	209	2261	452	—	1809	386	0.33
肯尼亞	172	1861	372	—	1489	349	0.30
韓國	449	4858	971	—	3887	626	0.54
科威特	930	10063	2013	—	8050	1107	0.95
吉爾吉斯	77	833	167	—	666	254	0.22
萊索托	50	541	108	—	433	227	0.20
利比亞	549	5940	1188	—	4752	726	0.62
立陶宛	106	1147	229	—	918	283	0.24
盧森堡	116	1255	251	—	1004	293	0.25
馬其頓	50	541	108	—	433	227	0.20
馬達加斯加	100	1082	216	—	866	227	0.24
馬拉維	77	833	167	—	666	254	0.22
馬來西亞	579	6265	1253	—	5012	756	0.65
馬里	81	876	175	—	701	258	0.22
馬耳他	75	811	161	—	650	252	0.22

成員國國名	股份認購及繳資情況					投票權分配情況	
	認購股份	應繳股金	已繳股金	欠繳股金	待繳股金	投票權票數	在總票數中所占百分比
毛里塔尼亞	63	682	136	—	546	240	0.21
毛里求斯	87	941	188	—	753	264	0.23
密克羅尼西亞	50	541	108	—	433	227	0.20
摩爾多瓦	96	1039	208	—	831	273	0.23
摩洛哥	348	3765	753	—	3012	525	0.45
納米比亞	107	1158	232	—	926	284	0.24
荷蘭	2169	23469	4694	—	18775	2346	2.02
尼泊爾	69	747	149	—	598	246	0.21
尼加拉瓜	102	1104	221	—	883	279	0.24
尼日利亞	844	9132	1826	—	7306	1021	0.88
挪威	699	7563	1513	—	6050	876	0.75
阿曼	94	1018	204	—	814	271	0.23
巴基斯坦	660	7141	1428	—	5713	837	0.72
巴布亞新幾內亞	96	1039	208	—	831	273	0.23
巴拉圭	80	866	173	—	693	257	0.22
祕魯	373	4036	807	—	3229	550	0.47
菲律賓	484	5237	1047	—	4190	661	0.57
波蘭	764	8266	1653	—	6613	941	0.81
葡萄牙	382	1133	827	—	3306	559	0.18
羅馬尼亞	555	6005	1201	—	4804	732	0.63
俄羅斯	3137	33942	6788	—	27154	3314	2.85
聖盧西亞	50	541	108	—	433	227	0.20
聖文森特	50	511	108	—	433	227	0.20
沙特阿拉伯	3137	33942	6788	—	27154	3314	2.85
塞內加爾	145	1569	314	—	1255	322	0.28
塞舌爾	50	514	108	—	433	227	0.20
斯洛伐克	222	2402	480	—	1922	399	0.34
斯洛文尼亞	102	1104	221	—	883	279	0.24
南非	943	10203	2014	—	8162	1120	0.96
西班牙	1285	13904	2781	—	11123	1462	1.26

成員國國名	股份認購及繳資情況					投票權分配情況	
	認購股份	應繳股金	已繳股金	欠繳股金	待繳股金	投票票數	在總票數中所占百分比
斯里蘭卡	271	2932	586	—	2346	448	0.38
蘇丹	206	2229	446	—	1783	383	0.33
斯威士蘭	58	628	126	—	502	235	0.20
瑞典	1049	11350	2270	—	9080	1226	1.05
瑞士	1500	16230	3246	—	12984	1677	1.44
坦桑尼亞	141	1526	305	—	1221	318	0.27
多哥	77	833	167	—	666	254	0.22
特立尼達和多巴哥	203	2196	439	—	1757	380	0.33
突尼斯	156	1688	338	—	1350	333	0.29
土耳其	462	4999	1000	—	3999	639	0.55
土庫曼	66	714	143	—	571	243	0.21
烏干達	132	1428	286	—	1142	309	0.27
阿拉伯聯合酋長國	372	4025	805	—	3220	549	0.47
英國	4860	52585	10517	—	42068	5037	4.33
美國	20519	222016	44404	—	177612	20696	17.79
烏拉圭	202	2186	438	—	1748	379	0.33
烏茲別克斯坦	175	1894	380	—	1514	352	0.30
瓦努阿圖	50	541	108	—	433	227	0.20
委內瑞拉	1427	15440	3088	—	12352	1604	1.38
西薩摩亞	50	541	108	—	433	227	0.20
扎伊爾	338	3658	—	731	2927	515	0.44
贊比亞	318	3441	688	—	2753	495	0.43
津巴布韋	236	2553	511	—	2042	413	0.35
合計（1994年06月30日止）	94948	1027337	204736	731	821870	116365	100.0
合計（1993年6月30日止）	87581	947626	188794	731	758101	106520	

附註：1. 截至一九九四年六月三十日，還有幾筆股金來自以下幾個國家，因尚未辦完應有手續，暫未計入：（1）扎伊爾暫交認股費1000美元；（2）巴哈馬股金13.5萬美元；（3）幾內亞股金9.8萬美元；（4）拉脫維亞股金7.9萬美元；（5）莫

桑比克股金7.9萬美元；（6）烏克蘭股金62萬美元；（7）越南股金17.8萬美元；（8）波斯尼亞和黑塞哥維那股金6.5萬美元；（9）南斯拉夫（塞爾維亞和門得內哥羅）股金18.7萬美元。以上九筆款項總計為114.2萬美元。

2. 上述統計表最後一行是一九九三財政年度的合計數字，附錄於此，俾便與一九九一財政年度的合計數字對比，看出進展情況。

　　對於表3-2-2的綜合統計數字加以粗略分析，可以看出在MIGA內部股權、投票權分配方面，有如下一些重要現象、問題和趨向，很值得注意：

　　第一，截至一九九四年六月三十日，MIGA的投票權總票數為116365票，其在兩大類成員國間的具體分配結構可歸納為如下表格：[34]

表3-2-3　MIGA股票權總票數在兩大類成員國間的具體分配結構表

	第一類國家 （美、英、德、日等19個發達國家成員國）	第二類國家 （中國等102個發展中國家成員國）	合計
股份票	57387	37561	94948
成員票	19×177＝3363	102×177＝18054	21417
合計	60750	55615	116365
占投票權總票數的百分比（%）	52.2	47.8	100

　　從上表的統計數字看，在「股份票」方面，十九個發達國家挾其經濟上的絕對優勢，多認股多得票，比一百零二個發展中國家多出19826票，從而享有大得多的投票權；但是在「成員票」方面，一百零二個發展中國家卻憑藉其「國多勢眾」，按每國一百七十七票累計，比十九個發達國家多出14691票，在很大程度「扳回」了投票權上的劣勢，縮小了差距，從而在兩大類國家投票權總數的全局對比中，形成52.2：47.8的局面。這種對比，截至一九九四年六月三十日，雖尚未能完全實現《漢城公約》第三

十九條所預期的那樣，使兩大類國家在MIGA事務投票權分配上達到完全的均衡與平等，但確已朝著這方向邁進，並有了引人注目的重大發展。如果加上一九九四年七月一日以來完成了批准、認股等全部締約手續的新添發展中國家成員國，則發展中國家在上述投票權分配方面必將迅速享有與發達國家完全相等的票數和完全平等的權利。這種情況，估計在MIGA一九九五財政年度的綜合報告書上會有明確的反映。

第二，兩大類國家在決策權的總體分配上基本達到平衡這一事實並不能掩蓋、更不能抹殺單個富強發達國家與單個貧弱發展中國家在決策權上的巨大懸殊。試以美國為例，它在投票權上享有MIGA投票權總票數的17.79%，相比之下，有三十多個貧弱小國，卻只享有MIGA投票權總票數的0.2%左右，兩者相差達八十到九十倍之巨！眾所周知，「財多權大，財大氣粗」，長期以來就是國際社會政治生活與經濟生活中常見的陳規陋習，也是國際經濟舊秩序的集中體現之一。這種屬於國際經濟舊秩序的陳規陋習，在MIGA這一全球性的多邊機構中，仍然有著相當強大的影響。這是人們在對MIGA的長處加以充分肯定的同時，不能不有的清醒認識。

第三，這種「財大氣粗」的陳規，如果再與政治上的霸權主義陋習結合在一起，其對MIGA良好宗旨的貫徹，勢必產生更大的消極影響和負面作用。仍以美國為例，美國國會的議員們明知《漢城公約》中設有專條，明文禁止MIGA及其總裁和職員們一概不得干涉任何成員國的內政事務；在作出有關MIGA業務的決策時，對任何成員國，不論其政治性質（political character）如何，

均應不偏不倚，一視同仁。[35] 但是，美國的這些立法者們卻在有關MIGA的國內立法中，與《漢城公約》關於禁止干涉任何成員國內政的上述明文規定唱對臺戲，公然要求其本國派駐MIGA的董事，想方設法運用其享有巨大優勢的決策權——投票權力，把美國的政治觀念、「人權」觀念，塞進MIGA的業務決策過程之中，作為能否為投資項目承保風險的衡量標準，從而發散出一股十分濃烈的霸權主義氣息。[36] 對此，人們在MIGA機制的運作過程中，當然更不能不保持應有的警惕和加以必要的抵制。只有這樣，才能保證《漢城公約》良好宗旨的順利貫徹實現。

第四，隨著參加MIGA的發展中國家成員國日益增多，隨著MIGA機構運作的日益正常化和健全化，單個富強發達國家在MIGA總決策權中所占的比重，呈現出逐步下降的趨勢。仍以美國為例，在一九九一財政年度，美國所擁有的投票權票數占MIGA投票權總票數的24.63%；[37] 一九九二年度，這個比例下降為22.3%；[38] 一九九三財政年度，再下降為19.43%；[39] 到了一九九四財政年度，又進一步下降為17.79%。[40] 短短三年間，在MIGA內部出現的這種發展趨向，從國際經濟秩序新舊更替的歷史進程來看，從全球弱小國家力爭在國際事務中享有更多發言權和更大決策權的正當要求來看，顯然是一種令人高興的良好勢頭：一葉縱非秋，一葉可知秋！

（三）多邊投資擔保機構第一個五年的主要業績、存在的問題和前景展望

《漢城公約》第六十七條規定：本公約生效後五年，MIGA

理事會應當對本機構的活動及其取得的效果進行全面的檢查總結，以便作出某些調整和改進，提高本機構貫徹其宗旨的能力。以此為據，MIGA聘請了專家對本機構一九八九年六月至一九九四年六月五年間的經營和工作進行了首次的全面評估。茲簡介要點如下：

MIGA開業運作五年間的最主要的業績，體現在其中心業務——跨國投資保險上。

在這五年中，MIGA經歷了初期「遲遲學走，步履蹣跚」的孩提階段，自一九九二年起，開始出現了「健康成長、闊步前進」的勢頭。根據統計，截至一九九四年六月三十日，MIGA與跨國投資者簽訂的保險合同已達一百零一項，它所承保的風險事故「或有債務」（contingent liability）的最高總額已達12.5億美元，所涉及的流入發展中國家的項目投資總額則高達61億美元。逐年進展情況見下表：[41]

表3-2-4　MIGA第一個五年簽訂擔保合同數等逐年進展情況表
（截至1994年6月30日）

（貨幣單位：億美元）

類目　　財政年度類目	1990	1991	1992	1993	1994	累計
簽訂擔保合同數	4	11	21	27	38	101
承保風險事故「或有債務」的最高總額	1.32	0.59	3.13	3.74	3.72	12.50
涉及的跨國投資總額	10	9	10	19	13	61

專家們認為，這些數字表明：MIGA作為國際保險行業的新成員，在短短五年間，就已崛起成為全球最大的五家投資保險機構之一；而就其專門承保跨國投資非商業性風險業務而言，則已

居於全世界的首要地位。[42]

五年累計，全球跨國投資者向MIGA遞交的非商業性風險投保「初步申請」已經超過一千五百份；登記在案的跨國投資者來自四十四個成員國家（其中包括22個發展中國家），投資項目所在國則分布在一百零四個國家。[43] 這些數字不但表明MIGA在貫徹其組建宗旨——促進國際資本向發展中國家流動方面，確實正在發揮廣泛的、積極的作用，而且表明它在促進「南南國際合作」（即發展中國家相互之間的協作）、改造國際經濟舊秩序方面，也正在發揮引人注目的積極作用。

截至一九九四年六月三十日，MIGA所承保的各類非商業性風險中，徵收險的承保額居於首位，然後依次為匯兌險、戰亂險和違約險。這表明跨國投資者數年來所最擔心，因而最樂意向MIGA投保的險別，仍然是東道國政府對外資實行徵用或限制外幣匯兌方面的風險；反過來說，MIGA在解除或減輕跨國投資者顧慮上所能發揮的積極作用，也最突出地表現在這兩個方面。五年累計，MIGA為跨國投資者承保各類非商業性風險的金額可分別表示如下：[44]

表3-2-5　MIGA承保跨國投資的風險類型和承保金額
（截至1994年6月30日）

（貨幣單位：億美元）

風險類型	承保金額
匯兌險	7.671
徵收險	9.182
戰亂險	5.617
違約險	0.500

在一九九四年六月三十日以前已經正式簽訂的一百零一項跨國投資保險（保證）合同中，投保的跨國投資者分別來自比利時、加拿大、丹麥、法國、德國、日本、盧森堡、荷蘭、挪威、沙特阿拉伯、新加坡、西班牙、瑞士、英國、美國。投資項目所在的東道國則分別為：阿根廷、孟加拉國、巴西、保加利亞、喀麥隆、智利、中國、捷克、加納、圭亞那、匈牙利、印度尼西亞、牙買加、哈薩克斯坦、馬達加斯加、巴基斯坦、祕魯、波蘭、俄羅斯、坦桑尼亞、特立尼達和多巴哥、土耳其、烏干達、烏茲別克斯坦。分布在這些東道國的外國投資項目，在MIGA承保的跨國投資總額中占有不同的比例，可以表示如下：[45]

表3-2-6　MIGA承保跨國投資在各東道國的分布情況
（截至1994年6月30日）

（單位：%）

東道國	比例	東道國	比例
巴基斯坦	14	阿根廷	12
巴西	9	捷克	8
波蘭	7	土耳其	7
孟加拉國	5	智利	5
印度尼西亞	5	圭亞那	5
特立尼達和多巴哥	5	烏茲別克斯坦	4
其他*	14		

* 含：祕魯、匈牙利、牙買加、烏干達、中國、俄羅斯、加納、坦桑尼亞、哈薩克、馬達加斯加、保加利亞、喀麥隆。

　　從上表可以看出，截至一九九四年六月三十日，巴基斯坦是MIGA承保外資數額最大的國家，占承保總額的14%。阿根廷和巴西分別居於第二位和第三位。中國則尚未「單列」可見當時MIGA承保的在華外資，為數不多。但是近來情況有重大的發展，

隨著外資大量湧入中國以及MIGA與中國協作的加強，在中國境內獲得MIGA承保的外國投資，其數額正在直追上述三個國家，開始進入前列〔其有關情況，詳見下文以及《MIGA與中國：《多邊投資擔保機構述評》（陳安主編，福建人民出版社1995年版）一書第12章〕

按《漢城公約》規定，MIGA應當促進流向發展中國家的是「生產性資金和技術」，它所承保的跨國投資應當符合東道國宣布的發展目標和重點。[46] 回顧MIGA開業後五年中的實踐，是符合這種要求的。截至一九九四年六月三十日，MIGA所承保的跨國投資，其絕大部分均屬於生產性很強的項目，諸如製造業、採礦業、農工綜合企業、基礎工業以及生產性融資等，而服務性行業則僅占其中很小比例。五年累計，其具體百分比大體如下：[47]

表3-2-7　MIGA承保跨國投資的產業分布情況
（截至1994年6月30日）

（單位：%）

產業	比例	產業	比例
金融業	35	製造業	28
採礦業	23	農工綜合企業	6
基礎設施	4	服務業	3
旅遊業	1		

特別值得注意的是：截至一九九四年六月三十日，MIGA與世界各地跨國投資者簽訂的一百零一項保險合同中，所涉及的跨國投資項目一般均能「安然無恙」，未遇非商業性風險，因此尚無一例因遭遇MIGA承保的非商業性風險損失而向MIGA提出索賠。[48] 出現這種局面，原因當然很多：諸如近幾年來，吸收外國投資的眾多發展中國家的法律環境普遍有較大改善，增強了保

護外商投資合法權益的措施；MIGA在審議是否簽發保險合同的操作過程中，遵循《漢城公約》有關規定，採取相當審慎的態度，事先加強調查研究，並對東道國的政治主權和經濟主權給予應有的尊重，[49]從而「防患於未然」；等等。但是這種局面的出現，顯然在很大程度上應當歸因於MIGA機制本身所蘊含的「南北協作」優點，吸收外資的國家在MIGA機制中所具有的「雙重身分」（即既是吸收外資的東道國，又是MIGA的股東），以及由此產生的對非商業性風險事故的抑制或制約作用。[50]

可以說，向MIGA投保非商業性風險，能夠使跨國投資者獲得更大的「安全系數」或「安全感」因此，MIGA在國際保險業市場中已經獲得良好的「商譽」，其標誌之一是：一九九四年，MIGA曾對已經簽約的投保人客戶作過一次書面通訊調查，有96%的客戶在反饋信息中表示：今後如果再有跨國投資需要投保，他們將是再度光顧MIGA的「回頭客」而且他們將樂意向其他新客戶（跨國投資者）推介MIGA。[51]

為了貫徹促進國際資本向發展中國家跨國流動的宗旨，MIGA在努力開展為跨國投資承保非商業性風險這一中心業務的同時，還必須按照《漢城公約》第二十三條的規定，採取其他各種措施，提供各種技術性協助和諮詢服務，以進一步改善跨國投資的環境，增加發展中國家對外資的吸引力；消除國際資本向發展中國家流動的各種障礙；在與資本跨國流動有關的國際組織之間、投資者母國與投資項目所在東道國之間，進行各種溝通和協調工作。這裡值得一提的是：截至一九九四年六月三十日，MIGA主辦的「政策諮詢服務」項目（Policy Advisory Services）以及

MIGA參與主辦的「外國投資諮詢服務」項目（Foreign Investment Advisory Service）已協助七十四個發展中國家成員國增強了它們對外國投資的吸引力，並且為四十四個發展中國家成員國提供了各種技術性的服務，以吸引更多的國際資本投入這些急需外資的國家。[52]

MIGA聘請的專家們在回顧、總結與評估過程中，既充分肯定了這個機構一九八九年六月至一九九四年六月這五年間的業績，也指出了它所存在的問題。其中最主要的問題有：

第一，現金儲備和資本儲備不足。[53]作為一個正常運作的保險機構，通常應當擁有足夠的原始資金，並從保險費收入中逐年提取足夠的「未到期責任準備金」——理賠準備金，切實保證和逐步提高對付風險事故的理賠能力。這樣，才能有效地保障投保人的權益，避免或減少投保人的風險損失。為此，保險機構因承保額不斷擴大而導致的「或有債務」總額的增加，應當與它的原始資金和理賠準備金兩者相加的總額，形成一定的合理比例，藉以維持保險業務的健康發展，盡力避免出現「資不抵債」的被動局面。衡之於MIGA的現狀，近數年來承保業務迅速擴展，「或有債務」總額急遽增加，在這種「營業興旺」的可喜現象的後面，卻蘊含著某種「隱憂」MIGA的原始資金號稱10.82億美元，但各成員國實繳現金不過其中的10%，即約1.08億美元，外加同等數額的本票或類似的債券。由於開業不久，MIGA所提取和積累的理賠準備金也相當有限。但是截至一九九四年六月底，MIGA承保風險事故的「或有債務」最大額已達12.50億美元之巨，大大超過了《漢城公約》第二十二條所設定的合理比例和必要限

制，降低了MIGA對付或有風險的能力。此種情況如不及時改變，一旦發生多發性風險事故，MIGA就難以維持健康運作和在國際保險市場中的良好商譽。

第二，潛在功能尚未充分發揮。[54] 隨著世界經濟的發展，有些發展中國家已經具備向外投資的能力，也有向外投資以取得更大經濟效益的需要。MIGA在促使這些發展中國家向急需外資的其他發展中國家直接投注資本方面，尚未充分發揮應有的積極作用。另外，在吸引各國私營保險機構參加跨國投資非商業性風險承保業務方面，還有許多「分保」和「共保」方式可資採用，MIGA在這個領域中的潛在功能，也還有待大力發掘和發揮。

第三，「贊助擔保」機制遲遲未予啟動。[55]《漢城公約》第二十四條及附件I規定，MIGA除了開展第十二條至第二十三條規定的一般擔保（保險）業務之外，還可以開展「贊助投資擔保」（guarantees of sponsored investments）。這種機制的要點是：（1）任何成員國都可以在認繳MIGA定額股金之外，另行出資，為承保某項投資的非商業性風險，提供贊助，從而予以承保，而不問該項投資的業主屬於什麼國籍。換言之，在「贊助投資擔保」機制下，投保人可以不受《漢城公約》第十三條所規定的國籍條件的限制。（2）為贊助投資擔保而額外徵集的經費以及因實行此類擔保而獲得的保險費等收入，應另立賬戶，稱為「贊助信託基金」，獨立經營，自負盈虧，在經濟核算上與MIGA無涉。（3）「贊助信託基金」項下的資產與負債，雖與MIGA無關，但其整個投保、承保業務的操作，仍須嚴格遵守MIGA釐定的有關規章制度。《漢城公約》設置「贊助投資擔保」的目的，旨在盡可能擴

大MIGA的承保功能，而又不增加MIGA整體的財務負荷或風險責任。但是MIGA自一九八九年開業以來，歷經五年，此種機制尚未正式啟動和運用，這也有待改進。

第四，技術性協助和各類諮詢服務項目供不應求。[56]這類項目，在為跨國投資改善法律環境、消除障礙、溝通信息、穿針引線、搭橋鋪路、緩解矛盾、增加共識等方面，頗起作用，因而廣受歡迎。但MIGA因限於經費，「心有餘而力不足」未能廣泛免費舉辦；而國民經濟低收入的發展中國家成員國又難以自行承擔有關費用，因而未能獲得急需的此類服務或協助。

針對在全面檢查MIGA五年運作情況中發現的問題，專家們提出了相應的努力方向、改進建議或解決途徑：[57]

其一，採取各種暫時性、階段性或長期性的措施，盡快地和有步驟地增加MIGA的現金儲備和資本儲備，一待時機成熟，就要對《漢城公約》中有關股本總額和繳納股金等規定，作出必要的修訂。

其二，優先承保和促進南南合作的投資項目，以鼓勵國際資本在發展中國家之間跨國流動。這不但有利於在不同層次的發展中國家之間實現經濟發展上的互補互利，也大有助於增加MIGA機制在廣大發展中國家中的影響力和穩定性。

其三，盡早啟動「贊助投資擔保」機制，以補充MIGA承保能力之不足。在這方面，迄今為止已有人提出若干方案：一是適用於俄羅斯和脫離蘇聯而獨立的一些國家；二是適用於南美地區諸成員國之間的跨國投資；三是適用於非洲坦桑尼亞特大型電力投資項目。這些方案雖都還有待進一步磋商和加以完善，但確已

顯示出一種擴大MIGA承保能力的正確方向。

其四，盡量運用各種「共保」或「分保」形式，吸收私營保險機構以及各國官辦的保險機構，共同承保大型跨國投資項目，以進一步擴大MIGA的承保業務和減輕MIGA的風險責任。

其五，想方設法，向受益的發達國家政府和多邊國際機構徵集捐款，為低收入的發展中國家提供它們急需而又無力支付必要費用的各種諮詢服務和技術性協助。同時，在發展中國家成員國間組建「投資促進機構」的國際網絡或國際協會，開展各種互助活動。

從MIGA誕生的歷史和運作的現狀看，可以說它是「應運而生」和「應運而壯」的。正因為它的誕生和成長，都適應了世界經濟發展和「南北合作」的現實需要，而這種勢頭方興未艾，因此，在可預見的未來歲月中，它在促進國際資本向發展中國家跨國流動方面，勢必具有更廣闊的「用武之地」，勢必會發揮更大的積極作用。

世界銀行集團另一成員國際金融公司進行的一項專題研究成果表明，近十年來跨國直接投資（FDI）流向和流量的發展變化，頗為引人注目：在二十世紀八〇年代中期，每年流向發展中國家的跨國直接投資的總量僅為九十億美元左右；其後，由於世界經濟的發展變化，以及許多發展中國家投資環境的改善，這種年流量逐步迅速增長，至一九九二年，扣除了獎金、紅利和收益向投資者母國回流的數字之後，當年流向發展中國家的跨國直接投資的淨總額已高達三百六十億美元。在發展中國家雨後春筍般出現的新興產業部門中，外資比重的增長尤為迅速。在一九九二

年以前這五年間，流向一百一十八個發展中國家的跨國直接投資，以每年平均遞增23%的比率不斷增長，其中一九九一年和一九九二年的年增長率，曾經分別高達37%和33%。[58] 另據「聯合國貿發會議」報告書（1994年8月）的統計，一九九三年全球各國對外直接投資總額為一千九百五十億美元，其中約八百億美元投入了發展中國家，占總額的41%，在絕對量和相對量方面，都開創了新的紀錄。[59]

正是在這樣的宏觀背景下，MIGA專為跨國流入發展中國家的國際資本提供非商業性風險擔保的業務，近年來也迅速擴展，日益興旺發達。可以預期，MIGA這個體現著南北兩大類國家經濟上互相依存、衝突、妥協和合作的全球性機構，只要沿著嚴格遵循國際經濟法的諸項基本原則[60]的方向繼續闊步前進，就必將在國際社會中受到更廣泛的歡迎，獲得更普遍的器重和信賴。

三、研究多邊投資擔保機構對於中國的重大現實意義

中國是MIGA的創始成員國之一。在MIGA籌組、建立、運作的全過程中，中國一直給予重視和支持，這是出於中國貫徹改革開放基本國策的戰略需要，也是中國積極推動全球南北合作、促進世界經濟共同繁榮的重要表現。

認真研究MIGA體制的歷史、現狀和發展前景，有利於積極、正確地利用這種機制，促進中國的社會主義經濟建設。

深入研究MIGA機制，對於中國具有重大的現實意義。具體說來，至少有以下幾個主要方面：

（一）有利於擴大吸收外資

深入研究MIGA機制，增進對此種機制的了解和掌握，有利於中國進一步與MIGA這個全球性跨國投資保險機構密切協作，使後者得以為更多的對華投資項目提供風險擔保，以便進一步改善外商在中國投資的法律環境，增強對外資的法律保障，減輕或解除外商的思想顧慮，從而吸引更多的外資流入中國。

一方面，一九七九年改革開放以來，由於保護、鼓勵和管理外資的立法漸趨健全，加以政局穩定、市場廣闊、機遇眾多，導致外商對華投資興趣與日俱增。據有關部門統計，截至一九九五年底，十七年來中國實際使用外商直接投資金額共計一千三百五十四億美元。在此期間內，吸引外資的規模，呈現逐年加速擴大的趨向。例如，僅一九九一年至一九九四年這四年間，外商對華直接投資實際金額為七百六十六點六億美元，其中一九九三年實際投入中國的外資即高達二百七十五億美元，約占當年全球投入發展中國家外資總額八百億美元的343%，居發展中國家吸收外資的首位；一九九四年投入中國的外資進一步增加到三百三十七點八七億美元。而一九九五年第一季度所吸收的外資竟高達一百四十六億美元。如果按這個勢頭發展下去，一九九五年投入中國的外資，又將大幅度超過一九九四年。[61]

另一方面，據來自MIGA總部的信息：MIGA與對華投資外商訂立的第一份投資保險合同，正式簽發於一九九三年。兩年來，進展迅速，迄一九九五年六月，MIGA已為在華外資項目簽發十三份保險合同，其承保總額累計近一億美元；投資部門包括產品製造業、農工綜合企業、製藥業、漁業、能源、絲織業、燈

具業等。此外，另有近一百項的對華跨國投資已向MIGA申請投保並已正式登記在案，其投保總金額可達十億美元以上。申請投保的對華投資者分別來自比利時、加拿大、法國、德國、義大利、韓國、挪威、瑞士、美國和英國；投資項目涉及農工綜合企業、建築業、石油開發業、製造業以及基礎工業等。[62]

綜合以上兩個方面的信息，不難看出：第一，MIGA在國際社會的對華投資界中開展承保業務的「用武之地」，十分廣闊，大有可為；第二，中國如能在進一步了解和掌握MIGA機制的基礎上，與MIGA進一步協作，促使MIGA與申請投保的各國對華投資者簽訂投資擔保（保險）合同，積極地為他們承保非商業性風險，就勢必會使他們進一步消減顧慮，增強對華投資的「安全感」和信心，從而促使更大量的外資源源流入中國。

（二）有利於擴大向外投資

在開放性的經濟環境中，資本的流動應是雙向的，既有輸入，也有輸出。發展中國家雖然資金薄弱，總體技術水平較低，但這並不意味著發展中國家就無須或不能向國外投資。通過向國外投資，可以帶動本國產品出口；學習外國的先進技術和管理經驗；開闢從國外獲取短缺資源的新渠道，並且減少中間環節，降低成本，提高經濟效益。發展中國家雖然在經濟、技術的整體水平上遠遜於發達國家，但完全可以利用某一行業、某一區位的相對優勢，集中資金，到發達國家或到別的發展中國家進行投資。事實上，許多發展中國家，如印度、科威特、巴西、阿根廷等，早已有多年的對外投資經驗；而且發展中國家對外投資總額的絕

對量和相對量均呈現日益增長的趨勢。例如,根據有關專家的統計,在一九八〇年,發展中國家擁有的國外直接投資在全球對外直接投資總額中的比重僅為1.5%,至九〇年代初,這個比重已逐步上升至約4%。[63]

中國自一九七九年改革開放以來,在向國外、境外投資方面進行了積極的開拓,取得了可喜的進展。據統計,截至一九九二年,中國的各類企業已紛紛走出國門,在遍布全球的一百二十多個國家和地區中,開辦了四千多家合資、獨資和合作企業,國外投資總額達十八點五億美元。截至一九九五年七月,中國各公司在國外投資又有大幅度增長,其總金額已達五十三點二七億美元。此外,截至一九九四年四月,單在香港一地的中國內地公司投資即高達二百億美元左右,超過美國人和日本人在香港投資的總和。向外投資的範圍主要是開發林業、礦業、漁業等方面的國外資源,並積極經營產品製造、加工裝配、工程承包、交通運輸、金融信貸、房地產、進出口貿易、百貨商店、旅遊餐館、諮詢服務等諸多行業。其投資方式,多為國外貸款以現匯投入,或以中國的技術、設備和材料等作價投資。[64]這些境外企業對於中國充分利用國外資源、資金、技術、管理經驗和各類信息,擴大中國對外經濟交流和進出口貿易,促進國內經濟的發展,都起到了積極的作用。但從總體上說來,中國的向外投資事業還只處在起步階段。這方面的實踐經驗相當不足,因此對這些境外企業暫時還缺乏一套行之有效的管理體制和比較健全的法律保護體制。

但是,眾所周知,中國的境外投資在當地並非不可能遇到各種政治風險(即戰爭和暴亂、政府徵用、限制匯兌等非商業性風

險）。針對此類風險，如何實行保險或加以保證，中國目前尚無專設的法律體制。國務院一九八五年頒行的《保險企業管理暫行規定》授權中國人民保險公司經營有關國有企業、外資企業、中外合資企業的各種保險業務，該公司據此頒布了《外國投資保險（政治風險）條例》。對外商在華投資的非商業性風險提供了法律上和經濟上的保障，但對中國法人或自然人在境外投資的同類風險，則缺乏明確規定。一九九五年十月一日開始施行的《中華人民共和國保險法》。在其有關「財產保險合同」的法律條文中，也未設有針對跨國投資的非商業性風險實行保險的專門規定。但是，既然國務院頒行的上述法規已經授權中國人民保險公司經營有關國有企業和「三資」企業的「各種保險業務」，則這些企業在中國境外的投資所可能遇到的各類非商業性風險，在邏輯上和法理上均應屬於可以向該公司投保與該公司可以承保之列。只要投保人與承保人雙方自願按照上述政治風險保險條例的規定訂立保險合同，當可使中國各類企業在境外的投資獲得同樣的法律上和經濟上的保護和保證。可以預期：隨著中國企業在境外投資活動的進一步拓展，中國將會借鑑和總結國際和國內的實際經驗，通過有關立法，逐步建立起保護本國境外投資免受非商業性風險損害的法律體制。

與此同時，在針對境外華資可能遇到的各種非商業性風險事故提供保險方面，中國完全可以，而且應當實行「兩條腿走路」的方針：一方面，儘早健全有關的國內立法，建立起專門保護本國對外投資免受境外非商業性風險損害的法律體制；另一方面，充分利用現有的、全球性的MIGA保險機制，來保護不斷注入許

多發展中國家的中國投資。經過MIGA承保的跨國投資，其對於東道國的法律約束力、「避險效果」和「安全係數」均超過任何單一國家政府主辦的任何保險機構。[65] 可見，中國為了確保日益增多的境外華資的「政治安全」和合法權益，並進一步擴大對外投資，取得更大經濟效益和社會效益，則充分利用MIGA機制是必不可少的，因而深入研究、充分了解和熟練掌握這種機制，也是十分必要的。

（三）有利於擴大吸收港、澳、臺地區的投資

由於眾所周知的歷史原因和現實需要，在當前的經貿實踐中，中國的港、澳、臺同胞注入祖國大陸的投資以及有關的投資活動，均比照外國投資，享有基本相同的法律地位和法律待遇。

來自中國境外的此類投資，其非商業性風險的投保與承保問題，或則尚未妥當解決，或則在不久的將來會遇到新的「適格」問題，值得及時探討。

以當前的香港和澳門而言，它們分別隸屬英國、葡萄牙管轄，這是當年殖民主義肆虐和不平等條約造成的歷史惡果。在當前階段，祖國內地來自港、澳的投資，自可分別選擇適用英國或葡萄牙現行的海外投資保險體制，或者適用MIGA現行的一般保險體制，以取得投資者所需的保險。但是隨著社會主義新中國的獨立自強和對百餘年國恥的徹底洗雪，香港和澳門分別於一九九七年和一九九九年回歸祖國懷抱，港澳同胞以及來自港澳的投資的法律地位，也將發生相應的變化。換言之，香港和澳門回歸之後投資的港澳同胞或港澳法人，都正式具有中華人民共和國的國

籍，因此，他（它）們勢必不能再選擇適用英國或葡萄牙的現行海外投資保險體制；與此同時，按照《漢城公約》第13條（a）款的規定，既然他（它）們屆時都不再具有投資項目所在「東道國以外另一成員國國民」或「另一成員國法人」的法律身分，也就不能作為一般的適格投資者，向MIGA投保。

但是，鑒於《漢城公約》第13條（c）款另有關於東道國政府和東道國自然人或法人可以聯合向MIGA申請投保的特別規定，第24條及附件I又另有關於成員國可以自籌資金在MIGA機制內舉辦「贊助投資擔保」的特別規定，中國政府只要根據這些特別規定的基本原則，與MIGA充分協作，作出具體的靈活安排，就不難使那些願意向祖國內地投資，卻不願意向祖國內地官辦保險公司投保的港澳投資者，可以向MIGA申請投保，獲得MIGA機制在法律上和經濟上的保障，從而消除顧慮，放心地向內地投資。

至於臺商在祖國大陸投資的保險問題，目前面臨著比港澳投資者在祖國內地投資的保險複雜得多的困難和障礙：

第一，由於海峽兩岸長期隔絕形成的思想疑慮和祖國大陸現行保險機制尚欠完善，對祖國大陸實行投資的臺商強烈希望獲得投資保險卻又往往不願向祖國大陸的保險機構投保。

第二，臺灣當局現行的「大陸政策」又設置重重障礙，不允許向祖國大陸投資的臺商利用臺灣現行的「海外投資保險」機制，獲得避免各種非商業性風險事故損失的保險。

第三，即使是以海峽兩岸以外第三地公司身分對祖國大陸實行迂迴「間接」投資的臺商，也由於該第三地官辦投資保險機構（例如美國的OPIC）的狹隘性和歧視性政策，無法獲得這些機構的承保。

第四，臺灣方面多次提議簽訂的包含投資保險條款的《臺商大陸投資權益保障協議》，因涉及一系列政治敏感問題，短期內顯然無法實現。即使假以若干時日，兩岸的「海協會」和「海基會」終於簽訂了上述協議，其法律地位也只是民間性的協議，它本身並非法律或法規，不能直接成為對祖國大陸投資的臺商向兩岸保險機構申請投保的法律依據。

於是，希望獲得強有力的投資保險的臺商，就可能一直處在「投保無門」的窘境，從而影響他們向祖國大陸進一步投資的積極性和自信心。

但是，《漢城公約》關於「聯合申請投保」和「贊助投資擔保」等特別規定，如果運用得當，卻不失為臺商擺脫上述窘境的良好出路。換言之，深入研究、充分了解和熟練掌握MIGA機制，並在此基礎上與MIGA進一步協作，作出靈活和切實的具體安排，就不難掃除上述困難和障礙，使臺商如願以償地獲得強有力的投資保險，從而激勵他們更加放心、更加放膽、更加放手地向祖國大陸投資，以實現兩岸的共同繁榮和中華民族的全面振興。

（四）有利於促進全球合作，建立國際經濟新秩序

從全球宏觀上說來，MIGA機制是南北矛盾和南北合作的產物，又是進一步緩沖和減少南北矛盾、增強南北合作和南南合作的重要槓桿。中國作為全球最大的發展中國家，歷來以貫徹公平互利原則、促進全球合作、改造國際經濟舊秩序、建立國際經濟新秩序，作為自己不可推卸的國際責任，作為自己對外政策的重要基石。只有深入研究MIGA機制，充分了解和熟練掌握這種機

制，才能正確運用這個有力的槓桿，在國際投資領域，進一步推動全球的南北合作和南南合作，加速國際經濟秩序除舊布新和新舊更替的歷史進程。

注釋

* 本文原載於陳安主編、徐崇利副主編：《MIGA 與中國：《多邊投資擔保機構述評》一書（福建人民出版社1995年版），作為該書的「緒論」。讀者如欲細察 MIGA 機構之最新詳情，可查索其主要網站：http://www.mga org/；並可參閱 MIGA 總顧問 Lorin S. Weisenfeld 撰寫、徐崇利教授翻譯的《多邊投資擔保機構的十五年發展歷程》（MIGA After Fifteen Yeas），載陳安主編：《國際經濟法學刊》（第9卷），北京大學出版社2004年版。

〔1〕 參見《漢城公約》第11條。對於MIGA承保的這四種非商業性風險的具體說明，詳見陳安主編、徐崇利副主編：《MIGA與中國：多邊投資擔保機構述評》，福建人民出版社1995年版，第5章。

〔2〕 參見陳安主編：《「解決投資爭端國際中心」述評》，鷺江出版社1989年版，第1-27頁。

〔3〕 參見《MIGA 1994年度報告》，英文版，第44-46頁。MIGA中認購股份最多的九個國家依次為：美國（20519股）、日本（5095股）、德國（5071股）、法國（4860股）、英國（4860股）、中國（3138股）、俄國（3137股）、加拿大（2965股）、義大利（2820股）。

〔4〕 參見《1969年對外援助法案》第231條第1款、第233條第2-4款、第239條第1、4款，載《美國法令大全》第83卷，1970年英文版，第809-821頁。根據該法案，這家官辦的專業保險公司實際上仍處在美國政府的直接領導之下，其董事會成員一半由美國政府有關主管部門的代表兼任，其餘董事須經參議院同意後由總統任命，美國國際開發署署長任董事長，公司總經理和常務副總經理也由總統委任，並執行總統的命令和董事會的決議。這種組織結構保證了美國最高一級行政當局得以直接地對這家公營公司進行嚴密控制，使它成為貫徹美國對外政策的得力工具。參見陳安：《從海外私人投資公司的由來看美國對海外投資的法律保護》，載《中國國際法年刊》

（1984），中國對外翻譯出版公司1984年版，第90-119頁；陳安：《從海外私人投資公司的體制和案例看美國對海外投資的法律保護》，載《中國國際法年刊》（1985），中國對外翻譯出版公司1985年版，第78-120頁。

〔5〕　美國第九十三屆國會第一期會議眾議院外交委員會對外經濟政策小組委員會：《關於海外私人投資公司的報告》，1973年英文版，第35-36頁。

〔6〕　《海外私人投資公司總經理布拉德福特·米爾斯在第93屆國會公聽會上的發言》，載《海外私人投資公司：美國第93屆國會第1期會議眾議院外交委員會對外經濟政策小組委員會公聽會》，1973年英文版，第271-272頁。

〔7〕　〔美〕布魯斯·列威林：《在阿瑟·立特爾管理學院的一次演講：談談海外私人投資公司》，1980年8月7日，見海外私人投資公司文檔。複製件收存於廈門大學法律系資料室。

〔8〕　〔美〕科文：《徵用與海外私人投資公司的「法理學」》，載《哈佛國際法雜誌》（第22卷第2期），1981年英文版，第270頁。關於科文此處所列舉的「各種潛在障礙」究何所指，以及美國如何通過OPIC體制力圖避開或繞過這些「潛在障礙」可參見前注〔4〕引文所作分析，載《中國國際法年刊》（1984），中國對外翻譯出版公司1984年版，第101-114頁。

〔9〕　《維也納條約法公約》第26條，載《聯合國條約法會議文件》，1971年英文版，第292頁。

〔10〕　參見〔美〕盧瓦特：《改善發展中國家投資氣候的多邊途徑：以ICSID和MIGA為例》，載《哈佛國際法雜誌》（第33卷第1期）1992年英文版；黎暉：《德國對外投資擔保基本制度研究》，載《中德經濟法研究所年刊》1993年本，第129-144頁。

〔11〕　參見〔美〕盧瓦特：《改善發展中國家投資氣候的多邊途徑：以ICSID和MIGGA為例》，載《哈佛國際法雜誌》（第33卷第1期），1992年英文版。據統計，從一九八七年一月至一九八九年十二月，「伯爾尼聯盟」的成員機構為進入發展中國家的海外投資提供保險的承保總額達一百七十億美元。其中日本機構的承保額居首位，約為七十八億美元，占總數的其次是美國機構，承保額為四十三億美元，占25%；德國機構居第三，承保額為二十億美元，占12%。三者合

計，占承保總額的83%。

〔12〕例如，美國、德國和日本這三個國家的海外投資保險制度都要求投保的投資者與承保機構的所在國有相當密切的關係。美國要求前來投保的投資者必須是其資產至少51%為美國人所有的美國公司，或其資產至少95%為美國人所有的外國公司。德國法定的合格投資者僅限於在德國有住所的德國公民以及根據德國法律設立、在德國設有住所或居所的公司或社團。日本法定的合格投資者僅限於日本公民或日本法人。據此，一個德國或日本公司在美國的子公司既不能向德國或日本的承保機構申請投保，也不能向美國的承保機構申請投保（如果其中的「非美資」比例超過49%）。

〔13〕參見陳仲洌：《多邊投資擔保機構與美國在華投資》，載《中國國際法年刊》（1992），中國對外翻譯出版公司1993年版，第179-180、198-200頁。

〔14〕關於組建多邊投資擔保機構過程中南北兩大類國家的意見分歧、矛盾衝突和互讓合作，詳見陳安主編、徐崇利副主編：《MIGA與中國：多邊投資擔保機構述評》，福建人民出版社1995年版，第1、章。

〔15〕參見《漢城公約》第11條（a）款及第13條（a）款；第18條（a）（b）款；第57條；公約附件II；第4條（g）（h）（j）款。

〔16〕參見《漢城公約》第15條；第12條（d）款（i）（ii）（iii）項；第11條（c）款（i）項；第34條。

〔17〕參見世界銀行法律顧問哲根·沃斯（Jurgen Voss）等人的有關評論，載《國際貿易報告書》（第4卷第19期）1987年5月13日，英文版，第653-654頁；陳仲洌：《多邊投資擔保機構與美國在華投資》，載《中國國際法年刊》（1992），中國對外翻譯出版公司1993年版，第198-200、202-204頁。

〔18〕參見《漢城公約》第4-6條、第61條（a）款；《漢城公約解說》第2條。

〔19〕參見〔美〕波茨（MIGA高級顧問、經濟合作與發展組織開發援助委員會前任主席）：《MIGA第一個五年的回顧和今後的展望》（1994年4月12日），華盛頓英文單行本，第3頁。

〔20〕本名單根據以下資料綜合整理而成：（1）《MIGA 1994年度報告》，英文版，第59頁；（2）「MIGA成員國名單」MIGA總部印行，1995年4月25日；MIGA於一九八九年六月開始正式營業，故其「財政年度」（Fiscal Year，或簡稱「FY」）自每年七月一日起至翌年六月三十日

止，跨日曆年計算，並冠以翌年年次。例如，「1990財政年度」所指時間為「1989年7月1日至1990年6月30日」

〔21〕一九九四年六月三十日上述「MIGA成員國名單」中此處原詞為「Industrialized Countries」直譯為「已工業化國家」。按各國英文名首字字母順序排列，下同。

〔22〕上述名單中此處原詞為「Developing Coutries」直譯應為「發展中國家」，但其中竟包含俄羅斯、烏克蘭、白俄羅斯等蘇聯經濟發達地區的幾個加盟共和國。可見，此處的「Developing Coutries」一詞與當今國際上習慣使用的公認的「發展中國家」一詞的內涵和外延，並不完全一致。

〔23〕此處原詞為「Countries in the Process of Fulfilling Membership Requirements」，直譯應為「正在履行成員國各項必要手續的國家」。按《漢城公約》第61條以及一九九〇年六月制定的《MIGA成員資格規則》第3-5條的規定，凡是有資格申請加入《漢城公約》的國家必須全部完成以下四項手續才能成為本公約的正式成員國和MIGA正式股東：（1）由申請參加締約的國家指派其授權代表在公約上簽署；（2）由簽署國根據其憲法程序對參加本公約一事予以批准、接受或同意；（3）由簽署國向設在美國首都華盛頓的世界銀行總部交存其批准書、接受書或同意書；（4）由已經簽署和批准的國家按規定認購分配給它的定額MIGA股份，並在規定期限之內分別以現金和期票等繳清20%認購股份的資本金額。為了敘述方便，本文將已經簽署《漢城公約》但尚待繼續完成全部締約手續的此類國家簡稱為「預備成員國」。

〔24〕所謂「特別多數票」，指的是足以代表MIGA認購股份55%以上、不少於本機構投票權總數三分之二的贊成票。見《漢城公約》第3條（d）款。

〔25〕在國際社會的經濟生活和政治生活中，「發展中國家」通常指的是在第二次世界大戰結束以後，掙脫殖民枷鎖、爭得主權獨立或恢復了主權獨立的貧弱國家。這些國家共同的主要特徵是：（1）在殖民主義盛行全球、帝國主義橫行無忌的歷史時代中，它們曾經長期淪為殖民地或半殖民地（附屬國）；（2）它們在取得或恢復政治獨立之後，面臨著長期積貧積弱、經濟十分落後的局面，為了鞏固政治獨立，進一步取得經濟獨立，徹底擺脫貧困落後，必須極力發展本

國的經濟。參見陳安主編：《國際經濟法總論》，法律出版社1994年版，第24-28頁。

〔26〕參見《漢城公約》第1.43-1.50條。

〔27〕參見《漢城公約》第1.43-1.50條。

〔28〕參見《漢城公約》第5條（a）款。「特別提款權」（Special Drawing Rights，簡稱「SDR」）原是國際貨幣基金組織（IMF）分配給各成員國的一種使用特定資金的權利，故稱為「提款權」，同時也是一種特殊的貨幣計值單位。它原與美元等值，即每1 SDR單位等於0.888671克黃金。其後，由於美元出現危機，國際貨幣基金會組織宣布自一九七四年七月一日起，SDR與黃金脫鉤，按一定期間內出口額最大的若干國家的貨幣，以加權比例的方法，綜合計算定值，簡稱「一攬子貨幣定值」。SDR現在據以定值的五種貨幣是：美元、德國馬克、法國法郎、日元以及英鎊。參見陳安主編：《國際貨幣金融法》，鷺江出版社1988年版，第357-381頁。

〔29〕參見《漢城公約》第39條（a）款。

〔30〕參見《漢城公約》第39條（a）款。

〔31〕《漢城公約》第39（c）款（ii）項。關於通過多方調整達到投票權均衡與平等的具體辦法詳見陳安主編、徐崇利副主編：《MIGA與中國：多邊投資擔保機構述評》，福建人民出版社1995年版，第2章第3節。

〔32〕《漢城公約》附件「Schedule A」原始名單中列出二十一個「第一類國家」（category one）：澳大利亞、奧地利、比利時、加拿大、丹麥、芬蘭、法國、聯邦德國、冰島、愛爾蘭、義大利、日本、盧森堡、荷蘭、新西蘭、挪威、南非、瑞典、瑞士、英國、美國。迄今為止，澳大利亞、奧地利、冰島、新西蘭四國尚未加入MIGA南非則被改列為「第二類國家」（category two）。反之，上述原始名單中原被列為「第二類國家」的希臘、葡萄牙、西班牙三國，現在則被改列為「第一類國家」。經過上述調整後，現有名單中被列為「第一類國家」的共計十九個。

〔33〕主要資料依據：《MIGA 1994年度報告》，英文版，第44-46頁。

〔34〕主要資料依據：《MIGA 1994年度報告》，英文版，第44-46頁。

〔35〕參見《漢城公約》第34條；《MIGA公約解說》第60條。

〔36〕參見《美國法典》（United States Codes）（第22卷）第290節k條2款；陳仲洵：《多邊投資擔保機構與美國在華投資》，載《中國國際法年

刊》（1992），中國對外翻譯出版公司1993年版，第202-211頁。

〔37〕參見《MIGA 1991年度報告》，英文版，第40頁。

〔38〕參見《MIGA 1992年度報告》，英文版，第35頁。

〔39〕參見《MIGA 1993年度報告》，英文版，第40頁。

〔40〕參見《MIGA 1994年度報告》，英文版，第46頁。

〔41〕參見《MIGA 1994年度報告》，英文版，第17頁；世界銀行：《MIGA第一個五年的回顧與未來的挑戰》（以下簡稱《挑戰》），英文版，第5-6頁。「或有債務」（contingent liability）又譯「偶發事故可能引起的債務」，指的是尚未發生但很可能發生的債務，它的發生與否，取決於日後某種特寫事態是否出現。就保險機構而言，其「或有債務」主要是指承保範圍內的風險事故一旦發生後，保險人可能承擔的債務。「或有債務」最大總額的增加，是保險業務興旺發達的主要指標之一。

〔42〕參見《MIGA 1994年度報告》，英文版，第16頁；《挑戰》，英文版，第6頁。

〔43〕參見《MIGA 1994年度報告》，英文版，第14、6頁；《挑戰》，英文版，第6頁。

〔44〕參見《MIGA 1994年度報告》，英文版，第16頁。

〔45〕參見《MIGA 1994年度報告》，英文版，第15頁；《挑戰》，英文版，第7-8、16頁。

〔46〕參見《漢城公約》，序言、第12條（d）款。

〔47〕參見《MIGA 1994年度報告》，英文版，第16頁。

〔48〕參見《挑戰》，英文版，第18頁。

〔49〕前注〔16〕及有關正文。

〔50〕前注〔17〕及有關正文。

〔51〕參見《MIGA 1994年度報告》，英文版，第15頁；《挑戰》，英文版，第7頁。

〔52〕參見《挑戰》，英文版，第6頁；《MIGA 1994年度報告》，英文版，第34-36頁。

〔53〕參見〔美〕波茨：《MIGA第一個五年的回顧和今後的展望》（1994年4月12日），華盛頓英文單行本，第iv-v頁、第45-46頁。

〔54〕同上書，第vi頁、第47頁。

〔55〕同上。

〔56〕參見〔美〕波茨：《MIGA第一個五年的回顧和今後的展望》（1994年4月12日），華盛頓英文單行本，第vi-vii頁、第48頁。

〔57〕同上書，第ix-x頁、第45-49頁；《挑戰》，英文版，第10-11頁。

〔58〕參見〔美〕波茨：《MIGA第一個五年的回顧和今後的展望》（1994年4月12日），華盛頓英文單行本，第45頁；《挑戰》。英文版，第11頁。

〔59〕參見《發展中國家吸收外資達到創記錄水平》，載《參考消息》1994年9月6日第4版。

〔60〕根據《建立國際經濟新秩序宣言》《各國經濟權利和義務憲章》等基本文獻，國際經濟法的基本原則可大體歸納為尊重經濟主權、貫徹公平互利、實行全球合作、恪遵有約必守等。參見陳安主編：《國際經濟法學》，北京大學出版社1994年版，第2章；2001年第2版，第2章；2004年第3版，第2章。

〔61〕參見《我國利用外資穩步增長》，載《國際商報》1995年2月11日；《「八五」期間利用外資比「七五」增長兩倍多》，載《人民日報》（海外版）1995年7月24日第1版；《發展中國家吸收外資達創紀錄水平》《德報說中國投資環境競爭加劇》，分別載《參考消息》1994年9月6日第4版、1995年7月25日第8版。

〔62〕參見MIGA總部法律部首席顧問羅林・威森費爾德先生致陳安教授函（1994年9月9日、1995年4月10日、1995年5月26日），以及他所撰寫的輯入陳安主編：《MIGA與中國：多邊投資擔保機構述評》，福建人民出版社1995年版，第12章的專題論文：《多邊投資擔保機構與中國的協作及其潛在功能》。

〔63〕參見〔美〕戈尼克：《國際直接投資的最新趨勢》，中譯文載《國際經濟》1993年第3期。

〔64〕參見《中國境外企業逾四千家》《上海一批企業參與國際競爭》《中冶公司在國際市場露頭角》《長江三角洲拓展外向型經濟，跨出國門進入更高發展階段》《首鋼買下祕魯最大鐵礦，邁向一流跨國企業》《中國在境外投資超過五十億美元》，分別載《人民日報》（海外版）1993年2月25日第1版、1992年4月12日第2版、8月8日第2版、8月20日第1版、11月11日第2版，1995年7月29日第1版；法國《費加羅報》文章摘要：《中國是世界經濟的「氧氣瓶」》。載《參考消息》。1994年4月13日第8版。

〔65〕參見本文第一部分；前注〔17〕、前注〔18〕及有關正文。

附錄　多邊投資擔保機構的
　　　十五年發展歷程[*]

↘ 內容提要

　　本文首先論述了二十世紀八〇年代以來政治風險擔保對促進外國投資流向發展中國家（包括中國）的重要現實意義以及MIGA在其間所起的特殊作用。接著對MIGA晚近發展的各個方面，諸如擔保業務的現狀、環保考慮、糾紛解決以及技術援助活動等，作了相當系統的論述和分析，闡明了MIGA的新世紀戰略以及該機構所作的努力。本文專門剖析了過去十五年裡MIGA在華開展擔保業務有起有落的原因，並回答了中國國內一些學者由此而產生的疑問。文中特別對MIGA參與處理的一起在華外資擔保糾紛案作了比較詳細的評析。

第三編・國際投資法

719

一、引言

　　二十世紀八〇年代是全球政治和經濟發生革命性變化的前奏。這種變化為外國直接投資創造了良好的環境，並為外國投資者帶來了巨大的商機。中央計劃經濟體制的沒落、新興市場國家法制改革的起步以及國有企業的私有化，這些都對發展中國家產

生了重大的影響。例如，隨著世界進入後冷戰時期，並伴隨著東歐國家和蘇聯政治經濟哲學的轉變，又有二十多個新國家為潛在的私人投資敞開了國門。

這些轉變引發了作為新興市場的發展中國家在吸引外資方面的激烈競爭。在數十個這樣的國家中，外國投資越來越被認為是推動國有企業私有化的一個急需的資金來源渠道。此外，這些國家需要創造就業機會和引進現代技術，從而為私人投資者在這些新千年興起的市場拓展業務，開闢了廣闊的前景。

外資的流入重新受到許多國家的青睞，因為這些國家的政府已經認識到，外國資本是他們進行籌資和減少政府財政赤字的一種有效途徑。在大多數情形下，外資也將給東道國帶來先進的技術訣竅和就業市場的擴大。顯然，發展中國家能從日益增長的投資流入中獲益，即外國投資可促進這些國家順利、成功地向現代經濟轉型。

在過去十年裡，外國私人資本之所以浪潮般地湧向中國，有多種原因。其中使中國成為外國私人資本一個主要棲息地的最重要的因素是，中國在二十世紀九〇年代經濟增長迅猛，國內市場巨大，相對於其他亞洲國家勞動力成本低，以及始終強調以市場為導向的改革。反過來，大量外國資本的流入，也增強了中國產業發展的動力。

世界經濟的這些發展已為中國帶來了許多有益的項目，且激發了有遠見的外國投資者在華投資的興趣。然而，就像諸多發展中國家那樣，中國在為潛在的外國投資提供誘人商機的同時，外國商人也不免擔憂在此類國家投資的風險。

（一）與投資者利益攸關的政治風險

一個私人投資者通常所追求的是，使其投資回報最大化，並將所有可能會減損其潛在收益的技術、經濟、政治風險降至最低限度。例如，在中國，有關對知識產權保護問題的不穩定性和較多的政治變動問題，已經抑制了一些外商在中國投資的意願。然而，中國加入世貿組織，達成有關實施著作權法和商標法的協議，這些舉措消除了一個重大的不穩定因素，應能增強那些原來心存疑慮的投資者開闢中國市場的信心。

在解決一風險之後隨之又對另一潛在的風險產生擔憂，是在任何一個國家的投資者都有過的一種強烈的共同體驗。因為，對政治風險的評估是一項具有高度主觀性的事情，投資者越來越願意尋求保險，以使其投資在將來遭遇突發的、不可預見的政治風險事故時，能夠得到保護。

對政治風險的擔憂，經常造成一些外國投資者對潛在的投資裹足不前。東道國政府採取諸如國有化或毀約等行動的可能性以及可能發生的政治侵害（包括恐怖主義行為、戰爭和內亂等），都可能損害對一項投資的所有權和經營管理權。貨幣管理規定的改變，也會影響到投資者將投資本金和收益從東道國轉移出境的權利。在每個投資者作出投資於一個外國市場的決策之前，都會考慮這些因素。在此情形下，政治風險保險的可供性，經常會給那些潛在的投資者開展投資活動注入動力和安全感。由此，已有越來越多的外國投資者購買政治風險保險，以應對其投資面臨的此類或然性風險。

「政治風險」有時又稱「主權風險」或「非商業性風險」，

涵蓋東道國政府採取的會對特定投資產生有害影響的行為，包括具有政治動機的受害行為（革命、恐怖主義行為、騷亂、戰爭和內亂等）；貨幣不能兌換和資金（利潤、利息、資本和特許費等）無法轉移出東道國；對資產實行徵收或國有化，以致剝奪一個投資者擁有和控制其投資的部分或全部權利；以及東道國政府違反與投資者簽訂的合同。

投資者已感到，對其面臨的「政治風險」細加監控和管理的必要性正在不斷增加。為了保證自己能掌控投入一項目的資本和預期的投資回報，就偶然因政治因素而可能遭受的損失進行投保，已經成為投資者一種物有所值的選擇。在一些新出現的國家，其處事方式因無先例可考，政治風險投資保險的提供也許為諸多外國投資者所必須；但在其他國家，只有那些對政治風險比較敏感的企業，才偶爾會購買此類保險。

在過去的十五年裡，對投資保險的需求持續高漲，已經超過了許多政治風險保險機構的承保能力。各國國家保險機構因設定的擔保適格標準有異，使得投資者投保無門的情形大量存在；對來自一發展中國家投資者在其他發展中國家的投資，各保險機構所能提供的長期擔保甚少。而且，由於私營保險機構和公營保險機構經營目的不一，投資者選擇的保險機構類別不同，需支付的費用和獲得擔保的範圍也大相逕庭。

目前，已有二十多個國家，主要是經合組織成員國，建立了促進國際投資的國家投資保險制度。有時，一個機構通過兼營保險和金融業務，同時發揮促進投資和貿易的功能，如英國的出口信用保險局和法國的對外貿易保險公司等；另一些國家則設立不

同的機構來分別處理投資和貿易促進業務，如美國的海外私人投資公司和進出口銀行等。至少在晚近，投資者從使用本國國家投資保險制度中得到的最主要好處是，相對於多邊投資擔保機構（以下簡稱「MIGA」和私營保險機構而言，一國企業更容易從本國的國家保險機構處取得擔保，且擔保費用往往也要比其他種類的國際投資保險機構要低得多。然而，隨著投資保險越來越全球化，獲保幾率和擔保費用等問題的重要性將會減弱。

目前，日趨增多的私營保險機構為私人投資者開辦了政治風險保險業務。這些私營保險機構包括：Lloyd's of London, American International Group (AIG), Sovereign Risk Insurance, Ltd. (Bermuda), Chubb & Son, Axis Specialty Limited (Bermuda), Unistrat Assurances (UNISTRAT), and Zurich US.

在投資者母國政府的支持下，國家保險項目能夠提供長期的、不可撤銷的擔保（15-20年），並且保險費率通常相對較低。但是，國家保險機構受到本國政府對東道國政策的限制，而且此類保險機構往往只服務於本國國民。例如，在過去的十多年裡，出於政治原因，美國海外私人投資公司就不被允許向在中國和敘利亞的美國投資提供保險。與國家保險項目相比較，私營保險機構通常只提供最低一年期、最高至十年期的保險（其原因是這些私營保險機構只能獲得非常有限的分保服務），且根據風險分析和市場的承受能力，採取浮動保險費率。雖然私營保險機構提供的保險產品設計靈活，對客戶需求反應快，但是一般不承保投資的貨幣兌換不能險和政治侵害險。

（二）MIGA 在投資保險市場中的地位

在政治風險保險機構中，MIGA是最大的多邊投資保險實體，同時也是唯一一個擔保從一發展中國家流入另一發展中國家的外國直接投資的機構。創建MIGA的宗旨是，填補現行各國國家保險機構和私營保險機構在承保能力和擔保範圍上的「死角」。對各自不同的國家投資保險制度而言，在擔保的適格標準以及為投資者提供的險種和擔保額方面，存在著諸多與投資者需求不匹配之處。人們認為，MIGA可有效地彌補這些保險機構的缺陷，而不會與其相互競爭。不像一些國家保險機構和私營保險機構，對於不同類型的投資，MIGA的擔保制度可以靈活多變地予以承保，並可根據每個具體投資項目的特點，調整其擔保設計。

從風險管理的角度來看，MIGA具有諸多優勢，特別表現在，MIGA願意通過分保和共保的安排，與其他國家保險機構和私營保險機構合作開展業務。《多邊投資擔保機構公約》（以下簡稱《MIGA公約》）要求MIGA須與各國國家保險機構進行緊密的合作。當各國國家保險機構無法提供充分或必要的擔保時，MIGA可以拓展其擔保業務，以滿足投資者的需求。在各國國家保險機構和私營保險機構不逮之處，MIGA也許是長期擔保的唯一提供者。

從機構的角度來看，作為由工業化國家和發展中國家自願組成的團體，MIGA也非常獨特。由於MIGA歸一百六十二個成員國（截至2003年6月30日）所有，這些成員國共繳納了十七點七億美元的資本金。無疑，一個東道國政府在對MIGA承保的投資採取不利的行動之前，都會考慮上述事實。由此，MIGA擔保的投資不但有益於投資者，而且將惠及任何一個MIGA的分保和共

保機構。

各國國家保險機構與MIGA打交道的方式通常是從MIGA處取得分保和共保服務。例如，MIGA通常與美國的海外私人投資公司、加拿大的出口開發公司、日本的通商產業省、荷蘭的出口信貸公司、英國的出口信用保險局和澳大利亞的出口融資和保險公司合作，共同促進資金投向發展中成員國的項目。同樣，MIGA也積極地與眾多的私營保險機構開展分保和共保合作。

二、**MIGA** 擔保數額的增長

（一）MIGA 擔保數額增長所涉範圍

在成立後的第一個十五年中，MIGA擔保業務發展迅猛，這不但表現在所發放擔保的數量和擔保數額的絕對增長上，而且表現在擔保數額的分散狀況上。MIGA擔保數額的增長是與成員國數量的迅速增加相對應的。無論是作為吸收MIGA擔保投資的國家，還是作為從MIGA擔保中受益的投資者母國，這些成員國都認為，MIGA的活動對他們的經濟產生了潛在的積極影響。在這期間，MIGA時刻謹記自身的發展性宗旨，以保持平衡的方式，審慎地擴大擔保數額。

從一九九四財政年度到二〇〇三財政年度，MIGA每年發放擔保的數量處在最低三十八項到最高七十二項的區間內（見表1）。

表1　MIGA在各財政年度發放的新擔保數量　　　　　　　　　（單位：項）

財政年度	1994	1995	1996	1997	1998	1999	2000	2001	2002	2003	總計
發放的擔保數量	38	54	68	70	55	72	53	66	58	59	593

資料來源：《MIGA 2003年度報告》。

在上述期間，MIGA的年度新承保額增長了400%，從3.72億美元上升到13.7億美元（見表2）。自一九八八年成立以來，MIGA已為四百多個項目簽發了六百五十餘個擔保合同。

表2　MIGA在各財政年度承擔的新擔保額　　　　　　　　（單位：百萬美元）

財政年度	1994	1995	1996	1997	1998	1999	2000	2001	2002	2003	總計
承擔的新擔保額	372	672	862	614	830	1310	1605	2000	1222	1372	10859

資料來源：《MIGA2003年度報告》。

MIGA承擔的總風險額從一九九四年的10億美元上升到二〇〇三年的51億美元。然而，在此期間，因MIGA將自己擔保的部分風險分保了出去，故承擔的淨風險額僅從10億美元增至32億美元（見表3）。最後，MIGA的保費收入從一九九四年的1000萬美元，增長至二〇〇三年的39500萬美元。

表3　MIGA在各財政年度承擔的風險總額和淨額　　　　（單位：百萬美元）

財政年度	1990	1991	1992	1993	1994	1995	1996	1997
總風險額	100	200	400	700	1000	1600	2300	2500
淨風險額	100	200	400	700	1000	1600	2200	2200
財政年度	1998	1999	2000	2001	2002	2003	總計	
總風險額	2900	3700	4400	5200	5300	5100	35400	
淨風險額	2200	2600	2800	3200	3200	3200	25600	

資料來源：《2000年MIGA評論》和《MIGA2003年度報告》。

從一九九四至二〇〇三年，MIGA的成員國數量從一百二十一個增至一百六十二個。其境內投資獲得MIGA擔保的成員國數量從二十六個上升到七十五個。將MIGA已擔保的投資和雖未擔保但與之相關的資本額計算在內，自開業以來，MIGA已累計促進總額約為四百八十億美元的外國直接投資流向發展中國家。

其間，MIGA擔保數額所發生的最有意義的變化之一出現在行業分布方面。在MIGA成立初期，其絕大部分擔保數額用於金融、採礦和製造業的投資。現在，基礎設施已取代金融業成為MIGA擔保數額投放的最重要行業，且該行業擔保數額所占比例得當。金融業擔保數額的萎縮可歸因於該行業擔保合同的撤銷（尤其是在拉丁美洲和加勒比地區）、近年來在這兩個地區接連發生的經濟危機以及在世界範圍內對金融業投資的相對低潮。

同樣，製造業和採礦業項目得到MIGA擔保數額的比例也在大幅下降。一九九四年，製造業獲得的擔保數額約占總額的29%，到二〇〇三年財政年度末則僅占總額的10%。同期，採礦業的擔保數額從23%下降至6%。

製造業和採礦業擔保數額比例的下降，雖然在一定程度上反映了這些行業新投資的減少，但其主要原因還在於，MIGA在基礎設施尤其是在電力項目上承保額的快速增長。一九九四年，基礎設施擔保風險額所占比例不足4%，至二〇〇三年則達到了41%，所占比重，躍居各類項目首位（見表4）。這一增長反映了基礎設施項目（通常涉及國有公用事業的私有化）對MIGA擔保服務需求的持續走高。這些項目往往相當複雜和巨大，一家保險機構經常獨立難舉，有賴於MIGA與其他投資保險機構的聯手

合作。

表4　MIGA擔保數額的行業分布（總擔保風險額）　　　　　（單位：%）

財政年度 行業	1994	2000	2001	2002	2003
基礎設施	4	29	29	36	41
金融業	34	34	36	35	29
製造業	29	12	9	9	10
採礦業	23	12	9	8	6
石油和天然氣		2	5	4	6
旅遊業	1	2	2	2	4
服務業	3	8	6	4	3
農業	6	1	4	2	1
總計	100	100	100	100	100

資料來源：《MIGA 1994、2003年度報告》。

　　在此期間，MIGA擔保活動的區域分布狀況也發生了重大變化（見表5）。拉丁美洲地區仍高居榜首，其所占擔保份額從一九九四年的40%，略升至二〇〇三年的43%。拉丁美洲地區對擔保的需求主要來自以下兩個方面：外國投資者對在該地區投資有著強烈的興趣；以及繼一九九七至一九九八年亞洲和俄羅斯金融危機之後，阿根廷也發生了金融危機，外國投資者擔心其他拉丁美洲國家可能會緊隨其後。歐洲和中亞地區一直名列第二，但它們在MIGA擔保風險額中所占的比例有所下降，即從30%減至26%，其原因是，外國投資者認為在中歐一些國家投資的政治風險已經很小，無須再購買保險。

表5　MIGA擔保數額的區域分布（淨擔保風險額）　　　　　（單位：%）

地區＼財政年度	1994	2000	2001	2002	2003
拉丁美洲和加勒比地區	40	51	57	55	43
歐洲和中亞地區	30	22	19	20	26
亞洲和太平洋地區	26	14	10	10	12
中東和北美地區		1	2	2	3
撒哈拉以南非洲地區	4	12	12	15	19
總計	100	100	100	102	103*

* 說明：總計數超過100%的，是因為有些擔保項目跨兩個地區的國家，重複計算所致。

資料來源：《MIGA 1994、2000-2003年度報告》。

　　從一九九七至一九九八年金融危機以來，MIGA在亞洲地區開展的擔保活動相對來說很少。自一九九八年始，MIGA就著力提高對亞洲投資者和在亞洲投資的項目的服務意識，包括在東京設立代表處；但一些跡象表明，近年來，亞洲地區對MIGA擔保的需求仍然有限。

　　首先，在亞洲地區的一些國家，實際吸收的外國投資很少。其次，在該地區的其他國家，像韓國和馬來西亞，政治風險實際上並不存在，外國投資者根本無損失可言，而且這些國家的經濟恢復很快，因而一些企業認為，根本無須就在這些國家的投資項目投保政治風險。最後，近年來，在華外商對擔保的需求也不強勁，因為中國經濟持續高速增長，並創記錄地保持吸收大量的新外資。從中可以合理地推斷，購買政治風險保險，已不再是外國投資者在華投資所要考慮的關鍵因素。

　　在撒哈拉以南的非洲地區，MIGA擔保數額增長顯著。一九九四年，該地區只利用MIGA4%的擔保數額，但在截至二〇〇三

年六月三十日的二〇〇三財政年度裡，這一比例已經提高到19%，比一九九四年增長了近五倍。在二〇〇三財政年度，非洲獲得了MIGA發放的14%的新擔保。非洲吸收的外國直接投資額一直只占流向發展中國家總額的不足3%。相對於這個數字，現MIGA在該地區取得的業績尤顯可貴。

（二）MIGA 發放的具有特殊意義的擔保

作為世界銀行集團的一員，MIGA特別注重支持那些直接有助於消除貧困的項目。尤其是，MIGA努力加強對在收入非常低的國家（特別是在非洲和世界上被稱為「後衝突地區」的國家）投資的項目提供支持。大多數發達國家的投資者都可從本國國家保險機構獲得政治風險擔保；而對來自新興市場國家的投資者而言，本國經常尚未建立此類保險制度，且他們對私營投資保險市場的利用或了解也很有限，因此，MIGA積極支持來自這些新興市場國家的商人投資於其他發展中國家。此外，鑒於較小企業在推動一國經濟發展中所起的作用（以及小企業通常難以獲得投資保險的現實），MIGA成立了一個專門小組來支持中小項目。最後，隨著世界許多地區之間經濟相互依賴關係的加強，為了鼓勵跨區域的投資項目，MIGA已開始對多國項目提供擔保（如管道運輸項目）。

MIGA已經促進一百七十多億美元的擔保投資流向三十五個最低收入的成員國。這些項目利用MIGA總擔保風險額的三分之一強。僅在二〇〇三財政年度，MIGA支持的在這些國家投資的項目就達十九個，共促進四億多美元的投資流向最低收入的成員

國。在亞洲，吸收這些投資的國家有阿塞拜疆、吉爾吉斯斯坦、印度尼西亞和越南；在非洲有布隆迪、馬里、莫桑比克、尼日利亞和贊比亞；以及波斯尼亞和黑塞哥維那、塞爾維亞和尼加拉瓜。MIGA的支持被認為是關鍵性的因素，因為這類國家中的絕大多數普遍難以吸收到外國直接投資，而MIGA能扮演著特別明顯的能動角色。

一些後衝突區域剛剛擺脫內戰或地區動亂。對於在這些區域的外國投資，MIGA同樣認定自己能起到重要的促進作用。因投資者顯然擔憂這些後衝突國家的政治風險，作為一個擔保政治風險的投資保險機構，MIGA能夠發揮特別重要的作用，當然不足為怪。為了向投資者提供服務和幫助東南歐國家的重建，MIGA在薩拉熱窩、波斯尼亞和黑塞哥維那設點工作了一年多時間。MIGA在巴爾幹地區的努力已經取得了成效，分別在阿爾巴尼亞、馬其頓、波斯尼亞和黑塞哥維那首開擔保記錄，同時也為在克羅地亞投資的兩個項目提供了擔保。

此外，MIGA還建立了兩項信託基金，促進在後衝突地區的投資。對在這些地區的投資發放擔保的資金來源於這兩項基金的贊助者。這兩項基金是在一九九七年建立的，一項用於波斯尼亞和黑塞哥維那（由歐盟贊助），另一項用於西岸和加沙地帶（由日本政府、歐洲投資銀行和巴勒斯坦方面贊助）。但因西岸和加沙地帶政治上的持續動盪，用於該地區的基金未發揮原定的作用。迄今為止，在這項基金項下，只簽發了一個擔保合同；而且因擔保項目面臨該地區重新引發的敵對行動的威脅，該擔保合同在一年之後即被撤銷。

然而，波斯尼亞基金的運作則要成功得多。在這項基金存在期間，為承保在波斯尼亞的投資，共簽發了八份擔保合同。這些合同涉及五個不同的項目，包括三家商業銀行、一個瓶裝軟飲料工廠和一項醫療設施。這項基金動用一千萬美元左右的資本金，共推動約七千萬美元的外國投資流入該地區。投資波斯尼亞項目的投資者主要來自同一地區的國家，如奧地利和斯洛文尼亞。

　　MIGA現正在考慮為其他後衝突國家或地區建立類似的信託基金，包括阿富汗和非洲。

　　MIGA擔當的最重要的角色之一就是促進發展中國家之間的投資。在來自一發展中國家的投資者想投資其他發展中國家的項目時，如中國投資者有意在莫桑比克開辦一個項目，通常對他們來說，其項目要獲得投資保險，尤其困難重重。不像中國，許多發展中國家缺乏那種大多數發達國家都有的國家投資保險機構；即使一些發展中國家有這樣的機構，往往也是始建不久，尚無充足的資金實力和開展擔保業務的其他資源來支持本國投資者在海外的投資。[1]來自發展中國家的投資者要從私營政治風險保險機構那裡獲得保險，也非常困難。

　　在通盤考慮這些原因之後，MIGA相信，作為一個多邊發展機構，自己肩負特有的責任，來支持那些來自發展中國家又到其他發展中國家投資的投資者。MIGA完成這一目標所面臨的最大障礙是，對MIGA提供的服務和由此而給海外投資帶來的潛在益處，許多來自發展中國家的投資者認識不足。MIGA已加倍努力提高他們在這方面的意識。在二〇〇三財政年度，得到MIGA支持的來自發展中國家投資者投資的項目，已占該機構承保項目總

數的28%。這些項目包括在馬里和布隆迪的電訊項目。具體而言，在馬里的這個項目由一個塞內加爾投資者投資，在布隆迪的另一個項目的投資者來自毛里求斯；另有一個對莫桑比克具有重要意義的石油和天然氣輸送管道項目，該項目由一個南美投資者投資；以及還有一個在越南的由新加坡集團投資者投資的大型電站。隨著有更多的來自發展中國家的投資者到境外投資，並了解MIGA發放的多種政治風險保險可為他們提供潛在的保護，預計MIGA承保此類項目的數量還會增加。

中小項目對一國的經濟發展起著特殊的作用，但往往難以得到投資保險。有鑑於此，MIGA已經投入額外的資源來承保在發展中國家和新興市場國家的較小項目。這些項目對東道國的發展通常有著異乎尋常的重要影響。自一九九三年以來，MIGA已經促進九十多個投資規模在五千萬美元以下的項目，占MIGA簽發的擔保合同總數的14%。二○○三財政年度，在MIGA承保的項目中，可歸入中小項目的就有十個。

晚近，MIGA擔保業務一項相當有意思的發展是多國項目保險需求的持續增加。這種需求說明在一個不斷被壓縮的世界裡，這類項目日趨普遍；並反映了許多資源豐富的國家要將其自然資源輸送到市場，需要借道其他國家。這些位於兩個或兩個以上東道國的項目，對MIGA的承保工作提出了新的，有時甚至是獨特的要求。由此，針對這類項目，MIGA有必要重新審視其對擔保的定義和批准擔保的含義。隨著新程序的到位，MIGA在一九九九財政年度為兩項多國項目發放了投資保險，並在緊接著的一年裡，又承保了第三個項目。在這三個項目中，一個是建設一條從

玻利維亞到巴西的天然氣輸送管道，投資者就兩國政府都有可能採取的損及該項目企業的行為投保了徵收險。第二個也是一個天然氣輸送管道項目，但鋪設的線路是從阿根廷到智利。同樣，為應對這兩個國家可能針對該項目採取的行動，投資者投保了徵收險。第三個是一個連接南非、斯威士蘭和莫桑比克的輸變電營運項目。在該項目中，南非的投資者就可能產生於這兩個鄰國的政治風險投了保。通過承做這三個項目的擔保案，MIGA的業務人員為日後承保更大乃至更複雜的多國項目積累了寶貴的經驗。

作為一個小機構，對在海外設立分支機構或地區辦事處，MIGA起初還心存疑慮。然而，因其工作的複雜性，以及竭盡全力為促進資本流向較為貧窮的成員國（尤其是在亞洲和非洲的這些成員國）的意願，促成MIGA最早在巴黎開設了地區辦事處，旨在重點推動對撒哈拉以南非洲國家的投資；隨後又在東京建立了一個地區辦事處，主要關注對亞洲的投資。這些派出機構對提高MIGA在中小企業界的影響，做了卓有成效的工作。在過去的兩年裡，該行列中又增添了設在南非約翰內斯堡和新加坡的兩個地區辦事機構。為了幫助飽受戰亂踐躪的西非國家的重建，大概在未來的一年裡，MIGA可能還會選擇在一個西非國家境內設立一個辦事機構。現在，已有若干城市成為選址的考慮對象。

最後，MIGA已經啟動了一個設立「流動辦事機構」的計劃。該計劃擬擴大MIGA在那些自己知名度尚不夠高的國家的活動的影響力。為了擠進這些新市場，MIGA派出了一個小型團隊，花兩個或三個星期的時間，走訪一目標國家或地區的主要城市，宣講MIGA的保險項目、技術援助活動和網絡信息服務。在

當地投資促進機構的主持下，MIGA團隊在每個走訪城市舉辦研討會，然後又分別會見當地的官員、金融機構人員和潛在的投資者。在上一財政年度，流動辦事機構已尋訪南部非洲、俄羅斯、安第斯國家和中東國家；在東南亞國家則遊走了兩次。

（三）未來的發展趨勢

MIGA擔保數額的增長和分布更趨多樣化，由以下兩大因素所致：外國直接投資進入發展中國家的普遍發展趨勢以及與這些投資相關的潛在的政治風險；MIGA為支持特定種類投資所作的特殊努力，因為這些特定種類的投資對東道國的發展影響大或對MIGA擔保數額的平衡有益。

MIGA本身並不創造投資，只是在私營部門投資者需要特定的政治風險保護時，MIGA可幫助他們在發展中國家舉辦投資項目或對投資項目提供融資。由此，要想整體把握MIGA擔保數額的增長情形，得分別考慮以下三個因素：第一，進入發展中國家的外國投資流量的增減；第二，與這些潛在投資有關的政治風險程度的大小（包括要求銀行限制對一些或所有發展中國家發放貸款）；第三，在類似條件和價位下，其他公營和私營保險機構對這些項目提供長期政治風險保險的可能性。

大多數分析家預測，流向發展中國家的投資額會繼續增加，尤其是在美國經濟增長速度放慢的情況下，更是如此。同時，投資者因歷經了一九九七至一九九八年的金融危機，還可預見的是，投資項目的舉辦人在觀察與其項目有關的風險時，將慎之又慎；以及在審查一些發展中國家維持預期增長和需求數量方面的

能力時，會更為細緻。預計私有化（多屬資本密集型項目，並很需要外國投資者的大量投資）的趨勢仍將持續，在未來的幾年裡將集中在污水處理、收費道路和住房建設項目。像在中國這樣的國家，雖然國有部門現仍占主導地位，但觀察家們預料，在這些國家，私營部門參與的重要性將會得到相當程度的提高。最後，作為普遍發展趨勢的一個方面，一些國家的中央政府將責任下放給次主權實體和半國有企業，使得項目的舉辦人和投資保險機構更難以區分商業性風險和非商業性風險（哪怕有中央政府的保證）。這將導致投資者和貸款人越來越要求投資保險機構提供更為複雜的（承保範圍更廣的）政治風險保險。

對政治風險保險需求的一輪高潮已經到來，其促成原因是一九九七至一九九八年的金融危機，以及這場危機所伴生的政治風險保險可供性的增加和範圍的擴大以及保費相對低廉。在中期內，恐無大的國際金融危機會發生，因此對政治風險保險的需求量也將趨於適中。然而，倘若出現了這樣的一次危機，也可能會抑制需求，因為危機將造成對許多項目的投資裹足不前，從而減少對政治風險保險的需求。由於投資者更有信心地認為，像一九九七至一九九八年那樣的金融危機不會捲土重來；而且在某種程度上私營政治風險保險市場的承保能力和保險費率已趨穩定，所以對政治風險保險的需求可望得到釋放。這就是說，如果流進發展中國家的投資總額持續增長，對政治風險保險的絕對需求量可能也將增加，儘管比之於流入發展中國家的外資總額，投保政治風險的投資的相對數量還會下降。當然，許多銀行（以及其他投資者）將會繼續對跨國風險尤其是對發展中國家的風險實行內部

控制。對此類投資者而言，不論對具體項目風險評估的結果如何，也不論世人怎樣普遍認為全球政治風險已經不復存在，他們對政治風險保險的需求始終存在。

對MIGA來說，由近年來出現的發展勢頭所帶來的結果是可預期的。尤其是，MIGA承保的項目平均規模將有望繼續擴大。同樣，隨著近期電訊、水利和其他項目擔保申請數量的增加，儘管對MIGA擔保需求的行業分布多樣性可能會有所加強，但是對基礎設施部門的擔保需求仍具有繼續上升的可能性。就這些基礎設施項目，特別是對其中與半國有企業和次主權實體有關的那些項目（當然包括多國項目），MIGA在承保時所需投入的內部資源也將大幅增加。在擔保大型項目時，MIGA仍將需要繼續或加強開展與其他公營和私營投資保險機構的密切合作。

雖然上述發展趨勢幾乎是MIGA所不能控制的，但是，因為對MIGA的擔保需求（尤其是在特定國家投資對擔保的需求）會大於其承保的能力，所以MIGA還能夠決定自身擔保數額的分布狀況。在這方面，MIGA將堅持把市場開發和擔保業務的重點放在那些應優先開展、對東道國經濟發展具有重要影響的領域，即上文確定的在低收入發展中國家、非洲和後衝突地區投資的項目，投資者來自發展中國家的項目，以及中小型投資項目和中小投資者投資的項目。為了實現在這些領域擔保增長的目標，有賴於MIGA在市場開拓方面付出更大的努力，並進一步加強與其世界銀行集團其他成員（特別是國際金融公司）以及對此存有興趣的其他機構（諸如亞洲開發銀行和亞洲各國的國家投資促進機構）之間的合作。當然，這些努力能否奏效，又取決於投資者是

否有興趣在這些MIGA優先擔保的領域舉辦項目和提供融資。

鑒於《MIGA公約》為MIGA確定了發展性宗旨，MIGA希望，衡量其未來經營是否成功的主要標準，不應是擔保數額的絕對規模，也不是承保項目的絕對數量，而應是其擔保的這些項目對促進東道國發展的全方位影響，以及使世界上一些最不發達國家和大多數身處劣勢地位人民的切實受益。

三、MIGA 擔保能力的擴大

一九九九年，MIGA理事會批准該機構增加八點五億美元的資本金。與之配套，世界銀行直接捐助了十五億美元。資本金的增加既反映了MIGA成立後第一個十年期裡擔保數額迅猛增長的需要，也反映了現行投資者對MIGA擔保的需求。這也表明，各成員國讚賞MIGA在促進投資流向發展中國家方面所起的積極作用。

追加的資本金使MIGA有了擴大其擔保計劃的可能。在批准增資之後，MIGA董事會又同意，該機構對單個項目的最高淨擔保限額，可從原來的五千萬美元提高到現在的一點一億美元；對單個國家的淨最高擔保限額，可從原來的二點五億美元提高到現在的四點二億美元。隨著對單個國家和單個項目擔保限額的提高，連同其大力拓展的分保業務（容下詳述），現MIGA對單個項目最高擔保風險總額可達到二億美元，對單個國家擔保風險總額則最高可達六點五億美元。利用合約分保，MIGA就可將其擔保提高到這兩個數額。在單個項目和單個國家的限額之上，如有

需要，通過與其他公營和私營保險機構開展下述「合作擔保計劃」以及臨時分保，MIGA仍可發放額外的擔保。

資本金的增加也使得MIGA有可能更加關注其管理層確定的優先拓展領域。這些領域包括：在那些利用世界銀行集團軟貸款（國際開發協會提供的貸款）的成員國投資的項目，尤其是在非洲國家投資的項目；中小型項目；以及由來自發展中國家投資者或貸款人發起的、投資於其他新興市場國家的項目。

MIGA將一如既往地通過與其他公營和私營的投資保險機構達成各種形式的安排，來帶動其資源的有效利用。由於近來的許多項目規模越來越大，也越來越復雜，在所有類型的投資保險機構之間開展合作的必要性不斷增加；在實踐中，這種做法也日趨普遍，特別是對那些大型的基礎設施項目，更是如此。MIGA在彌補其他投資保險機構不足以促進投資流向發展中國家方面，擔負著特殊的使命；而且已成為市場上開發創新性分保業務的先鋒。就此，MIGA已與澳大利亞、奧地利、英國、加拿大、芬蘭、法國、日本、斯洛文尼亞和美國的國家投資保險機構以及所有的主要私營保險機構，簽訂了特定項目的共保和分保合同（以臨時安排和合作擔保計劃的方式）。這樣的協作有效地提高了向投資者提供保險的能力，並更加有利於保險人和被保險人防範政治風險的發生。

通過有效用的方式挖掘潛能來承擔風險，MIGA能夠利用自己作為多邊投資保險機構的地位來支持大型投資。為便於理解MIGA的這種作用，有必要對此類安排進行剖析，並列舉說明使用這些安排的實例。

一九九九年二月，MIGA分別與在百慕大註冊的兩家私營保險公司——HCA Insurance Company Limited（ACE）和XL Capital Limted（XL）簽訂了兩個長期合約分保安排。這樣的安排表明了一個保險機構如何能夠更好地滿足潛在客戶的需要，擴大自己的業務活動範圍，同時又能控制自身的淨擔保風險額。這兩個協議是在一九九七年MIGA與ACE簽訂的前一個合約分保協議的基礎上起草的。這些分保安排的關鍵條款是：

　　・就MIGA簽發的每一個擔保合同，ACE和XL都將按一定比例分入各自的分保額。分保的比例可按設定的一個風險分擔矩陣進行調整。

　　・MIGA保留確定其合同條件和作出是否簽發擔保的全部自由裁量權。

　　如前所述，這些安排所產生的結果之一是，就單個項目和單個國家，MIGA有效擔保限額（以擔保風險總額表示）得到了大幅提高（按照使用風險分擔矩陣的結果，分別可達2億美元和6.5億美元）。這就使得MIGA可繼續擴大在主要新興市場國家的擔保數額，並在促進投資投向重要項目方面發揮能動的作用。尤其是在MIGA開展共保和臨時分保的情形時，這種作用就更加明顯。

　　MIGA的合作擔保計劃展示了在當今保險市場上公營和私營投資保險機構如何相互協作的關係。合作擔保計劃這種機制採用類似於國際金融公司A類和B類辛迪加貸款的方式，將公營和私營保險機構提供的保險結合起來。根據這種計劃安排，雖然MIGA對外充當其他參與擔保的公營和／或私營保險機構的記名保險人，但是這些參保機構實際上要分擔擔保合同項下一定比例

的保額，從而有效地分享了（當然是有償的）MIGA作為一個多邊實體和世界銀行集團一員的地位優勢。當然，在這種情形下，投資者承擔著這些參保機構的信用風險。

除合作擔保計劃之外，MIGA還積極使用臨時分保來提高對大型項目的承保能力。如採用臨時分保，MIGA得承擔分保人的信用風險。截至二〇〇三年年底，通過使用臨時分保（14億美元）和合作擔保計劃（7億美元），在自身承保能力之外，MIGA另增了總計達二十一億美元的擔保能力。現在仍然有效的合約分保累計在一起，平均每年給MIGA額外增加擔保能力十億美元以上。

晚近的一些實例可用以說明共保和分保的好處：

共保、合作擔保計劃和分保的結合。二〇〇〇年四月，MIGA簽發了迄今為止最大宗的（可能也是最複雜的）一筆擔保。該項擔保支持的對象為，貝爾公司位於巴西的一家南美子公司六點五億美元辛迪加貸款中的二點三億美元部分。這些貸款用於在巴西最大城市——聖保羅的一個電訊設施的擴建項目。在發放二點三億美元的限制轉移險和徵收險的擔保時，MIGA採用了合作擔保計劃。MIGA作為記名保險人，自留五千五百萬美元的保額，其餘一點七五億美元保額由參保的私營保險機構分攤。該項目其余貸款部分的風險分別由加拿大的出口開發公司、美國的海外私人投資公司以及美國國際集團另行承保。被擔保的投資用於巴西首都聖保羅蜂窩電話網的建設和營運，以完善該國的電訊基礎設施，並將長期僱用二千名巴西國民。該項目表明，在一個競爭非常激烈的市場上，私營和公營的保險機構能夠相互有效地開展合

作，提供客戶所需的保險產品，從而在調動各自優勢的基礎上，最終使投資者和東道國受益。

臨時分保。二〇〇三年，通過對在保加利亞的一個電站項目實施臨時分保安排，MIGA獲得了一點四二五億歐元的擔保能力。借此，再加上自身的擔保能力，MIGA向法國的Société Cénérale S. A. of France公司提供了為期十三年、保額為二點三三億歐元的擔保。在該項目中，以這家法國公司為代理行的一個銀團，為保加利亞的Maritza East III Power Company公司提供了一筆一點四五億歐元的非持股貸款和一筆二千五百四十萬歐元的備用信貸額度，外加利息。此外，對Energy Power Development Corporation公司在該項目的股權投資，MIGA還簽發了一項五千萬歐元的擔保合同。這樣，MIGA的總擔保額達到了二點八三億歐元。該項目顯示，就那些自己獨立難舉的大型項目（如基礎設施建設），通過與其他保險機構開展臨時分保合作，MIGA就有能力予以承保。

四、MIGA 對環保的關注

（一）背景

MIGA的一項政策是，其擔保的所有投資應以對環境和社會負責的方式進行。MIGA堅持其支持的項目（包括在中國的項目）應按照國際公認的環境標準和實踐營運。

從一九九〇年開始，MIGA對其擔保的項目適用世界銀行的環境政策和指南，並接受國際金融公司的環境諮詢和建議。對於MIGA這樣一個小型的和創立不久的機構而言，藉助世界銀行集

團其他更有經驗的成員的力量，不失為一條相當好的途徑。然而，隨著擔保業務的增長，努力為自己客戶的需求量身定製環保標準，對MIGA來說，是一項更為有益的舉措。

一九九八年，在董事會的建議下，為了回應客戶的要求和反映自身的發展性宗旨，MIGA開始制定自己的環境政策。該標準獨立於世界銀行的環境政策，但又與之相協調。在制定過程中，MIGA需考慮以下兩個方面的特點：第一，客戶是股權投資者或是貸款人；第二，其在開展分保和共保業務時對環境作出評估的緊迫性，因分保和共保活動要求對發放擔保的程序和合同起草過程進行協調。

MIGA董事會和管理層對擬議中的環境保護標準進行了廣泛的審議，其後又將文本草案公示了一段時期，聽取公眾的意見。最後，MIGA董事會批准了該機構的環境評估和披露政策及程序，並准予其於一九九九年七月一日開始生效。經批准的此類政策和程序已在網站上公布（網址為www.miga.org）。二〇〇二年五月，MIGA董事會又作出一項決定，同意一九九九年開始採用的環境評估和披露政策繼續有效。同時，世界銀行集團作為一個整體特別關注一些特定的環境和社會問題。針對這些特定的環境和社會問題，MIGA董事會又批准了該機構擬採用的幾個相關保障政策。

（二）對項目的環境評審

對環境的評審工作實際上在MIGA成立之初就已開始一九九九年生效的環境政策表明這一評審做法的正規化。此外，與該新

政策相配套的是環境披露政策。在環境披露政策中首次設立了有關標準，按照這些標準，MIGA必須保證與項目相關的環境信息得包括對環境和社會敏感的考慮，並將這些環境信息提供給當地社區和其他利益關係方。對投資者的環境評估報告，披露政策要求應以可獲得的方式及時在當地加以公布。

MIGA的環境政策具有可預見性，因為它是在環境審查和環境影響評估程序的基礎上形成的，而該程序又與每個投保項目相適應。投資者應自己承擔費用按照國際現行的「最佳實踐」進行評估（具體做法詳見下文闡述）MIGA承保的每個項目都應符合東道國制定的、比較嚴格的環境管理規定，或者MIGA確定的與投保項目相適應的保障政策和指南。

這些保障政策和指南有三個不同的來源。為了保證它們能以應有的程度適用於相關項目，要求項目舉辦人出具的環境評估報告必須顯示，針對以下具體事項的環境和社會保障政策已經得到滿足。這些具體事項包括：

· 生物的自然棲息地

· 森林

· 原住民

· 有形文化資源

· 非自願遷徙者的重新安置

· 蟲害管理

· 水壩安全

· 國際水道工程

這些保障政策詳列在MIGA的網站上。

除了應滿足適用的保障政策外，投資者提交的環境評估報告還必須表明，在世界銀行採取的特定產業指南確定的範圍內，擬投資項目的環境影響是可以接受的。這些行業指南見於世界銀行集團主持出版的《防止和減輕污染手冊》。按照可持續性發展、生產較為清潔產品以及防止污染的原則，該手冊對工業項目設計和營運作了詳細的規定，并包括涉及防止污染、減輕污染的措施以及被允許排放幅度的規範。

指南是評判環境評估報告的依據，其第三個來源是有關工作場所安全的指南，出現在世界銀行的同類標準之中。這些指南反映了在職業健康和安全事項，包括童工問題上的公認的最佳實踐。

（三）環境審查和評估

在接到一項正式的擔保申請之後，MIGA將對擬投資的項目進行初步的環境審查，以便確定該項目環境評估的適當程度和類型，從而確保該項目按設計要求將符合MIGA環境政策的各個方面。根據項目的類型、坐落地、敏感度和規模以及潛在環境影響的性質和強度，MIGA將擬議中的投資劃分為以下三種類型：

類型A：如果一項目可能會對環境產生實質性的負面影響，且這些影響具有敏感性[2]分散性或前所未有的，那麼該擬議中的投資應被歸入A類。這些影響可能及於該項目產生物理作用的所在地點或設施之外的廣大地區。A類項目環境評估報告檢查的對像是，該項目對環境產生的潛在的積極和消極影響；同時將之與那些可行的選擇方案（包括如不上該項目，情形將如何）所可

能產生的環境影響相比較，並就需要採取的有關防止、縮小、減輕或彌補負面影響和改善環境績效的措施，提供推薦意見。

類型B：如果一項目對人口或重要環保區域（包括濕地、森林、草地和其他生物資源自然棲息地）所產生的潛在環境負面影響小於A類項目，那麼該擬議中的投資應被歸為B類。這些影響因地而異；其中如果有的話，也只有極少數是無法補救的。在大多數情況下，較之A類項目，B類項目更容易找到能減輕環境負面影響的措施。B類項目的環境評估範圍可能會因項目的不同而不同，但比A類項目的範圍要窄。

類型C：如果一項目可能只對環境產生很小的負面影響或根本不會產生負面影響，那麼該擬議中的投資應被歸為C類。除了審查外，針對C類項目，就無須再進行任何進一步的環境評估活動。

屬於A類和B類的項目應進行「環境評估」在大多數情形下，尤其是投資者為股權投資者的場合，投資者應自己付費負責進行環境評估。如為A類項目，MIGA非常鼓勵項目舉辦人召集與項目沒有關聯的獨立環境專家，在無利益衝突的情況下開展環境評估工作。在A類項目中，對於那些有嚴重的或多方面環境問題需要關注的項目，或爭議很大的項目，舉辦人通常還應聘請一個由獨立的、國際公認的環境專家組成的諮詢小組，就與項目環境評估有關的各方面問題，徵詢該諮詢小組的意見。該諮詢小組應扮演什麼樣的角色，取決於項目建設已經進展到何種程度，以及在MIGA著手開展該項目承保工作時，環境評估完成的程度和質量。如果在MIGA考慮向該項目發放擔保之前，A類項目的環境

評估工作雖然已由項目舉辦人以及與其有關聯的專家全部或部分完成，然而，因存有潛在的利益衝突問題，還必須就需分析的潛在重要事項，聘請獨立的專家對環境評估報告進行評審。

因擬投保的項目不同，為滿足MIGA的環境評估要求，所採用的評估模式或手段可能也會不同。這些做法可包括以下一項或幾項要素：環境影響評估、環境審計、環境風險或危害評估或者環境行動計劃。[3]

在適當情況下，MIGA的環境評估將使用上述手段或要素中的一個或多個。MIGA將建議投資者按照擬議中項目的類型使用相應的環境評估要求。MIGA將對環境評估所認定的事實和提出的建議進行評審，以便確定投資者提供的東西是否已足以讓MIGA作出擔保的決定。在MIGA介入一項目之前，如果該項目的舉辦人已經全部或部分完成了環境評估，那麼，MIGA將對投保人所提供的環境評估報告中所列的事實和建議進行評審，以確保其與MIGA的環境政策相符。為了使自己有充分的依據作出決策，MIGA還可能要求投保人作進一步的環境評估工作，包括與公眾進行公開協商和向公眾信息披露。

考慮到東道國的立法規定和當地的條件，環境評估報告也可能會推薦一些替代性的防止和減輕污染的排放幅度和方式。在此情形下，舉辦人的環境評估報告必須提出完整和詳細的理由，證明為什麼對該特定項目或地點選用這樣的排放幅度和水平。當使用替代性的排放幅度時，應呈報MIGA董事會評審。

在無東道國特定的立法和規章或世界銀行的環境指南可資援引的情形下，MIGA可能會對項目適用其他國際公認的環境標準

或最佳的管理實踐。

　　MIGA的經歷表明，中國的環境規則和管理規定基本上符合MIGA環境指南的要求。

　　考慮到項目的貸款人和少數股權者（股比低於50%，對企業沒有控制權的）與項目的關係，根據MIGA的環境政策，對他們可適用略有不同的規則。如果向MIGA申請擔保的為一項目的貸款人或少數股權者，他們須提供該項目舉辦人環境評估報告的副本以及其他MIGA認為必須的補充信息，以便MIGA判斷該項目的環境影響是否良好。

（四）公開協商與信息披露

　　作為審查程序的一部分，就項目的環境影響問題，MIGA要求A類項目的舉辦人必須與可能會受到投資影響的東道國當地團體以及當地有關的非政府組織進行協商。這些協商在項目開發的早期就應開始；如有必要，應連續不斷地進行。在對項目進行設計時，應考慮受影響的這些團體就與項目有關的環境和社會問題提出的意見。在投資者不是項目的多數股權者或對項目沒有控股利益的情形下，MIGA將要求這些投資者提供項目舉辦人已經採取有關步驟的信息，以證明具有實質意義的當地協商和信息披露工作已在進行。

　　為了使在東道國的當地民眾受益，MIGA要求投資者以適當的方式就地公布A類項目的環境影響評估報告。此外，在項目被提交MIGA董事會評審之前，該報告應在「世界銀行信息中心」公示六十天。

為了使A類項目的協商具有實質意義，MIGA期望項目舉辦人應及時地提供相關資料，且提供資料的語言和方式應為與之協商的他方團體所能理解。在MIGA收到正式擔保申請之前，或在項目已經按東道國的環境法律和規章得到批准或許可之前，A類項目的環境影響評估業已完成的，MIGA將按自己的要求判定公共協商和信息披露是否已經達到足夠的要求。如有必要，就實行補充性的公共協商和信息披露計劃，MIGA還可與擔保申請人達成協議。

（五）實施

MIGA所有的擔保合同都要求投保人在整個擔保期間必須遵守東道國的法律和規章，包括環境法律和規章，以及MIGA的環境政策和指南。在擔保合同中，投資者必須就遵守法律和規章這一事項作出陳述和保證。如為A類項目，MIGA可能會通過實地查訪或由項目舉辦人提交定期報告的方式，對投資者的守法情況進行確證。

投資者如違反擔保合同規定的義務，且在合同規定的寬限期限內未予糾正的，MIGA有權終止擔保或拒絕賠付。

五、MIGA 在中國的活動

中國是首批加入MIGA的國家之一，於一九八八年四月成為該機構的成員國。盡管如此，但直到加入五年之後，MIGA才對在中國的投資發放第一筆擔保。這種發放擔保的滯後性，引發了

一些觀察家對中國能否利用MIGA機制的疑慮，乃至懷疑MIGA基於政治化的考慮有意阻卻在中國發揮作用。

然而，自一九九三年MIGA對進入中國的投資簽發第一個擔保合同之後，形勢有了非常快的變化。從一九九三年到一九九九年間，MIGA共與在華外商簽訂了三十七份擔保合同。這些合同涉及二十八個不同的項目，MIGA累計承擔的最高保額超過二點五億美元。到上一個十年期末，MIGA在中國簽發的擔保合同數高於任何其他國家。MIGA在中國的承保額從零躍升至占其全部擔保數額的約3%。到二〇〇〇年只有七個其他國家獲得的總擔保額超過中國。

然而，來得快去得也快，在華外商對MIGA擔保的需求也下降得突然，讓人始料不及。雖然中國現仍有不少大型的石油和天然氣輸送管道項目以及數量頗多的其他項目但是除一九九九年與二〇〇三年分別對兩個大型基礎設施簽發的擔保合同之外在一九九九年至二〇〇三年間，MIGA未對在華外資發放一筆擔保。在這四年間，在華外商對MIGA擔保需求的下降，個中原因比較複雜。一九九七年始於泰國的金融危機席捲亞洲的其他國家，這明顯地對該地區的投資氣候產生了不良的影響。特別是在臨近上一個十年期結束之際，亞洲地區的主要經濟體仍處在動盪之中，日本經濟繼續萎縮。美國網絡經濟泡沫的破裂，連同對紐約和華盛頓的「9‧11」恐怖襲擊，加劇了發展中國家投資氣候的不穩定性。在新千年蒞臨之初，MIGA擔保業務總體上開局不旺。

在過去的四五年裡，發生的這些事件對外國投資流動產生了負面影響，這是毋庸置疑的。然而，儘管如此，中國的經濟增長

卻一直非常強勁。中國的經濟增長率雖從超過13%的高位回落到了7%-8%的區間，但中國的年經濟增長及其吸收外資的能力，仍在世界上處於領先地位。由此，中國外部不利的宏觀經濟發展趨勢，只能部分解釋在華外商新千年時對MIGA擔保需求下降的原因。

其餘的原因恐怕只能從積極的方面去尋找。隨著中國的發展，外資流入的數量年復一年地創記錄，且投資糾紛極少。於是，似乎有了這樣的可能，許多在華外商認為中國的政治風險水平已低於他們當初的想像。在投資業界，也出現了不少非正式的此類報告。由此，可能是由於在華外商越來越認為沒有必要投保這一簡單的原因，在中國，對MIGA的擔保需求就跌了下來。

從一九九三年至今，MIGA擔保的在華外資涉及範圍廣泛的經濟活動，包括製造業、電力生產、農業和金融業等項目。這些投資來自諸多資本輸出國，其貢獻之處在於，促進了中國的經濟發展與經濟增長，創造了可觀的出口水平，帶來了數以千計新的工作崗位，為工人提供了技能培訓，以及刺激了中國國內供應的增長。

MIGA在中國的第一份擔保合同是於一九九三年與美國的Non-Fluid Oil International公司簽訂的，為該公司在山東煙臺的一家合營企業中的股權投資提供擔保。該合營企業的中方為煙臺市政府所屬的煙臺玻璃廠。該合營企業生產玻璃模具潤滑油以及其他專用的潤滑油，供當地廠商使用。該合營企業生產的產品，其質量完全可與以往進口的同類產品相媲美。

一九九四年，MIGA對在中國的外商投資項目共發放了三筆

擔保。第一筆發放給一家大型的美國化學公司——American Cyanimide Company，為該公司在一家製藥廠的投資提供擔保。American Cyanimide Company投資七百萬美元，與蘇州市第六製藥廠（係國有企業）合資設立了一家雙方股比為50：50的合營企業，生產的藥品用於滿足中國國內需要。該企業運用先進的技術生產高質量的藥品，銷往中國國內無法供應此類藥品的地區。該企業的大部分原材料從當地採購。

同年，M1GA向美國Continental Enterprises Limited公司的子公司——美國Continental Grain Company簽發了兩份擔保合同，為該公司在中國投資的農業綜合經營項目提供了四百四十萬美元的徵收險和戰亂險擔保。這家名為「Wuhan Conti」家禽飼養場的合營企業，由Continental Grain Company與中國一家國有企業合資建設和經營。該企業生產的受精禽蛋就近出售給Continental Grain Company全資擁有的種禽廠。

一九九五年，MIGA在中國共簽發了七項擔保合同，擔保額累計達六千八百萬美元。Sika Silk Co. ,Ltd係由來自中國、義大利、韓國和美國等六家公司在四川省聯合舉辦的中外合營企業，MIGA向該合營企業的外方——美國Pepsico, Inc.、義大利的Ratti Technologies S. r. L.和韓國的Shinwa Textile Co. ,Ltd提供了擔保，承保其股權投資的貨幣轉移險、徵收險和戰亂險。Ratti Technologies S. r. L和Shinwa Textile Co. ,Ltd均為世界著名的生產和加工絲綢的專業廠商，他們為項目提供了工程、技術、營銷和管理方面的生產要素。通過設立該合營企業，四川省引進了先進的絲綢生產設備，工人被派往Ratti Technologies S. r. L位於義大利科莫市的最先

進的絲綢加工廠進行培訓。

Catalina Lighting, Inc.是美國高級照明裝置的供應商，投資收購和擴建中國的一家電力產品公司。就該項投資，MIGA與其簽訂了承保徵收險和戰亂險的擔保合同。該公司對繁榮當地經濟具有重要意義，原材料大部分從中國國內採購。

China Capital Development Corporation在中國投資設廠生產銅製工業品，獲得了MIGA徵收險的擔保。該項目企業是China Capital Development Corporation與中國一家國有公司合資成立的合營企業，生產半導體脫氧銅製品，包括用於製造發動機和通訊設備的連桿、電線和電纜等。

美國Honeywell公司與中國Sinopec集團公司聯合舉辦了一家合營企業。就對該合營企業的股權投資，Honeywell公司獲得了MIGA徵收險和戰亂險的擔保。該項目企業出售、安裝和支持各種管理和控制系統，此類系統旨在改進製造業廠家的生產和提高效率，特別是以石油和化工工業的廠家為服務對象。

MIGA向美國Ingersoll Rand Co.的一家全資子公司在華投資提供了限制轉移險、徵收險和戰亂險的擔保。該公司與中國國有的Oil & Feed Machinery Head Co. 總公司合資開辦了一家合營企業，從事動物飼料生產設備的裝配、製造和銷售。約百分之二十的產品供出口。

一家美國機械設備製造商——Sunnen Products Co.與中國兩家國有企業合資創辦了一家合營企業。就Sunnen Products Co.在該合營企業中的投資，MIGA提供了徵收險和戰亂險的擔保。

Citibank N. A.（花旗銀行）是美國的大銀行。就該行在中國

投資設立分支機構的資本金，獲得了MIGA貨幣轉移險和徵收險的擔保。Citibank N. A.銀行將這些投資用於擴大其在上海和深圳的分支機構和新分支機構的建立。

一九九六年，MIGA對在中國的項目發放了三項投資擔保。就其股權投資、股東貸款和貸款擔保，瑞士André & Cie.獲得了MIGA貨幣轉移險、徵收險和戰亂險的擔保。該公司與江西Xinjian Foreign Economic Relations & Trade Corporation合資設立了一個農業綜合經營企業，其經營範圍包括榨油、食用油的精製，以及在江西境內銷售穀物種子和食用油副產品。該企業也開展研究工作，意在開發與植物種子有關的新產品，並希望緩解江西省食用油和相關產品長期供應不足的矛盾。該項目首次在當地生產精製食用油，所有的投入和生產所需的設備，均從中國國內採購。

荷蘭Atlantic Commercial Finance, B. V.公司是前些年陷入嚴重危機的美國大型跨國公司——安然公司的全資子公司。MIGA對該公司的股權投資發放了一千六百七十萬美元的貨幣轉移險、徵收和戰亂險的擔保。該項目是一座一百五十九兆瓦的組合交流電柴油機電廠，位於中國海南島東部，屬中等負荷，專門用於解決海南省的供電緊張問題。應客戶要求，這一新電廠旨在自動調節用電需求的波動，有助於消除斷電現象以及使供電和用電相匹配。該項目的發電量約占當時海南省電站裝機總容量的百分之十三，對促進當地的經濟發展具有重要的意義。該電廠還採取各種措施使自己符合世界銀行環境指南的要求。

ING Bank N. V.銀行獲得了MIGA貨幣轉移險、徵收險和戰

亂險的擔保，承保對象為該公司對Sika Silk Company Ltd.的貸款。如前所述，Sika Silk Company Ltd係一家由來自中國、義大利、韓國和美國投資者聯合舉辦的合營企業。該項目外方的股權投資已在一九九五年得到了MIGA的承保。

一九九七年，MIGA在華共發放了三千八百一十萬美元的投資擔保。Coastal Wuxi Power Ltd.是當時美國Coastal Corporation的全資子公司，其股權投資和貸款獲得了MIGA限制轉移險、徵收險和戰亂險的擔保。該項目是美國Coastal Wuxi Power Ltd.與兩家中國國有電力公司聯合舉辦的合營企業，建設和運營位於江蘇省的四十兆瓦渦輪燃氣電廠。該電廠設計用於緩解用電高峰時期無錫市商業用電的缺口。

Purolite International Ltd.是一家英國公司，其投資對象為位於杭州的一家離子交換樹脂製造企業的現代化和擴建項目。MIGA向該公司的股權投資發放了一千四百一十萬美元的限制轉移險、徵收險和戰亂險的擔保。該企業生產的產品用於水處理和食品加工，百分之七十的產品在中國境內銷售，可滿足當地對離子交換產品年需求量的四分之一。其餘產品出口給亞洲其他國家的用戶使用。該企業可為當地創造約三百個就業崗位。

美國Kimberly Clark Corporaton在北京投資生產和銷售個人保健品。就該公司在合營企業中的股權投資，MIGA提供了八千五百萬美元的限制轉移險、徵收險和戰亂險的擔保。該合營企業由Kimberly Clark Corporation與中國國有的Beijing Economic Technological Investment & Development Corporation合資包辦，僱用的當地工人超過一百人，並提供銷售、管理和使用新技術生產高質量個人保

健品方面的培訓；百分之六十的原材料來自當地，對當地的包裝、分銷和廣告業的發展都有積極的促進作用。

德國BWF Unternehmensbeteiligungen GmbH是生產和經營針式過濾氈的企業，其股權和貸款投資得到了MIGA徵收險和戰亂險的擔保。該項目企業坐落於江蘇省境內，是BWF Unternehmensbeteiligungen GmbH與西山市的一家當地製造商聯合創辦的合營企業。該公司的投資帶來了製造和銷售針式過濾氈的先進技術和專有技術。該合營企業從當地採購原材料，中國國內公司可從中受益。項目創造了一百三十個新的工作崗位，並提供生產流程、質量控制和設備維修方面的培訓。年出口額超過六十萬美元。

一九九八年，MIGA對在華外商發放的擔保額達五千萬美元。André & Cie.再次獲得了擔保。這次MIGA承保的是法國Banque Natonale de Paris向André & Cie.提供的貸款擔保的政治風險，該貸款屬於對位於江蘇省的一家農業綜合經營企業提供的融資。

上述美國Coastal Corporation就其在中國的投資又獲得了第二份擔保合同。MIGA向該公司的全資子公司——Coastal Suzhou Power, Ltd.的投資發放了限制轉移險、徵收險和戰亂險的擔保。Coastal Corporation在蘇州建設和營運一座七十六兆瓦的簡單交流電渦輪燃氣電廠。該項目設計用途是緩解蘇州市市區電力短缺的問題，並改善電力供應的可靠性。這些發電設備取代了臨時的燃油和燃煤鍋爐，這樣就降低了煤炭的消耗，對節約能源和減少對環境的危害做出了貢獻。該項目還在毗鄰區域修設了一條新公路、一個碼頭和一條連接當地高壓輸電網的變電線路。

Harris Advanced Technology（Malaysia）Sdn. Bhd是美國Harris Corporation的全資子公司，獲得了MIGA提供的三千零六十萬美元的限制轉移險、徵收險和戰亂險的擔保。擔保的對象為該公司對在中國的一個半導體製造和測試工廠的投資。該廠位於蘇州市經濟技術開發區，生產多種先進的電子元器件，以滿足中國對電子產品不斷增長的需求。該項目共創造了一千三百個工作崗位，並帶來了不菲的出口收入。

一九九九年，MIGA對在華的五個項目發放了擔保，保額累計達五千零五十萬美元。Coastal Corporation在江蘇省的兩個電力項目新投資得到了擔保。Coastal Nanjing Power Ltd.在南京市投資建設渦輪燃氣柴油電廠，投保二千零七十萬美元的限制轉移險、徵收險和戰亂險。該項目有助於緩解南京市因經濟快速增長和電力裝機容量有限所帶來的電力嚴重短缺狀況。

Coastal Guzu Heat and Power Ltd.也是Coastal Corporation的子公司，在蘇州市投資一千零八十萬美元建設和營運一座二十四兆瓦的組合交流電渦輪燃氣電廠，得到了MIGA簽發的保單。該電廠旨在緩解蘇州市城區電力短缺狀況，並改善蘇州市電力供應的穩定性。該電廠與其他兩個電廠一起營運，並利用廢棄的熱能增加發電量。

德國BWF Unternehmensbeteiligungen GmbH對在江蘇省境內的一家針式過濾氈製造廠進行了三百七十萬美元的股權和貸款投資。該投資得到了MIGA第二份徵收險和戰亂險的擔保。該廠生產和銷售的專用聚酯纖維過濾針用於工業粉塵的壓縮和廢氣的淨化，產量占到中國生產的針式過濾氈的近百分之五十，並大量用

於出口。對該廠的所有供應和生產所需的主要原材料，均從當地供應商採購。

Interface Overseas Holding Inc.獲得了MIGA提供的九百五十萬美元的限制轉移險、徵收險和戰亂險的擔保，擔保該公司對Shanghai Interface Carpet Co. Ltd.的股權和貸款投資。該項目建設和營運的工廠為當地市場生產和銷售毯制高頂硬帽。

德國Schmalbach-Lubeca AG的股權投資得到了MIGA發放的五百八十萬美元的擔保。該投資生產和銷售的產品為真空包裝袋以及用於食品和飲料罐的包裝設備。這些產品通過提高食品罐密封設備的質量來改善食品安全狀況。真空包裝袋用於保存易腐爛的產品。該項目將製造真空包裝袋的設備租賃給當地的中國公司。Schmalbach-Lubeca AG還為中國的客戶提供技術和售後服務。當地僱員能得到製造、測試和分銷高質量食品包裝產品的現場培訓。該項目還建立了一個包括醫療、住房、意外保險以及其他受益基金在內的社會福利計劃。項目生產所需的原材料採自當地。

從接受諮詢和收到初步擔保申請、正式擔保申請的數量來判斷，二〇〇三財政年度，在華外商對MIGA擔保的需求有所增加。也許是巧合，許多需求來自供水行業。數個不同合同的承保工作正在進行之中，在二〇〇四財政年度之初，MIGA已向供水行業的外國投資者簽發了兩份保單。

在這兩份擔保合同中，最具經濟意義的一份是與一家老牌的法國供水系統運營商——Compagnie Générale des Eaux簽訂的，其保護對象是該公司用以收購上海市浦東自來水公司百分之五十股份的投資。這二點四五億美元的股權投資實際上是投在了供水設

施的私有化項目。在該家為上海浦東地區提供飲用水的新合營企業中，公眾持股的浦東水資源管理和開發公司仍占百分之五十的股權。MIGA向投資者發放了總保額為一億美元的徵收險擔保。隨後，其中百分之三十的擔保風險額通過合作擔保計劃機制，又以辛迪加的方式分保給私人保險市場。

此外，在二〇〇四財政年度，新加坡的Darco Environmental公司得到了MIGA發放的七千九百萬美元的限制轉移險、徵收險和戰亂險的擔保。被擔保的股權投資投向一個位於浙江省的水處理廠。該廠將提供工業和居民用水。該投資由新加坡投資者設在香港的子公司投入。

另有兩個供水項目的承保工作正在進行之中。這兩個中型項目均在中國的南方。因交易的複雜性，在二〇〇五財政年度之前，這些擔保合同恐難定板。此夕，未決的正式擔保申請涉及製造業、電力和城市垃圾焚化等項目的投資。這些項目的舉辦人希望得到MIGA三億多美元的擔保。

除了承保工作已取得進展的這些項目之外，MIGA還通過自己的渠道收到了關於在華投資的約一百四十項初步擔保申請。這些項目來自人們想像到的各個行業，從傳統的製造業和基礎設施項目，到旅遊、採礦和多種服務業。這些項目相當大一部分的投資者來自美國。

在中國發生的撤銷擔保合同的情形，已為MIGA所注意。近年來，在經濟轉型取得實質進展的其他較大的發展中國家，已有此類情形的出現。在過去的三年裡，在華被擔保人撤銷合同的就有十個。這些投資者進言MIGA，他們在中國的項目受到政治風

險干擾的概率非常之低，無須繼續維持擔保。除一個項目之夕，其他所有的此類項目都屬傳統製造業的投資，且大部分投在中國的東部沿海地區。這些企業作出不再繼續購買擔保的決定與MIGA已注意到的在華製造業外商對擔保需求的放慢有一定的關聯。倘若MIGA在去年粗略觀察到的該現象代表著一種發展趨勢已經發端的話，那麼，這就有力地證明了中國成功地為外商創造了一個使之有信心的和穩定的經濟環境。

六、**MIGA** 的理賠經歷

無論是與公營的保險機構，還是與私營的保險機構相比，MIGA在過去十五年的經營過程中，應該說是特別幸運的：自其建立以來，MIGA只支付了一起索賠案。

自一九九八年以來，出現了二十幾起事件。就他們在一些東道國碰到的問題，被擔保的投資者向MIGA進行了通報。假如MIGA未及時介入，可能已經導致一些保單項下索賠請求的出現。在其中的五起事件中，正式的索賠請求最終被提起。MIGA對這些索賠案中的一起（針對在印度尼西亞的一項投資）於二〇〇〇年支付了賠償；二〇〇二年拒付了另一起有關印度尼西亞的索賠案；第三起索賠案與在阿根廷的一項投資有關，現正在磋商之中。在二〇〇三年提起的兩起索賠案，也都是針對在阿根廷的投資。因被擔保人不再堅持索賠的請求，可推定他們已放棄了這一權利。

對於這二十幾個案件中的每一個，為了在事態未進一步惡化

之前努力解決糾紛，MIGA在被擔保的投資者告知MIGA已與東道國政府出現嚴重的糾紛之時，就立即與資本輸入國當局進行磋商。就大多數事件而言，除了那些後來發展成索賠和出自阿根廷的那些事件之外，其餘的糾紛花費不長的幾個月時間就得到了成功的解決。

　　有關在阿根廷投資的擔保合同糾紛，相對來說，未得到及時的解決。這些糾紛不是投資者與東道國政府之間發生的傳統型的衝突，而是因為阿根廷制定的立法對投資者造成了負面的影響，這些立法本身又是該國在上一個十年期之初經濟陷入困境的產物。為了應對該國歷史上最嚴重的經濟危機，阿根廷頒布了一系列的立法。在一些外國投資者看來，這些立法改變了MIGA所擔保的那些投資的「遊戲規則」。因為，這些被指控的阿根廷法律和法令是為了從整體上最終改善經濟狀況而制定的普遍適用的規範，雖然阿根廷政府已經非常努力地與MIGA進行合作，以尋求一個兩全之策：既不損害這些立法所要達到的經濟目的，又能將被擔保投資者權利受損的程度降至最低，然而，事實證明，這需要花費相當長的時間。

　　MIGA現行的格式擔保合同第27.1條第 e 款規定，一旦遇有「任何會引起或實質性地增加一項損失可能性的事件或情形」，投資者有義務立即通知MIGA。規定這一條款的目的是要讓MIGA儘早知悉正處於萌芽狀態的問題。從理論上講，與已經惡化數月之久並成為當地一起名聞遐邇案件的糾紛相比，一起剛剛出現的糾紛更容易解決。MIGA是一個具有中立地位的發展性國際組織，並歸其成員國所有。MIGA的創始者預料到，在處理涉

及被擔保人的一起糾紛時，這樣的雙重因素共同起作用的結果，使得該機構具有了實質性的影響力。事實已經證明如此。

自一九九八年以來，由被擔保投資者告之MIGA的潛在索賠情形為數很少。與之對比，在同一時期，據報告，各大國家投資保險機構已支付了數起索賠案。鑑此，人們必然會問，MIGA在交易中的地位本質上是否已經成為一種「疫苗」亦即，就其他投資者在相同情形下碰到的一系列困難，MIGA可為向自己擔保的投資者築成一道防護網。沒有具體的證據支持這種猜想；但是，在對一項由世界銀行集團成員之一承保的投資進行干預之前，大多數發展中國家會三思而後行。作這樣的假設並非不盡合理。

此外，MIGA出色的理賠記錄應被視為該機構高質量的承保工作的體現。與國際投資保險市場上的一些保險機構相比，MIGA既不是一個業務量很大的保險人，也不是一個簽發保單的最快者。相反，它是按照項目對東道國發展所產生的積極影響的程度，審慎地選擇擔保的項目；而對於那些經濟、金融或環境風險超過MIGA可接受水平的項目，MIGA會認真考慮那些不予承保的建議。似可斷定的是，MIGA擔保項目的成功至少部分來自其在承保工作中一絲不苟的態度。

最後，實踐證明，在有關索賠案的談判過程中，MIGA的應對方法是非常有效的。儘管其機構規模小，但是，對那些自己已在當地開展業務的國家，MIGA努力與這些國家的政府官員保持聯繫。MIGA擁有多種文化背景的職員，他們遴選自約五十個成員國，精通外語。這就意味著，在任何一個成員國投資的投資者碰到問題時，MIGA都可快速地與之直接接觸。如果情況允許，

有經驗的職員將立即前往該國收集已生糾紛的信息。MIGA盡量做到越快越好，會見東道國的官員和被擔保投資者的代表，並選派專家，以一個「誠實的中間人」的角色敦促他們朝著解決糾紛的方向努力。在幾起潛在的索賠案得到解決之後，成員國們告訴MIGA，MIGA行動是如此之快速，其代表對糾紛解決事宜是如此有經驗，以及他們提議的解決糾紛的方案是如此的睿智，都是這些成員國所始料未及的。若干東道國政府官員表示，較之與他們打交道的世界銀行集團的其他成員，MIGA在相當程度上更具「敏捷性」。

審視已經提交MIGA的索賠案和潛在的索賠請求，可以發現一個有趣的現象，就是MIGA發放擔保所依據的普遍接受的國際法原則，與外國投資者面對的現實（尤其是在東道國經濟整體上處於困難的時候）之間存在著張力。因負有為客戶保密的義務，MIGA不可能隨意詳細談論其索賠談判的過程。然而，以下闡述的兩個案件，要麼已經公開，要麼客戶已表明放棄保密的要求。這就為理解索賠如何產生和了解MIGA如何處理投資糾紛，提供了一個難得的文本。

在第一個案件中，MIGA對在印度尼西亞的安然公司支付了賠償，雖然當事雙方都想避免這樣的結果發生。第二個案件事關美國海岸能源公司在中國的投資。因為在曠日持久的談判中當事雙方都顯示了超乎尋常的靈活使得索賠得以避免。最後要介紹的是發生在阿根廷的一組案件。然而至少在其中的一個案件中儘管當事雙方已經盡到了避免向MIGA索賠的努力，但是事實上想要讓MIGA不付賠，現在看來似已無可能。

自一九九八年以來，MIGA面臨的潛在索賠案數量很少，如果說這樣的情形非常引人注目的話那麼同樣令人好奇的是在向MIGA報告的問題中大多數與「違約」有關。雖然出現了一九九七年亞洲金融危機和二○○一年阿根廷拖欠債務的事件，但是極少有糾紛與貨幣禁兌險有關；儘管非洲麻煩不斷但是沒有一起糾紛涉及政治侵害險也沒有一起糾紛與傳統的徵收和國有化險有關。

雖然MIGA有權發放獨立於徵收險的違約險擔保，但是由於市場不接受，在實踐中，極少有投保違約險的情形。MIGA單獨簽發違約險合同的前提是，投資者應援引其與東道國政府訂立的投資協議中的仲裁救濟條款，然後再將仲裁程序推進到贏得對東道國政府的裁決為止。只有在東道國政府阻撓仲裁程序的進行並使之無法完成，或者即使仲裁程序已經完成，但東道國政府拒不履行對其作出的不利裁決時，MIGA才承擔賠付的責任。這兩種情形均構成國際法上的「拒絕司法」行為。

從MIGA的角度來看，寧願等到出現「拒絕司法」的情形，才考慮賠付。其原因是，在這之前，複雜的糾紛尚未明朗化，且當事雙方仍在自行解決糾紛的過程之中，MIGA應避免不情願地介入其間。雖然因這種違約險可減少管理的難度而受到MIGA的青睞，但卻遭到了投資者的抵制，他們不願承擔久拖不決的以仲裁方式解決糾紛的費用。大多數投資者也更願意把糾紛解決在早期階段，並修補與東道國政府之間的關係，以挽救他們的投資，而不願訴諸仲裁，因為仲裁通常無法及時和建設性地處理他們與東道國政府之間的關係。

　　基於上述原因，儘管保費更高，為了防範違約風險，實際上，所有投資者所選擇的是保險範圍更廣的「徵收險」險種。在最近的一次修訂之前，MIGA標準的格式保單第8條通過綜閱第8.2條第d款第i項、第8.2條第d款第ii項和第8.5條的規定，已經默示地將違約險納入其內。就投資者遭遇的足以有可能產生索賠的糾紛，之所以說在他們與MIGA簽訂的大多數合同中，已經將違約險包括在擔保範圍之內，[4]是從以下規定中推導出來的：

第8條　徵收

　　8.1　對徵收的擔保應涵蓋東道國政府[5]採取、引導、授權、批准或同意的任何措施，只要這些措施在第8.2條規定的徵收的意思之內……

　　8.2　在不違反以下第8.3條、第8.4條和第8.5條規定的前提下，一項措施應屬「徵收」如果該措施：……

　　（d）阻止項目企業：

　　（i）實際經營在擔保申請中列明的投資項目或其實質性部分；
　　…………

　　（ii）行使與投資項目有關的實質性權利……

　　8.5　東道國政府違反對擔保持有人或項目企業的合同義務，其本身並不必然構成徵收措施。

　　把這些規定放在一起並從整體上加以解讀，在下列情形下一東道國政府實體因違約而給投資者造成損失的，投資者可能會獲得請求MIGA賠付的權利：按標準格式合同補篇的規定，違約方

包括在「東道國」含義範圍之內；以及被控的違約行為阻礙投資者經營已經規劃的項目，但應意識到那些尚未達到高度嚴重性質的違約行為，不在保險範圍之內。

雖然不幸，但外國投資者和東道國政府實體之間發生日常的爭吵，在所難免。尤其是複雜的基礎設施投資項目，項目協議總計有超過兩百頁的情形。設置上述有關違約情形限定的目的在於，將這些日常的爭吵與涉及當初雙方談判中核心問題的重大投資糾紛區別開來。MIGA意在只對那些達到徵收水平的違約險提供保護，因為，實際上，這些違約行為在效果上等同於剝奪被擔保的投資。

安然公司是在美國能源領域的一大巨頭，後因陷入一系列欺詐和醜聞而倒閉。一九九七年出現在安然公司與印度尼西亞政府之間的一起糾紛，顯然是MIGA在開業頭十年期中碰到的最棘手的案件。在自安然公司按照擔保合同第8.2條正式通知MIGA起的一年時間裡，該糾紛未能得到解決。結果發展成MIGA的第一個付賠的案件。安然公司希望通過談判解決索賠問題，而不是最終從MIGA獲得賠償了事，因為那樣會斷送其在印度尼西亞的利益。由此，在擔保合同規定的三百六十五天等待期和一百八十天的付賠決定期屆滿後，安然公司多次同意MIGA展期。當最後一次展期屆滿時，正是印度尼西亞一方需要作出決定之時，但該方終未有回應，安然公司出於必須履行其對股東所負義務的考慮，只好無奈地選擇要求MIGA付賠。但從MIGA獲得賠償之後，安然公司立即請求MIGA重開與印度尼西亞政府的和解談判。這項談判又進行了六個月，但終因印度尼西亞經濟動盪，以致無果而

終。

作為該案投資者的安然公司，在當時是一個電力、基礎設施和自然資源部門的大型多國公司。該公司與印度尼西亞當地的一個合作夥伴組建了一個合營企業。一九九五年，該企業從印度尼西亞國家電力公用事業公司贏得了一份建設一家電廠的合同，電廠的位置在印度尼西亞爪哇島的東部。安然公司就其在該項目投資可能遭遇的風險購買了保險。如上所述，按照擔保合同的規定，在徵收險中包括了違約風險。根據與印度尼西亞電力部門達成的項目協議，安然公司和其在當地的合作夥伴於一九九六年開工建設該項目。

在蘇哈托政府終結的那段時間裡，許多尤其批准建設的電力項目，因電價高和項目本身建設成本的問題，被勒令重新進行嚴格的審查。一九九七年，在有關國際金融機構幾近一致的支持下，印度尼西亞政府「中止」了二十七個電力項目，MIGA擔保的這個項目就是其中之一。該項中止令沒有提及投資者在這些被中止項目中可能擁有的權利，也沒有包括任何一項預計應列入的有關處理投資者索賠的條款。同樣，就那些已經善意地按照合同進行投資的投資者而言，一九九七年之後，已經強烈地感受到他們的投資價值已經受損，但印度尼西亞政府也沒有任何給予補償的規定。

如有可能，安然公司還是希望仍留在印度尼西亞。由此，安然公司通過自己的努力，就公司的未來，尋求與印度尼西亞政府展開協商，但對方始終置之不理。印度尼西亞政府拒絕以任何方式與安然公司商討，似乎是因當時時局動盪和混亂所致，而非出

於對安然公司的敵視，因為安然公司當時在該國聲譽良好。在經歷幾個月的冷遇後，安然公司受挫。於是，按照擔保合同的規定，向MIGA提交了索賠的通知。

MIGA立即將該事件知會印度尼西亞政府的高層。印度尼西亞政府承認，沒有就此事及時給安然公司作出充分的回應（不過對其他絕大多數項目，亦是如此）；並著手與MIGA一起尋找解決問題的可能途徑。印度尼西亞政府請MIGA相信，它希望找到一條能使對方撤回索賠的解決方法。

此事的商談持續了十八個多月之久。涉及的問題複雜，因為當事雙方希望找到一種解決方案，既能滿足該案投資者的合法權益，又能顧及當時政局非常混亂的印度尼西亞政府在經濟和政治方面的擔憂。MIGA相信，通過其顧問設計一個解決方案，將當時對印度尼西亞另一項重要的輸油管道新投資也考慮在內，就相當有可能促成當事雙方共同接受該解決方案。該解決方案包括了實際上要讓賠付請求作廢的內容，由安然公司將已得到的賠付款退回MIGA。不幸的是，這樣的一種解決方案只是從原則上看起來具有可行性，而在二〇〇〇年印度尼西亞當時那樣的經濟困境下，實踐證明是無法實施的。由此，擬廢除賠付請求並促成安然公司參與另一項新的、較大項目投資的這樣一次努力，最終還是付之東流。人們應在事後設想一下，就該一億美元投資的輸油管道項目，假如當時在合理利率基礎上能夠確保融資到位的話，那又會是怎樣的一種結果呢？！

隨著廢除賠付請求談判的失敗，按照《MIGA公約》的規定，MIGA開始與印度尼西亞政府談判一項挽回自己損失的協

議。該公約第十八條第a款規定：

一旦對擔保持有人支付和同意支付賠償，本機構應代位取得擔保持有人對東道國……所擁有的、與被擔保投資有關的權利或求償權。……

作為該案已獲賠投資者的代位權人，MIGA就其向該案投資者所支付的全部損失賠償額，有權要求印度尼西亞政府給予補償。

起初，印度尼西亞政府對是否同意與MIGA展開協商心存疑慮，因為該國擔心，這樣會給自己處理其他受損電力項目（包括由美國海外私人投資公司承保的項目）的糾紛，樹立一個不利的先例。同時，一些不得人心的電力項目似乎存在著「腐敗、串通和裙帶關係」等污點，正是這些問題導致了蘇哈托政府的最終下臺。由此，印度尼西亞政府也不得不關注公眾對向MIGA付賠一事的反應。

另外，對按《MIGA公約》負有接受MIGA代位求償的義務，印度尼西亞政府從未置疑過。儘管籠罩在電力項目失敗的氣氛中，但會談進行得還是相當友好。印度尼西亞政府聘請了場外法律顧問（紐約一家主要的律師事務所），在與該電力項目有關的談判中，向其提供諮詢意見。也許是因為所涉賠償額相對較小，印度尼西亞政府相當快地就與MIGA達成了解決的方案。正式的索賠解決協議於二〇〇一年年初簽訂。該解決協議要求印度尼西亞政府向MIGA支付全額補償，但可採取分期等額支付的方式，

利率適中。儘管當時該國的時局仍然持續不穩，但作為解決協議內容的一個組成部分，MIGA同意在印度尼西亞重開擔保業務，並積極尋求推動新的外國投資投向該國。總的來看，MIGA管理層認為，這是在不幸中求得的一個非常滿意的結果。

　　隨著安然案件的出現和發展，一個在中國碰到麻煩的被擔保投資者也向MIGA報告了相似的情形。從實質上看，在中國的這個案件與安然在印度尼西亞碰到的問題非常類似——對方違反了一個關鍵性的合同，需要展開緊急磋商，投資者面臨的是喪失在項目中投資的危險，其解決過程發展的路線也與安然案件大致相同。但與安然公司在印度尼西亞遭遇的情況有所不同的是，中國的這個案件從國際法觀察家的角度來看，反映了一個發展中國家對法律規則的理解與西方傳統信守合同理念之間的衝突。

　　中國這起案件的當事一方——海岸公司，是一個一體化經營的多國能源公司，該公司惠允我們在這裡討論其糾紛的事實；另一方當事人是江蘇省電力管理部門。作為投資者的海岸公司（現已被埃爾‧帕索公司吸收合併）是一家美國大企業，活躍於石油、能源和電力領域，在中國有著長期和成功的投資經歷。在上一個十年期的頭幾年，中國許多城市地區發展到了工業化的階段，對電力需求緊迫。鑑此，一九九五至一九九六年，海岸公司與當地有關部門簽訂了四個合營企業合同，在江蘇省境內投資建設三個調峰電廠。這些電廠分別位於無錫市、蘇州市（有兩個合營企業）和南京市。三個電廠的總投資額超過六千萬美元。

　　這三項投資所採取的方式類似，按照中國標準化的模式以合營企業的形式投資於電力行業。每個合營企業都建立在一系列相

關的協議之上，這些協議由該案投資者的子公司和適格的當地政府部門簽訂。就MIGA的擔保而言，在每個投資項目的這些協議中，最為重要的是購電合同，該合同規定了當地用戶購買合營電廠所生產電力的價格。因為這些購電合同決定著投資回報，所以構成當時該案投資者討價還價的核心部分。

這些購電合同是與以下當地有關實體簽訂的，前三個合同的訂約實體是地市級部門，最後一個是省屬機構：

- 無錫市城電新能源開發有限責任公司（1995年4月27日）
- 蘇州能源開發有限責任公司（1995年10月17日）
- 蘇州能源開發有限責任公司（1997年5月4日）
- 南京市供電局（1996年4月19日）

在購電合同訂立時，這些實體均為當地政府所轄的半政府部門性質的地市級和省級機構。每個實體顯然有法定的權力與供電方談判購電計價方法和購電量，以購買電力用於零售，從消費者那裡收取電費。從最終用戶處收入的款項用於履行其在購電合同項下對合營企業的支付義務。

就該案投資者子公司投入合營企業的投資，MIGA簽發了通常類型的保單，所擔保的險種包括徵收險。保單所載與本目前述有關內容相似，承保範圍涵蓋違約的情形。雖然投資的只有四個合營企業，但是簽發了五份擔保合同，因為其中在無錫市的那個項目，MIGA既承保了股權投資的風險，又承保了股東貸款的風險。

按照《MIGA公約》第十五條的規定，MIGA在向該案投資者簽發五份擔保合同時，徵得了中國政府的批准。每個項目的批

准申請起初呈報中國財政部的一位副部長。該副部長告知，此類申請應由當時的中國對外貿易經濟合作部辦理。MIGA在呈送申請時隨附了相關的補充信息。項目所有的信息由中國對外貿易經濟合作部轉交給江蘇省有關部門審查，並聽取意見。在規定的時間內，中國對外貿易經濟合作部批准了每一項擔保。根據《MIGA公約》第十五條的規定，批准一個項目的擔保，意味著東道國政府同意MIGA對該項目提供保險。

這四個項目的購電合同是投資的經濟命脈所在，因為合同規定的購電計價方法和購電量決定著該案投資者的投資回報率。依電力行業的慣例和中國的實踐做法，在購電合同的談判中，考慮到這四個項目的實際情況，合同起草時以「成本加利潤」方法為基礎計算該案投資者應得的價款。換言之，雙方議定，電力按約定的購電計價方法和數量出售給當地購買者，其所得應能償付該案投資者的生產成本和投資的合理利潤回報。因為該案投資者無法控制項目的成本，特別是作為電廠燃料的柴油價格每年都在浮動，而且勞動力成本、匯率和稅收負擔也都不確定，所以購電合同按照成本中性的補償原則制訂一個算式，將成本轉由購電方承擔。由於有些年度實際用電量可能會低於事先測算的最低值，就此，也需要規定一個補償辦法，該辦法也構成以消耗中性為基礎的電價算式的一部分。

在這四個電力項目進入營運階段之後，中國政府開始在全國範圍內重新審查其電力政策。電力行業的快速發展和不時顯現出來的無序狀況，促使這種重新審查的步伐加快，以整頓過去十年裡開始出現的電價混亂情形，包括電價計算基準的多變、市場的

無效率、電力銷售的重複徵稅和高稅收負擔以及地方行政管理的失誤。在中國，受到電力行業價格問題嚴重影響的那些省分，迫切需要尋找新的辦法來解決這些問題。

考慮到存在的這些問題，從一九九八年十一月十七日到一九九九年九月二十二日，江蘇省政府頒布了一系列政策文件和規定，結合在一起並構成一項「綜合電價政策」於一九九九年七月十五日開始生效。該綜合電價政策對江蘇省的電價制度進行了系統的改革，所採取的措施包括全面調低現行的電價，取消各種針對電力銷售的地方稅，以及收回地方政府購電的權利。由此，實際上鞏固了電力的銷售制度。

綜合電價政策取消了地方電力價格部門審查和調整購電合同項下電價的權力。而按照與綜合電價政策一同出臺的二四九號通知（1999年3月5日發布）的規定，江蘇省的調峰電廠必須另訂新的購電合同。這些調峰電廠得就新合同與江蘇省電力公司談判，該公司被授予獨家從電廠購買電力和向省內用戶零售電力的壟斷權，同時還有確定電價的權力。從當時的情況來看，對於這種單方面廢止外商以前與地市級部門簽訂的購電合同所產生的後果，江蘇省政府並未作出如何加以處理的規定。

最關鍵的問題是，綜合電價政策中的管理規定，突然將購電的計價方法由購電合同約定的「成本加利潤」公式改變為「一刀切」的做法。按照該管理規定，供電計價被簡單化為，調峰電廠均應採取限定「最低購電時數」的方法。該方法意味著，自此，這些美國企業的投資回報將取決於其發電的成本和電力的銷售量，而這兩項因素正是他們所無法控制的，會發生週期性的大變

動。

　由於柴油成本的變化無常以及外匯匯率風險的存在，江蘇省政府採取的這些新措施，從經濟上看，將嚴重威脅該案投資者在該省繼續順利經營的能力。境況表明，兩個電廠的收益將使該案投資者無法獲得合理的投資回報。第三個電廠的情形是，項目的投資收益率將跌至百分之四點一，以此來支付貸款的成本，尚有相當大的差距。具有諷刺意味的是，因為將發電成本和發電量的風險強加於該案投資者，綜合電價政策帶來了這樣一種結果，在當時情況下，電廠銷售的電力越多，該案投資者所得的利潤反而越少。顯然，這種情形是不合理的。

　當上述情形繼續延續而未見好轉時，根據保單的規定，隨著時間的推移，可能就已演變成了該案投資者有權向MIGA索賠的風險損失。

　每個主權國家都有權利，實際上也有義務不時地對其電力政策進行評估，並保持此類政策的合理性，使之與本國電力行業的發展步伐相協調。這不但對發達國家來說是這樣，而且對發展中國家來說也是如此。而就此面臨的挑戰是在每個案件中要考慮電力行業投資者的既得權，如果投資者已經按照與當地購電方訂立的合同作出了實質性的投資承諾，唯一公平的做法是，在調整國內的電力政策時，應考慮投資者的利益。

　該案投資者試圖避免由新的綜合電價政策給其帶來的不利影響，但經數月努力，終無所獲。一直拖延到一九九九年後期，仍然無望獲得關鍵性的賠償。於是，該案投資者就告知MIGA其所碰到的問題，並請求MIGA緊急協助其尋找解決糾紛的途徑。該

案投資者主張，單方面修改合同規定的購電計價方法，屬於違反與其子公司訂立的幾個購電協議的行為。這樣的單方面違約行為正包含在本目所述的MIGA廣義徵收險的承保範圍之內。儘管對事件很著急，但該案投資者還是告訴MIGA，它非常同情江蘇省政府實現電力政策合理化和現代化的動機，並向MIGA明確表明，它願意採取靈活的態度尋求解決的方案，以顧及江蘇省政府關心的一些問題。

在從該案投資者那裡得知其碰到的問題之後，MIGA立即與中國中央一級政府的有關部門和地方一級政府的有關部門進行了磋商。這些部門一致知會MIGA，如有可能，他們希望能避免索賠情形的發生。在緊接著的有關當事方的談判中，中國政府官員提出了這樣一個疑問，為什麼違約行為構成一個徵收事件，而不是一起可以在當地法院解決的普通商業糾紛。他們向MIGA表明，他們是本著保護中國電力消費者這一全國性的一貫政策，以最大的善意行事。難道合法的國家利益不能優於投資者個人的合同權利？

在許多觀察家眼裡，這樣的疑問反映了作為一方的許多發展中國家政府和作為與之互動的另一方的外國投資者看問題角度的不同。對經濟進行良好的管理，是一國政府對其百姓應負的職責所在；而無論哪裡的投資者都要對其股東負責，以取得合理的股權投資回報。這兩種利益之間存在著的張力，並非今天才有，其反映了自二戰之後有關合同權利的國際法的演變過程。

按照MIGA的觀點，在這方面，國際法已在相當程度上發展出了自己的規則，而且規則非常明確。MIGA遵從世界銀行於一

九九二年發布的有關外國投資待遇的指南。[6] 考慮到確立已久的約定必須信守的原則，該指南要求作為國家的一方當事人遵守與私人投資者訂立的常見的商事合同，就像作為非國家方的私人投資者也受該合同約束一樣。根據指南第四條的規定，如果不是出於商業性的原因（如外國投資者破產），一個國家單方面終止這樣的合同，就應被視為一種徵收行為。在徵收的情形下，單方面違約的國家必須向投資者支付賠償。MIGA徵收險的設計正反映了這一點，在上述印度尼西亞案件中，按照擔保合同，MIGA就對投資者承擔了賠償的義務。如果糾紛得不到友好解決，對中國這個案件的投資者，MIGA可能也負有賠付的義務。

與安然案件不同，江蘇省的這起糾紛經過耐心的和曠日持久的談判，才最終得以解決。在MIGA的協助下，當事雙方保持了數年之久的直接的、經常性的接觸。其間，他們之間的分歧逐步縮小。為了使他們之間的關係不被破壞，雙方都意識到有必要作出妥協。二〇〇二年，他們簽訂了一個表明相互之間已取得共識的諒解備忘錄。雖然該備忘錄在一些觀察家看來，並非在所有方面都已非常明確，有關技術性問題可能仍得留待當事雙方在今後處理，但是當事雙方畢竟已懂得應重視糾紛的解決。

從有關投資糾紛解決國際法的發展這一角度來看，人們可以有趣地注意到，在中國的這一事件中，儘管MIGA是以投資保險人的身分出現，但是它努力實際上也做到了以一個「誠信的中間人」的角色進行工作，以彌合發生衝突的當事雙方的分歧，並為他們解決糾紛引路。在其中一輪談判中，MIGA敦促雙方就投資回報達成協議，這就意味著雙方都要作出一定程度的妥協。在該

輪談判結束之後，一位參與處理該事件的中國高級官員寫信給MIGA，稱：

（我們）非常欣賞（MIGA）為解決該……問題所做的工作。沒有……MIGA作為調解人，我們和合營企業的合作雙方將更難以解決該問題。

MIGA在回信中寫道：

非常感謝您發來的令人高興的電子郵件以及您的褒獎之詞。值得欣慰的是，您已理解MIGA為處理該……問題所要做的事情。

（該案投資者）是MIGA的客戶，由此，我們負有誠信的義務兌現與之簽訂的擔保合同。同時，MIGA又是一個發展性的組織，《MIGA公約》要求它應維護成員國的利益。所需的技巧是能同時滿足這兩項義務。這是我們努力要完成的任務。

（我們）相信（該糾紛當事雙方）的不同利益可以得到協調，但這需要雙方的耐心和靈活態度。MIGA努力創造一種氛圍，在其間，通過友好協商，能夠達成一個適當的妥協。

如果我們成功地幫助該案當事方達成一個公平的解決方案，我們將對國際法的發展做出貢獻。這是（貴部）和MIGA可非常引以為豪的成就。

對於外國投資者與東道國之間發生的糾紛，國際法所能提供

的救濟方法存在著缺漏，顯然，創造性地使用MIGA的斡旋方法，可彌補這方面的缺漏。簡單地按保單獲得賠付，帶著賠款撤離一個東道國，這對一個認真的長期投資者而言，絕非一個有吸引力的選擇。對於一些案件，並非就有外交解決的方法可供投資者依靠；就其他一些糾紛來說，正式的仲裁方式也未必可行或費用太高。儘管MIGA作為一個保險人有自己的利益需要保護，但是，提請MIGA出面調解，仍不失為一種新興的、替代性的糾紛解決辦法，而且這種方法非常具有吸引力。

有幸的是，因阿根廷經濟危機造成的一組案件印證了這一觀點。截至二〇〇一年，在阿根廷發生拖欠債務事件的前夕，該國已成為MIGA擁有第二大擔保額的東道國。當時MIGA有二十五個擔保合同承保在阿根廷的投資。截至二〇〇一財政年度末，MIGA在該國擁有的總擔保額已達七億美元。

自阿根廷政府作出將本國貨幣比索以1：1兌換率與美元掛鉤的決定後，起到了良好的效果，該國的年通貨膨賬率很快降到了2%、3%左右，以致該國經濟出現了十年的超常水平增長。但在此後，阿根廷政府的預算長期不平衡，最終導致了該國長達四年的災難性經濟衰退。從衰退的程度來看，阿根廷的經濟縮水了30%以上。在進入二十一世紀之前，阿根廷的經濟在世界上還驕傲地穩居中等發展水平，但很快陷入了該國歷史上最嚴重的經濟危機。當時的政府下臺了，繼任政府在二〇〇一年十二月宣布無力償還國內債務和對外債務。

為了減少對銀行的壓力，以努力保護本國的金融體系，就在阿根廷政府宣布拖欠債務的前夕，銀行存款，無論是比索存款，

還是可與比索等價流通的美元存款，均被凍結。這種凍結行動導致許多商業活動的中止。在拖欠償還債券之後，新政府又頒布政令，規定從美元賬戶中只能提取比索，而且限定提款的數額；同時，美元存款被強制按1.40：1的比例兌換成當地貨幣，而不是當初存款時的1：1比例。將被凍結的美元存款強制兌換成比索存款的做法，在阿根廷被稱為貨幣的「比索化」。按照二〇〇二年年初制定的緊急立法，以美元、歐元、日元和其他外國貨幣結算的債務也被「比索化」有義務兌換成比索債務。在被凍結的美元銀行存款按1.40：1的比例被「比索化」的同時，金融機構持有的美元債券和私人之間的以美元結算的債務也被按1：1的比例兌換成比索。然而，該兌換率並沒有給受損的債權人帶來多少安慰，因為比索很快又驟然暴跌了下來。

根據二〇〇二年年初制定的緊急立法，阿根廷建立了一個官方的外匯市場和一個自由兌換的外匯市場。官方的匯率被設定為1.40：1，但能按該匯率兌換的僅限於數量有限的交易。其他所有交易，包括MIGA的被擔保人在阿根廷從事的大多數交易，只能被迫在自由市場上換匯，匯率由供求力量來決定。二〇〇二年，自由浮動匯率一直徘徊在4：1附近，二〇〇三年則跌至3：1左右。

二〇〇三年，阿根廷的經濟重新趨於穩定，同年五月新總統當選，危機最嚴峻的時刻已經過去。在危機高峰時開始實行的金融管制被逐步拆除。然而，對一些情形嚴重的案件來說，這些值得歡迎的舉措來得為時已晚，MIGA的被擔保人在阿根廷已遭受了金融損失。

總共就約十個擔保在阿根廷投資的合同，MIGA與該國政府展開了磋商。籠統而言，阿根廷政府為控制經濟危機而採取的經濟措施，以兩種不同的方式給這些受影響的項目投資者造成了損失。另外，凍結銀行存款使得當地的項目無法還貸（如屬基礎設施項目，因隨之而來的物價凍結，使得這些項目無法履行債務）。非故意拖欠的債務開始越積越多，投資者越來越意識到他們的企業可能已無法繼續運作，按照MIGA擔保合同的規定，這就構成了提出徵收險索賠的一個依據。

　　除凍結銀行存款和公共服務價格外，MIGA的被擔保人遭受的損失還來自其存款的「比索化」。將美元存款強制兌換為阿根廷比索，由此立即就造成了幣值的貶損。一些在阿根廷的投資者，包括一位MIGA的被擔保人，向世界銀行的「解決投資爭端國際中心」（ICSID）對阿根廷政府提起了仲裁，訴稱他們的損失是因等同於無償徵用的存款「比索化」行動所致，而這種無償的徵用又類似於徵收。這些仲裁案中的大多數，現仍處於該仲裁機構審理的初期階段。

　　在阿根廷出現危機之初，投資者就與MIGA取得了聯繫，要求MIGA展開對阿根廷有關部門的斡旋工作，以尋找途徑，緩解其採取的經濟措施對他們的項目所造成的嚴重負面影響。阿根廷政府一直與MIGA密切協作，該國有關部門向MIGA表示，他們希望採取一切合理的措施來避免MIGA擔保合同項下索賠案的發生。從實際操作過程來看，在阿根廷處於衰退谷底時所起草的多種救急措施是普遍適用的，這些部門的官員並未考慮到這些措施對MIGA的被擔保人可能帶來的後果。一旦MIGA提醒此類措施

可能會產生意想不到的結果之後，這些部門就與MIGA展開了長達十八個月的密切協作，就這些緊急管理規定設定了範圍很小的例外，但這些例外可使大多數被擔保人免於在MIGA擔保合同項下提出正式索賠。

考慮到在危機期間阿根廷經濟所遭受的災難性打擊，被擔保人這一方在與MIGA磋商的過程中，表現出了靈活和合作的態度。在一個因存款「比索化」遭受了重大損失的項目中，投資者與MIGA達成協議，推遲其按保單本可提出的正式索賠，由該投資者在ICSID仲裁機制下繼續向阿根廷政府尋求救濟。作為回應，MIGA同意修改擔保條款，承諾如該投資者得到對其有利的、具有法律效力的終裁裁決，但在合理的期限內得不到阿根廷政府執行的，MIGA仍將負責支付賠款。

在這些案件中，有幾個還正在磋商之中。其中一起懸而未決的索賠請求，涉及因阿根廷政府凍結物價而違反了與投資者訂立的項目協議，在索賠期限屆滿時，仍有可能會發展成MIGA有義務賠付的案件；其他的索賠請求也有萌發的可能性。然而，無論如何，似乎沒有異議的是，既有阿根廷政府的合作和受影響投資者一方的建設性態度，對在阿根廷的被擔保投資者來說，MIGA斡旋方法的運用，已使其境遇大為改善。

七、MIGA 的技術援助計劃

MIGA提供的投資擔保服務有助於緩解投資者潛在的政治風險。除此之外，MIGA還與其他不少合作夥伴一起提供技術援

助，幫助發展中成員國建立和實施吸引外國直接投資的戰略。由MIGA提供的技術援助可大體分為以下兩類：

　　‧諮詢和能力建設服務：服務的對像是發展中成員國的公共和私營投資促進中介機構。

　　‧在線投資信息服務：向投資者提供存在於發展中成員國的新的投資機會的信息，並進行分析。這些在線信息服務也提供給那些投資促進中介機構，服務的內容是，為信息傳播和擴大對目標投資者的搜索，提供低價的交流渠道。

　　MIGA的技術援助由所屬的「投資市場服務部」提供，該部與其合作夥伴進行廣泛的合作，以充分運用其信息和財政資源，同時提供知識產品和技術援助服務。投資市場服務部的主要商業目的之一就是成為一個交流中心，為客戶和合作夥伴吸引高層次的外資，提供最佳實踐以及各種手段和知識產品。

　　通過投資市場服務部長達5年的產品開發努力，MIGA的客戶和合作夥伴現可獲得一系列的研究和分析手段、最佳實踐指導、培訓資料、信息傳播服務和可共享的軟件。這些產品可全方位地支持有關投資促進和機構能力建設方面的活動。

（一）MIGA 的投資促進工具和知識資源

1. 機構分析

　　在啟動對特定國家的技術援助項目之前，就對象國的投資促進中介機構和該國有關促進外資的整體制度框架，MIGA通常要開展三到五天的評估活動。為了方便此類分析，MIGA開發了一個系統的「評估要點框架」涉及投資促進中介機構運作的近六十

個方面。設計該框架的目的是，鼓勵投資促進中介機構及其顧問思考這樣的問題，何為有關促進投資的能力和良好績效的特點以及這些機構應採取的使自身更具效率的步驟。

該評估框架涵蓋的作為評估對象的機構能力範圍包括：

- 機構的發展
- 合作關係和為投資者提供服務的狀況
- （在國家和機構層面上）打造自身形象的能力
- 投資機會的創造

在訂有特許協議的情況下，MIGA也將該框架提供給其他技術援助機構使用。從MIGA這裡獲得特許權的機構可能將該框架用於機構評估和要點評估工作，並將評估的結果作為設計能力建設計劃的基礎。

2. 培訓和能力建設資源

MIGA通過各種長期的能力建設計劃（典型的期限為12-24個月），為客戶國提供技術援助。針對一系列特殊的議題，投資市場服務部還會不時地舉辦多國系列講習班，討論特殊的議題，例如，怎樣使用互聯網作為擴大對投資者的搜索範圍並與他們進行聯絡的工具等。

投資市場服務部作為一個機構，已有十五年的積累，該部現擁有廣泛的內部資源，包括各種投資促進工具、培訓資料、講稿、最佳實踐分析和案例研究成果等。為了更廣泛地傳播這些知識，二〇〇一年，投資市場服務部自己推出了第一項綜合性的投資促進查閱資源——「投資促進工具箱」。該工具箱的用途及於一個投資促進機構設立和運作的各主要方面，囊括了MIGA向其

發展中成員國提供技術援助過程中所獲得的經驗總結，並與MIGA評估要點框架中有關核心能力的評估事項相鏈接。該工具箱構成了MIGA提供技術援助服務的基礎，且在完成正式的能力建設援助之後，為繼續保持投資促進的動力，該工具箱也提供了一個有價值的查閱工具。

目前，投資市場服務部正在擴大其投資促進培訓資源的供應能力，所採取的舉措是開發在線的「外國直接投資資源中心」（以下簡稱「FDI中心」）。該中心將為全世界投資促進業界人士提供知識管理的一大入口，使他們隨時能獲取投資促進工具箱中的知識資源，以及相關的案例研究成果、培訓單元、搜索工具和最佳實踐領域的範例。該入口將使MIGA及其合作夥伴能夠通過提供實時培訓和互聯網上的各種工具，更好地服務於客戶國。

FDI中心的初始版本將在二○○四年初啟用，包括一個各種投資促進工具、最佳實踐、授課幫助、軟件閱覽、案例研究範本和其他資源的查閱館，這些資源的組合實際上就是一個內容得到拓展的在線版投資促進工具箱。其後，還將就發揮特定功能的專業領域（如投資者服務和投資者搜尋），開發電子版學習課程，以進一步豐富FDI中心的資料庫。

3. 投資者搜尋和跟蹤工具

投資市場服務部正協助各國的投資促進中介機構選擇和實施投資者跟蹤系統。按支持投資促進活動的特殊需要，對一個商業客戶關係管理軟件進行修改，通常就可構成開發投資者跟蹤系統的基礎。投資市場服務部已經為一些主要的客戶關係管理集成包開發了模本，這些集成包的用途是：向投資者推銷投資的目標國

家或地區；用於維持與潛在的和現有的投資者之間的關係；以及跟蹤在各個國家或地區新舊投資的進展情況。投資市場服務部與各國投資促進中介機構的人員和技術顧問一道工作，選擇和實施投資者跟蹤系統，並將該工具融入針對機構客戶的有關營銷和管理情況報告的整體計劃之中。

為了支持作為客戶的投資促進中介機構尋找和選定潛在投資者，MIGA已經開發了一套針對特定產業的指南，為在所選定的產業內搜尋潛在投資者提供指導，然後對特定的公司進行分析。這些投資者搜索資源將歸入FDI中心，可幫助投資促進中介機構在電腦上獲得關鍵的數據。諸如，了解各競爭國吸收外資的數額以及與之相關的法律、政策和管理框架；確定國際投資的主要發展趨勢；評估投資者的觀點；開展特定行業的研究和確定關鍵產業的發展趨勢；選定潛在的投資者並收集其國際戰略和經營現狀的信息。該指南現已覆蓋的產業包括服裝、汽車、電力、尋呼中心、電訊以及旅遊業。這些集成的可供查閱的信息還包括聚焦非洲、拉丁美洲、亞洲和太平洋地區的投資搜尋資源。

4. 競爭分析和產業基準評估

投資市場服務部最近已經著手制訂一項計劃，擬在行業最佳實踐的基礎上開發一種標準的方法，用於指導跨國產業的基準評估研究，以及建設一個查閱數據庫，收集對以往基準評估進行分析的數據和研究。

進行這些活動的目的是為了指導投資促進中介機構，開展研究制訂一套有關最佳實踐的標準。有了這樣的標準，這些投資促進中介機構就可以自己或在一個顧問的幫助下進行研究。這些活

動也將為潛在的投資者生產和發送詳細的有關國別成本和投資條件的信息，並建立一個數據庫，以支持投資市場服務部、MIGA的合作機構或客戶在未來開展研究。

（二）信息傳播與擴大對投資者進行搜索的工具

投資市場服務部完成其諮詢服務職能的載體是，一項傳播有關在成員國投資機會信息的強力計劃。為此，投資市場服務部非常注重依靠現代信息技術和互聯網。新技術可創造吸收商業業務和投資的機會，投資市場服務部幫助作為客戶的成員國將這些機會轉化為資本。MIGA的在線投資者信息服務，構成世界銀行集團為刺激外資流向發展中成員國所作努力的關鍵部分。這些服務能及時地為各地的專業人士和想在新興市場國家開展業務活動的跨國投資者，提供實質性的數據和分析。同時，這些服務也為發展中國家的投資促進中介機構提供低成本的目標選定機制，以便他們在擴大對投資者的搜索時占有信息先攝的優勢。

MIGA免費提供的在線服務包括以下三類：

Investment Promotion Network (IPAnet)（www. ipanet. net）：這是連接外國投資者和投資機會的一個MIGA信息交流網站。該網站作為一個通道，經此可獲得世界銀行集團、投資促進機構以及相關的政府部門提供的投資信息，並可得到全世界私營部門的商業信息服務。使用者可以搜尋和瀏覽IPAnet近一點三萬個信息來源渠道，這些信息來源渠道按國別、主題和行業編目，可用於調查潛在的投資機會、分析商業環境、獲取有關生產要素成本和基礎設施的研究成果，以及與關鍵的政府部門、金融機構和投資

支持服務機構取得聯繫。

　　FDI Xchange（www. fdixchange. com）：該系統定期用電子郵件的方式發送提請用戶注意的通知，其內容包括註明可鏈接的IPAnet數據庫中新的投資信息。這些投資信息按使用者地區、所處行業和感興趣的議題編排，以便利於客戶查找。這種不斷更新的個人定製電子郵件，可在每週、每兩週或每月發送一次，同時也為那些輸送信息的機構提供詳細的聯繫地址；以及在內容上可鏈接的其他有關國家的信息和對活躍在市場上的那些雙邊和多邊渠道的分析及詳情，這些雙邊和多邊渠道提供的是有關金融和風險管理的服務。

　　Privatization Link（www. privatizationlink. com）：這是一個專為世界範圍內的私有化活動提供最新信息的特殊交流場所。這些信息可用以支持發展中國家從事私有化的機構，這些機構的職能是為本國國有企業吸引高質量的買家。該項服務的特色是，提供分布在七十多個發展中國家的有關私有化的信息，並無論在什麼時候都平均掌握對六百至七百項擬出售企業的情況介紹，這些擬出售的企業是由世界各地五十多個私有化機構推出的。

　　這些服務可為投資促進中介機構及其顧問和其他商業信息提供者所用。這些信息提供者分布在工業化國家和發展中國家，傳遞相關的市場信息和投資機會給潛在的投資者。

提供給投資促進中介機構的IPAworks網站模型

　　MIGA將自己的投資促進能力建設和信息技術專長結合起來，開發了一個資源共享的網站，稱為「IPAworks」（www. ipaworks. com）供投資促進中介機構申請使用。IPAworks是一個

容易安裝和運行的網站架構，該架構能使發展中國家的投資促進中介機構快速和低成本地建立一個專業性的網站。建立IPAWorks的基礎是，由投資促進中介機構提供有關職能和信息方面的現行最佳實踐。有了IPAworks，按照各自特殊的機構性需要和投資促進的優先目標，發展中國家的投資促進中介機構就可輕易地做到，使他們的網站能滿足客戶的需求並不斷地加以更新。MIGA免費提供該網站架構，並附帶免費提供一年一度的在線支持和一個參考網站，作為其技術援助計劃的一部分。

（三）MIGA 在中國的技術援助活動

1. 現行努力

MIGA最近在東亞完成了一個區域性的基準評估。該項東亞競爭力基準研究，對中國、印度尼西亞、馬來西亞、菲律賓、泰國和越南的電力和信息服務產業的營運成本和條件作了比較。在該地區，這兩個產業包含的外資成分很大。開展這項研究旨在建立一條基線或一個基準，該基準涉及一系列的生產要素。憑藉這一基準，可對相對實力、投資氣候的改進，及產業動態變化情況加以衡量。該項研究的一個附帶的目的是，提高參與者投資促進中介機構自己開展此類活動的能力。對這些參與其中的投資促進中介來說，此乃代表著一種新的和獨特的方法。該項研究不僅僅是為了揭示一種信息，以反映中國和其他參加國在所涉行業吸收外國直接投資方面的競爭力；而且是為了促使投資促進中介機構將注意力轉向那些已經開業的主要外國投資者的投資動機和他們所關心的問題。

完成了東亞研究之後，應國際金融公司的邀請，MIGA將協助四川省投資促進局，專門針對四川省開展類似的研究。四川省的這項研究由MIGA負責實施，並由一個全球性的基準評估計劃主辦，涉及全世界發展中國家的不同產業部門和服務業。該基準評估計劃打算反映前述東亞研究已有的工作成果，並在此基礎上展開工作；同時將加強和充實該項東亞研究所採用的方法。

在四川省，MIGA將與國際金融公司、四川省投資促進局以及其他全國性的以及省級、地市級的投資促進中介機構一道工作，開展這項研究，列入研究範圍的有五個產業和該省的十二個地方。就此，MIGA還啟動了一個為期一年的分季度舉行的能力建設培訓班。該培訓班是國際金融公司和四川省投資促進局所作協調和給予支持的結果，將惠及全省各地方。

2. 以往項目

全球化和信息革命已經給外國直接投資和投資促進業務本身帶來了巨大的影響。新的信息技術在吸引外資的競爭中扮演著越來越重要的角色。加強發展中成員國投資促進機構吸收和留住外資的能力，是MIGA的一項使命。作為該使命的一部分，MIGA提供了一系列區域性的技能建設講習班，以幫助投資中介機構更新傳統的投資促進技術，並增強其利用互聯網進行廣泛溝通的能力。通過訓練，投資中介機構可從最先進的技術中受益，受益面包括擴大對潛在投資者的搜尋；學習作為本國競爭對手的國家和地區的經驗；以及開展在線研究，確定目標行業的發展趨勢和潛在投資者。

二○○二年，MIGA工作人員參加了在廈門舉行的「中國國

際投資和貿易洽談會」並在北京舉行的一個地區性投資促進研討會上開設了培訓課程，該研討會由中國商務部和「世界投資促進機構協會」主辦。MIGA出場的目的是幫助投資中介機構運用用以支持其投資促進努力的信息技術，尤其是用於那些管理促進活動的信息技術。該研討會吸引了來自亞洲地區投資促進機構的約二十五名人士參加。為繼續進行類似於一年之前在廈門所作的努力，MIGA組織了一個名為「支持投資促進的信息技術手段」研討會，培訓對象為來自東亞和東南亞各國的投資中介機構。該活動由中國商務部作為東道主，參加者共有十八人。他們來自韓國、印度尼西亞、馬來西亞和中國各地的投資促進機構。

　　一九九九年，MIGA與聯合國開發計劃署和國際金融公司的「外國投資諮詢服務部」一起為圖們江地區的一個計劃工作。該計劃涵蓋中國、朝鮮、蒙古和俄羅斯的有關地區，旨在建立和制定一套有效的組織框架和政策，促進外國投資，以此方式帶動該地區跨境一體化的進程。MIGA派出了一個小組，評估當地投資促進聯合會的能力，並研究各國之間潛在的合作領域。MIGA隨後建議採取特別行動，以提高各機構投資促進計劃的水平。MIGA還提議，應建立一個地區性的投資服務網絡，作為以技術為基礎的原始動力，提高向投資者所提供的援助的質量。在這些建議的基礎上展開行動，聯合國開發計劃署建立了一項投資者服務計劃，該計劃定於二〇〇四年年內啟動。

八、**MIGA** 的調解服務

首先，MIGA是一個投資保險機構。MIGA付出大量的努力，通過其政治風險保險計劃的激勵，促進外國直接投資流向發展中成員國。與此同時，MIGA在投資糾紛解決領域也必須開發自己的專長，因為如果投資者與東道國之間的糾紛不能成功地得到解決，MIGA就得付賠。由此，MIGA需要僱用顧問人員，這些顧問人員在投資糾紛解決方面富有經驗，並對該領域的學術研究一直保持著興趣。在開業後的第一個十五年中，MIGA非常幸運，只碰到三起正式索賠案，付賠的只有一起。這種情形使得MIGA的律師們顯得多少有些「英雄無用武之地」。

資本輸出國感到，在保護國外投資方面，國際法機制存在著缺漏。最初，在這些資本輸出國的鼓勵下，MIGA把自己積累的有關糾紛解決的獨有經驗當作資本，為友好解決投資糾紛提供調解服務。該項服務對來自工業化國家的投資者和發展中成員國一視同仁。在出現糾紛後，外國投資者如尋求東道國的當地救濟，經常感到不可靠或徒勞無用；而採取正式的國際仲裁方式，費用又很高昂而且非常耗時；何況對一個陷入與東道國政府之間糾紛的外國投資者來說，國際仲裁大門不一定就向他敞開。MIGA提供的調解服務，意在填補這個相當大的缺漏。

《MIGA公約》的起草者雖沒有用很多的語句，但似乎已經考慮到了MIGA創建調解機制的使命。在其著作中討論《MIGA公約》起草過程中所產生的爭議時，希哈塔先生注意到，來自工業化國家和發展中國家的代表共同意識到，MIGA作為一個國際

投資保險組織，為了實現鼓勵越來越多的資本流向發展中成員國這一宗旨，應承擔開展「廣泛的補充性活動」的職責。[7]

《MIGA公約》第二十三條在「投資促進」標題下列舉了提議的MIGA補充活動的種類。回應資本輸出國的關切，第二十三條引領MIGA開展研究和其他活動，以改善外國投資在發展中成員國的投資環境。為了顧及發展中成員國的需要，該條還指示MIGA在自己的專業領域，得應邀向這些國家提供技術諮詢和援助。

第二十三條接著規定：

（b）本機構還應：（i）鼓勵投資者和東道國友好解決糾紛；
……

令人好奇的是，《MIGA公約》起草者希望MIGA發揮調解作用的意圖，並沒有在《MIGA公約註釋》[8]和《MIGA業務細則》中被明文表述出來，這兩個法律文件在此問題上保持沉默。同樣，希哈塔先生在他的著作中也沒有提及如何把《MIGA公約》第23條第b款第i項的意圖轉化為有效的制度。

推動MIGA賦予第23條第b款第i項所定之使命以綱領性內容的動力，為二十世紀九〇年代中期幾個資本輸出國所賜。在上一個十年期的早期，外國直接投資額大幅攀升。也許可以預料的是，與此相伴生的是，在其中的任何一年裡，外國投資者與其投資所在的發展中國家之間的糾紛數量也在增加。由於在海外投資的投資者購買投資保險的比例非常低，大多數捲入這些糾紛的投

資者都無法使自身得到保險賠償。許多投資者追尋傳統的外交保護做法，將這些糾紛呈交本國政府，希望本國政府以正式或非正式的方式支持其求償。然而，在這些情況下，願意對求償者積極地施以援手的政府，為數寥寥無幾；即使是那些通常會有力保護本國海外投資者利益的政府，有時也不願意這樣做。因為政府對這些投資者知之甚少，不會為了捍衛他們的利益，而把與東道國之間穩定的，也許是極好的外交關係推入危險的境地。

馬丁事例可說明一個大國政府的尷尬處境。這個案件的求償者是美國的一個小商人，從事海上疏濬和工程建設業務。馬丁先生的這家企業與巴巴多斯政府簽訂了一個相當普通的工程建設合同，承建一條海上防浪牆和防波堤。其後，糾紛光顧了這個項目，巴巴多斯政府最終取消了該合同。因巴巴多斯政府拒付已經完工的那部分工程款，馬丁先生的企業瀕臨破產。於是，馬丁先生請求美國國務院支持他向巴巴多斯提出違約損害賠償。因他本人在佛羅里達商業圈內是一個名人，能說服當地有影響的政治家保證向他提供支持，要求美國國務院對巴巴多斯採取懲罰行動。

毋庸置疑，巴巴多斯是美國第二個最老的盟友，兩國間一直保持著非常友好的關係。美國國務院不願對一個像巴巴多斯這樣的小國恃強凌弱，何況該部門對糾紛的事實一無所知。於是，美國國務院想到了MIGA，急促MIGA激活已被MIGA管理層遺忘的第23條第b款第i項的規定，對該糾紛進行調解。巴巴多斯政府對該糾紛也知之甚少，但開始感受到了不爽的政治壓力，同意參加事實調查和調解的過程。由此，當然也有機遇的成分，MIGA的調解服務自此發端。

誠如《MIGA公約》所言，MIGA啟用調解程序的目的是，「鼓勵投資者和東道國友好解決糾紛」。正式的仲裁解決方式要按照嚴格的程序規則在中立國進行。與之不同，MIGA的調解努力是非正式的，並建立在談判和和解的理念之上。MIGA運用自己的經驗處理針對成員國的賠償請求，澄清所提出的問題，並引導當事方合理地解決衝突，以求得對雙方都公正的結果。

當然，MIGA在解決糾紛的過程中，並不代表任何一方，而是努力為各方提供斡旋，對他們解釋可供選擇的解決方案，並幫助他們策劃經濟上可行、政治上現實的解決辦法。MIGA對糾紛所作的調解結論以建議的形式出現。這些建議對當事方沒有拘束力。如果當事方對MIGA的建議不滿意，還可以尋求國際法上的救濟。

像其所附屬的世界銀行一樣，MIGA是一個歸成員國所有的多邊組織。MIGA是一個發展性的機構，只有在有利害關係的成員國提出請求時，才提供調解服務，而不接受個人的調解請求。這就是如馬丁事例那樣，為何由美國國務院最先與MIGA接觸。

從一九九五年MIGA第一次提供調解服務開始，此項服務就被視為《MIGA公約》第二十三條項下免費提供的技術援助計劃的一個要素。然而，MIGA發現，就其調解服務，並無相應的預算。由此，MIGA現已要求參加調解程序的成員國應承擔實質性的費用，主要是差旅費。對於複雜和耗時的案件，MIGA也可能會要求成員國支付工時補償費。

無論何時，MIGA的法律人員可能都要負責世界各地十多起投資糾紛的協商工作。一九九九年解決的兩起糾紛，可以說明外

國投資者與東道國之間所產生之問題的廣泛性。

在Tobago Cays Holding Co.事例中，投資者是安提瓜這個加勒比小島國的一家公司，為安提瓜人和美國人所有。該公司成為加勒比島國——聖文森特和格林納丁斯一次政府徵用私人財產行動的對象。該案投資者的地產被徵用，用於一個國家公園的建設。雙方一直沒有就被徵用財產的補償數額達成協議。經過一段時間之後，該糾紛對聖文森特的投資氣候產生了具有不良影響的威脅。MIGA與當事方一起工作了將近兩年的時間，使他們友好地解決了該項投資糾紛；同時，其結果也保證了一個獨特的生態旅遊自然保護區——聖文森特Tobago國家海洋公園的建立。

托夫特事例涉及一個丹麥投資者。該丹麥投資者在加納開辦了兩個農產品加工關聯企業，聲稱在二十世紀八〇年代後期，因當地政府對這兩個企業的經營進行了不當干預，導致其破產倒閉；而東道國政府則主張，此乃股東的疏忽和非法行為所致。該案被提交給由加納著名法學家和MIGA首席顧問組成的調解小組。在安卡拉舉行了一週的聽證會之後，調解小組發現雙方都有過錯，最後裁決該投資者只能得到有限的賠償。

這些案例以及其他幾個在解決過程中正取得進展的案件表明，在外國投資者與東道國發生的糾紛中，現行國際法提供的救濟存有缺漏，MIGA的調解機制可用以填補這方面的缺漏。就有些糾紛而言，外交解決途徑在實踐中並不可行；對其他一些糾紛來說，正式的仲裁解決方式成本高昂，並容易久拖不決；而自願的、非正式的和低費用的調解方式，越來越被認為是解決投資糾紛的一種有吸引力的方式。

九、結論

目前，MIGA已經登記並有可能得到擔保的在華外商申請案近一百五十項，共涉及一百六十多億美元的潛在投資。這些擔保申請由來自眾多資本輸出國的投資者提出，包括比利時、加拿大、法國、德國、希臘、義大利、韓國、挪威、瑞士、土耳其、美國和英國。申請涉及的項目從農業綜合經營、旅遊和建築業，到石油和天然氣、製造業和基礎設施建設。

就此刻而言，MIGA在中國開展擔保業務是成功的，而且構成促進中國吸收大量外國直接投資的因素之一。對此，我們相信不會有人提出異議。鑒於在上一個十年期裡，MIGA對在中國的項目簽發了大量的合同，也許在這裡值得花一點筆墨提及的是，儘管中國是MIGA的早期成員國並公開宣傳這一成員國資格，但在上一個十年期開始時，MIGA才剛剛開始在中國發放擔保。此時有關評論人士曾有過擔心，這種擔心尤其來自中國一些出版物的作者。

在MIGA開業的早期，一些作者存在著一種先入為主的偏見，認為MIGA在作出擔保決策時，可能會戴著塗上政治色彩的眼鏡。美國海外私人投資公司和中國的關係就是一個心目中揮之不去的陰影。從美國海外私人投資公司開始在中國從業的年頭起，中美兩國的政治關係就忽冷忽熱。因為政治的原因，美國海外私人投資公司停止在華擔保業務已達十餘年之久。中國政府指望位居MIGA成員國之列，由此將能抵消因美國海外私人投資公司拒保立場所帶來的負面影響；然而，假如MIGA不在中國發放

擔保，那麼中國從其MIGA成員國身分中獲益的期望顯然就會落空。

MIGA歸成員國所有，要指望MIGA董事會的決策概能排除所有的政治考慮，那是不現實的。然而，從MIGA在中國開展活動的記錄來看，在避免政治因素干擾該機構運作方面，MIGA的管理層比當初一些觀察家所預計的要做得更為成功。事實上，迄今為止，沒有一個在華項目被MIGA的董事會否決，絕大多數擔保項目被批准時，董事會成員也沒有從可能被認為是從政治性質的角度考慮問題。似乎可以明確的是，不管美國政府對在華投資持什麼樣的立場，但並未對MIGA大力開展在華擔保業務設置障礙。實際上，具有諷刺意味的是，MIGA迄今為止擔保的在華外商大多數是美國企業。

確實，在MIGA開業後的最初幾年裡，在華外商對MIGA擔保的需求遲遲沒有得到滿足。在當時，一些評論者將MIGA在華擔保業務啟動慢的原因歸咎於其他一些成員國政府的非友善態度，這是可以理解的。然而，從事後來看，MIGA在華業務啟動慢一些似並無不可告人的原因使然。在早期MIGA只是一個新的、缺乏經驗的機構。顯然，該機構要贏得聲譽並進入市場，需要一段時間。恰在此時，「1989年政治風波」的事後影響對海外投資流入中國產生了抑制性作用。其情形似乎是MIGA作為生手和當時中國的不利氛圍兩大因素相結合，使得最初在華外商對MIGA擔保需求不大。除此之外，別無其他解釋。

現在，人們對MIGA在中國所起的作用已確信無疑，最近更多的評論者問及：MIGA對適格東道國的連續性要求，是否會在

某種程度上阻礙對在華項目發放擔保。這一擔憂針對的是《MIGA公約》第12條第d款第iv項的有關規定。該有關規定的內容為，在決定對擬議中的項目提供擔保時，MIGA「應考慮東道國的投資條件，包括對外資提供公正平等的待遇和法律保護」。這一要件是否為對一成員國設置的陷阱呢？即MIGA一方面允許一國成為其成員國；但在另一方面，又以該國的條件未能令人滿意為由，拒絕對其提供擔保。

一個國家雖被接納為MIGA成員國，但又被認為不適合在其境內發放擔保，或MIGA雖已向一成員國簽發擔保合同多年，但該成員國又被認為在一些方面對其後的擔保不適格。至少從理論上講，存在上述兩種情況的可能性。然而，MIGA作出每一個不發放擔保的決定，將純粹基於商業上的考慮，而不是出於政治上的原因。例如，在MIGA擔保徵收險的情形下，如果一成員國加入MIGA時的政府被取代，新政府公開地、明顯地敵視外國投資，那麼MIGA將認定該國已不適格，這樣做是公正的。假如有這樣一個政府，宣布打算削弱或否定外國私人投資的作用，並隨後實施一個不準備給予適當補償的徵收計劃，那麼，在這一環境下，MIGA對在該國的投資提供擔保，將慎之又慎。由此，只要以公正的立場解讀《MIGA公約》第十二條的規定，就會認為，如果在一個國家的投資環境會使MIGA發放擔保面臨過度的風險，那麼，MIGA應限制對在該國的投資提供擔保。由於一國的投資氣候在一段時期可能會在好與不好之間搖擺不定，必須要求MIGA在簽發每一份保單時，應滿足《MIGA公約》第十二條規定的關於成員國可獲得擔保的適格標準。

　　該項驗證標準是從MIGA審慎的擔保政策中合理地派生出來的，正如一句古老的保險格言所說的那樣：「保險人不能對一座正在燃燒的倉庫承保火災險。」從迄今為止MIGA良好的管理活動來看，沒有理由擔心《MIGA公約》第十二條將被援用於設定不公平的適格條件，以限制對一成員國發放擔保。

　　就此刻而言，MIGA在中國的前景非常光明。已有近一百五十項擔保申請得到登記，要求MIGA擔保其在華投資的外商申請數量超過了其他任何成員國。對擔保的需求似乎相當準確地折射出此時中國市場對外國投資者的巨大吸引力。只要中國的經濟狀況仍然良好，投資機會對外國投資者仍很誘人，MIGA預料，在華外資對擔保的需求將繼續高於其他任何成員國。在這種情勢下，儘管開始時MIGA對在華開展擔保業務行動遲緩，但現在MIGA已經非常自信，其對鼓勵外國直接投資流入中國，起到了重要的作用。

　　此外，MIGA似乎開始走向平衡，發揮支持中國海外投資的作用。現在，中國是世界上最大的經濟體之一。近些年來，隨著中國企業經濟實力的壯大和國際競爭力的提高，越來越多的中國企業邁出了向海外投資的第一步。推動中國企業走出國門進行投資的因素與相當傳統的資本輸出國企業相同：獲得原材料；進入新市場；與具有互補性的外國企業實行戰略聯合；當然，還有覓得更多的利潤。在這些新興市場國家，中國海外投資企業面臨著西方企業長期遇到的同樣的問題，包括東道國政府對其投資進行政治干預的風險。

　　目前，已有十一家中國企業就其海外商業項目與MIGA洽商

保險事宜。其中的三個項目投資額總計高達十六億美元，現正處於正式申請的階段，承保工作進展順利。其他八個項目擬議中的投資額達到二十六億美元，仍屬初步申請擔保的項目。這些投資集中投向主要的基礎設施項目，在製造業投資的項目比較少，只有一個對採礦業的投資。不足為奇，大多數中國海外投資將投向亞洲的鄰國——印度尼西亞、韓國、尼泊爾、泰國和越南。其中的一個擬在尼日利亞投資。

另者，MIGA已經與中國出口信用保險公司開展了緊密的合作。該公司是中國官辦的出口信貸機構，在兼併了中國人民保險公司和中國進出口銀行的出口信貸部門之後，於二○○一年底開業。在中國出口信用保險公司的起步階段，MIGA向該公司提供了技術援助，啟動了人員培訓的系列課程，並在北京共同主辦了投資保險的研討會。

隨著越來越多的中國資本在海外尋找機會，作為一個投資保險機構，中國出口信用保險公司的擔保業務正在擴大。二○○二年，該公司對中國投資者提供的政治風險擔保額已經超過了七億美元，二○○三年同比又增長了三倍。中國出口信用保險公司與MIGA最近簽訂了一個諒解備忘錄，準備進一步加強兩大機構之間的合作。在近期內，中國出口信用保險公司與MIGA有可能會共同開展共保和分保業務合作。

十、附錄：MIGA 環境評估的模式

在準備MIGA環境評估報告的過程中，可能會使用各種不同

的手段和方法。懂得這些手段和方法的種類，是不無助益的。茲將這些要素介紹如下：

環境行動計劃。該手段所要提供的詳情是，為了消除或抵消對環境的負面影響或將之降至可接受的水平，在一個項目建設和營運期間所應採取的措施，包括為完成這些措施需採取的具體行動。

環境審計。該手段用以確定對現有設施給予所有環境方面關注的性質和程度。該項審計應指明所應採取的適當措施，並論證其正當性，旨在緩解環境方面的關注、評估這些措施的成本以及推薦完成這些措施的計劃。對特定的項目，環境評估報告可能只單獨包括一項環境審計的內容；在其他情形下，該項審計則僅構成整個環境評估文件的一部分。

環境影響評估報告。該手段用以確定和評估一個擬議中的項目的潛在環境影響；鑑定可替代的選擇方案；設計合適的緩解、管理和監控環境影響的措施。環境行動計劃是環境影響評估一個不可分割的組成部分。

環境風險評估。該手段用於評估在安裝過程中，因存在危險的條件或材料而發生危害的可能性。風險代表著已被意識到的潛在危險發生的可能性和這些潛在危險的重大性。由此，在進行環境風險評估之前，往往先要對一項危險進行評估，或將兩者同時實施。環境風險評估是一種靈活的分析方法。例如，採取具有系統性的方法，對有關潛在的危險活動或物質的信息進行整理和分析，因為這些活動或物質在特定的條件下會引發風險。各項目只要涉及：處理、儲存或處置有害材料和廢物達到規定的最低限

量，水壩的建設，以及在易發生地震和其他潛在自然災害的地點開工的大型建設工程，MIGA都要求進行例行的環境風險評估。對特定的項目，環境評估報告可能只單獨包括一項環境風險評估的內容；在其他情形下，該項環境風險評估則僅構成整個環境評估文件的一部分。

危險評估。該手段用於對在安裝過程中與有危險的材料或條件出現有關的危害進行確定、分析和控制。各項目只要涉及特定的易燃、易爆、易起化學反應和有毒的材料在某地的出現達到規定的最低限量，MIGA就要求進行危險評估。對特定的項目，環境評估報告可能只單獨包括一項危險評估的內容；在其他情形下，該項危險評估則僅構成整個環境評估文件的一部分。

項目的區域影響。處在周邊的區域可能會受到項目的影響，包括受到其所有的附屬設施的影響。這些附屬設施諸如輸電線路、管道、溝渠、隧道、改道和通道、暫借和被處置的地塊和建築營地，以及由項目帶來的其他非規劃的增生情形（例如，人員的臨時安置、修通道路時清除或移植莊稼）受影響的區域可能包括：（1）項目所處的江河流域，包括受危害的河口和海岸帶；（2）需給予遷移者重新安置或作為補償的他處土地；（3）空氣帶（例如，排入空中的污染物，如煙塵，可能到達或飄散的區域）（4）移民路線和野生動物或魚類的遷移路線，尤其是這些路線與公共健康、經濟活動或環境保護區有關時；（5）用於謀生活動（打獵、捕魚、放牧、採集、農耕等）的土地或用於舉辦宗教和傳統儀式的用地。

注釋

* 本文由「多邊投資擔保機構」（MIGA）首席法律顧問勞倫·S. 威森費爾德先生（Lorin S. Weisefeld）撰寫，廈門大學法學院徐崇利教授翻譯，原發表於《國際經濟法學刊》（第9卷），北京大學出版社2004年版。經徵得作者、譯者惠允，轉載附錄於此，以饗讀者。謹此致謝。

〔1〕 MIGA已為這些發展中國家「初出茅廬」的國家投資保險機構提供開展保險業務以及其他方面的人員培訓。

〔2〕 如果潛在的環境影響也許是無法補救的，或者涉及非自願遷徙者的重新安置問題，或者會對原住民或重要的文化財產產生負面影響的，那麼，就可被認為具有「敏感性」。

〔3〕 對這些術語和相關概念的闡述，詳見本文附錄。

〔4〕 此類合同是按照每個客戶和每項交易的要求起草的。由此，從在審查過程中接觸到的一些合同來看，其措辭與標準的格式合同會略有不同。

〔5〕 在保單中的所有地方，「東道國政府」均為一個廣義的概念，除了在首都的中央政府外，還包括經授權行使統治和管理權力的次主權實體。

〔6〕 參見《有關外國投資待遇的法律框架》，世界銀行集團1992年版。

〔7〕 See I. Shihata, MIGA and Foreign Investment, Nijhoff, 1988 .p.210.已故的希哈塔先生為世界銀行前資深副行長兼總顧問、解決投資爭端國際中心前秘書長。MIGA的發起人以及《MIGA公約》的起草主持人。——譯者注。

〔8〕 《MIGA公約註釋》第43段似乎將《MIGA公約》中的敦促性措辭轉變為了一項確定的義務。談公約只規定MIGA「應鼓勵」投資糾紛的友好解決，而《MIGA公約註釋》則包含了MIGA「負有義務」去做這樣的語句。

第三章

多邊投資擔保機構與
美國在華投資[*]

❧ 內容提要

　　本文通過對多邊投資擔保機構與世界銀行、解決投資爭端國際中心、美國歐皮克公司之間相互關係的分析，闡明了該機構對於促進資金與技術流向發展中國家所具有的獨特作用，揭示了其內在的運作機制，指出了其理應具有的獨立自主性和非政治性由於其組織領導模式而有可能受到一定的制約和影響。作者以大量事實證明，中國從一開始就對該機構採取了非常積極和極具誠意的態度。某些國家，特別是美國通過其國內立法以及美國董事在MIGA之中擁有特大投票權的優勢地位，力圖把國際經貿關係政治化的做法，使該機構對於承保外國在華投資尚未發揮應有的積極作用，但前景仍然是樂觀的。作者建議中國制定具體實施《多邊投資擔保機構公約》專門立法，進一步改善投資環境，從而在公正與平等的基礎上促進中國人民與各國人民之間的互利關係。

❧ 目次

前言

多邊投資擔保機構（The Multilateral Investment Guarantee Agency，MIGA）於一九八八年四月十二日正式成立。它是世界銀行集團的第五個新增成員。[1]作為一個自主的國際性擔保組織，MIGA的目標在於促進以生產為目的的資金和技術流向發展中國家，「協同東道國政府和潛在投資者改善外國直接投資環境，幫助消除阻止資金流向發展中國家的障礙。」[2]為了達到這個目標，MIGA主要為外國投資者的非商業性投資風險提供擔保。此外，還為成員國提供諮詢和振興服務。

促成世界銀行集團設立MIGA的主要動因是：

（1）發展中國家投資環境不穩定。近些年來，許多發展中國家政治、經濟動盪，使得許多外國投資者在投資時裹足不前。

（2）各國的國家保險機構在投保人資格方面的限制。各國的國家保險機構既受本國政府的控制，又受本國法律和政策的約束。來自不同國家的投資者共同參加同一個項目投資時，因為各國的國家保險機構對投保人國籍的限制規定，就會產生投保人適

格的問題。

（3）各國的國家保險機構在承保能力方面的限制。首先，一般說來，多數保險機構傳統上只承保商業風險而不承保諸如戰爭險之類的政治風險。其次，各國國家保險機構的承保數額都有上限。由此，當投資者申請投保大型項目時，就會因各國國家保險機構無法對此提供足夠的保險而產生承保能力的問題。再次，為了有效地保護本國的海外投資，各國的國家保險機構，如美國政府經營的海外私人投資公司（Overseas Private Investment Corporation，OPI，以下簡稱「歐皮克公司」），對非商業性風險提供擔保須以與東道國訂有雙邊投資保護條約作為前提。儘管美國與有關東道國之間分別簽訂了約一百個雙邊投資保護條約，但該公司的承保範圍仍然存在許多缺陷和不足。

（4）債務危機。在二十世紀八〇年代，第三世界國家經濟發展遲緩，數額巨大的債務難以清償，導致發達國家在發展中國家的私人投資銳減。

針對上述錯綜複雜的棘手問題，在借鑑美國歐皮克公司實施細則和經驗教訓的基礎上，世界銀行著手起草《多邊投資擔保機構公約》（以下簡稱《MIGA公約》）。一九八五年《MIGA公約》在世界銀行的漢城年會上獲得通過。同時，該公約向世界銀行所有成員國和瑞士開放，以供簽署。一九八八年四月十二日《MIGA公約》生效，MIGA正式成立。

MIGA最主要的功能是對來自以下一種或幾種風險造成的損失提供擔保：[3]

（1）貨幣匯兌。該險別的承保範圍是因限制或遲延將當地

貨幣兌換成外幣並匯出境外而給投資者造成的損失。

（2）徵收和類似措施。該險別的承保範圍是由於東道國徵收或類似行為剝奪了投保人對其投資的所有權和控制權，或嚴重損害投資所產生的重大利益。

（3）違約。該險別的承保範圍是東道國政府對投保人毀約或違約，使得投保人無法求助於司法或仲裁機構，或面臨審理上的不合理拖延或雖有裁決卻無法執行。

（4）戰爭和內亂。該險別的承保範圍是在《MIGA公約》適用的東道國境內任何地區所發生的任何軍事行動或內部動亂給投資人造成的損失。

MIGA於一九八九年六月開始正式營業，截至一九九二年六月，已經簽署《MIGA公約》的國家達一百一十三個，其中七十九個國家已批准該公約並認繳了特定百分比的「特別提款權」，正式成為該機構的成員國，包括中國和美國。[4]

在一九九〇年財政年度（至1990年6月30日止），MIGA已就第一批擔保合同展開了談判，所支持的四個項目直接投資總額達10.4億美元；該機構還對二十二個國家提供了政策和諮詢服務。[5] 截至一九九二年六月底，該機構開業滿三年，已承保三十六個跨國投資項目，其有關直接投資總額達29.62億美元，所承擔的風險責任達5.04億美元。此外，已經登記在案的投保申請劇增，其中，跨國投資項目的投保人分別來自三十二個國家，而接受這些投資的有關東道國達九十三個，遍布全球各地區。值得注意的是：開業三年來，凡屬MIGA承保的投資項目，迄未發生過政治風險事故索賠案件。[6] 這些事實表明，該機構業務日益

興旺，發展潛力很大。

美國是世界上最大的資本輸出國。在中國所有的貿易夥伴中，美國居第三位。同時，美國又是在中國最大的投資者之一，僅次於中國的香港地區和澳門地區。在華投資和準備在華投資的美國商人十分關注中國對美國在華投資的保護狀況。不言而喻，作為MIGA的成員國，中國有義務按照《MIGA公約》的有關規定，切實保護所有成員國外商包括美商的在華投資。

本文將評析：MIGA與世界銀行、解決投資爭端國際中心、美國歐皮克公司等相互之間的關係；中國學者對MIGA的看法以及中國的有關立法；美國對MIGA的看法以及美國的有關法規。筆者試圖探討的問題是：首先，從一九七九年實行經濟改革和對外開放以來，中國是否通過同意外國保險機構承保外商的非商業性風險，始終不渝地保護在中國境內的外國投資，包括美國在內的在華投資？其次，MIGA在保護美國在華投資中所起的作用如何？尤其是一九八九年六月之後，在美國政府採取「對華經濟制裁」措施的條件下，MIGA對在華美資何以能夠發揮其不可代替的擔保作用？日後這一機構在這方面的發展前景如何？等等。

一、MIGA與世界銀行集團之間的關係

世界銀行的目標之一是「通過擔保或者參加私人投資者的貸款和其他投資活動，促進外國私人投資」[7]，並致力於「鼓勵向成員國生產性資源開發提供國際投資」[8]作為一個與世界銀行緊密掛鉤的國際組織，MIGA的建立直接體現和服務於世界銀行

的這一宗旨。正如世界銀行總裁A. W.克勞森（A. W. Clawsen）在一九八五年強調的那樣，MIGA通過對外國私人投資和開發貸款提供多邊擔保以及通過改善在發展中國家的直接投資環境，有力地增強了世界銀行的活動。[9]

一般來說，MIGA在形式上和實質上都是一個自主的國際組織，在法律地位和財政關係方面均獨立於世界銀行。[10] 這種獨立性集中體現在MIGA具有「完全的法律人格」[11] 它有自己的理事會、董事會和法定代表人。[12] 特別是，它有權簽訂合同；取得並處理動產和不動產；進行法律訴訟。[13] MIGA的獨立性使它擁有理論上的決策自主；充當獨立的訴訟主體而無須其他國際組織（包括世界銀行）參與其事。

為了促進世界銀行的活動，也為了發揮和實現自身的補充作用，《MIGA公約》強調，MIGA特別需要與世界銀行和國際金融公司合作，以補充世界銀行、國際金融公司和其他國際開發金融機構的活動。[14] 與該目標密切相關的是，MIGA的成員國資格只對世界銀行成員國和瑞士開放，[15] 世界銀行總裁按照有關規定兼任MIGA的董事會主席。[16] 實踐中最能體現MIGA和世界銀行密切關聯的因素是，世界銀行總裁也一向被選任為MIGA的總裁，MIGA董事會十四個成員中的十一個同時又是世界銀行董事會的董事。[17] 這種人事安排上的大幅度交叉顯然旨在保證MIGA有效地發揮其補充世界銀行活動的作用。勞倫，S. 威森費爾德（Lorin S. Weisenfeld）是確立MIGA方案的主要律師之一。他解釋了為什麼MIGA多數董事又是世界銀行董事，指出：「這是世界銀行集團的一種模式；這種模式意味著這些相同的人員同時也是

國際金融公司和國際開發協會的董事。選擇這種方式是為了保持政策在某種程度上的有效性和一致性,以減少在行政管理經費上的無謂消耗和陷於枯竭。反之,如果四套董事完全分立,各自為政,這種局面將在所難免。」[18]

筆者認為,MIGA組織人事制度上的這種刻意安排,固然對世界銀行的活動起到了有力的補充和輔助作用,但恰恰是這一安排,為在世界銀行和MIGA領導機構中享有決策權重大優勢的某些大國或大國集團施加自己的主導性影響,提供了廣泛的可能。在這種組織領導模式下,MIGA在重大決策方面究竟是否能夠真正獨立自主,是值得懷疑的。考慮到國際經濟秩序的目前狀況,有理由認為,MIGA的決策自主,從某種程度上說,有可能只是理論上的「自主」,而實際上,不能排除由於某些大國意志的作用而損害發展中國家會員國利益的可能性。假如這種情況竟然發生,與建立MIGA的初衷顯然是相違背的,對於MIGA貫徹與實現由《MIGA公約》所載明的「促進以生產為目的的資金與技術流向發展中國家」的宗旨和目標也是不利的。

二、MIGA 與解決投資爭端國際中心之間的關係

一九六六年,解決投資爭端國際中心(以下簡稱「中心」依《解決國家與他國國民間投資爭端公約》(以下簡稱《中心公約》正式建立。與《MIGA公約》一樣,《中心公約》也是在世界銀行主持下訂立的。「中心」的宗旨是為各締約國和其他締約國國民之間投資爭端的解決提供調解和仲裁的便利,以此取代對地方

當局或外國主權國家提起的國內訴訟，或者取代就具有政治敏銳性的經濟事宜所展開的外交談判。[19]《中心公約》主要對世界銀行各成員國開放。截至一九九〇年二月，已有九十一個簽署國批准了《中心公約》。[20]

「中心」與MIGA的特點和功能各異，但聯繫密切。MIGA是一個經營保險業的營利性組織，「中心」則是一個從事仲裁和調解的非營利性組織。[21]「中心」只限於調解與仲裁東道國和外國投資者之間的投資矛盾與爭端，[22] 只有在「爭端雙方書面同意（將爭端）提交『中心』」調解或仲裁的前提下，「中心」才能積極行使其職能。[23] 而且該「書面同意」必須各案逐一出具。[24] 然而，MIGA可能遇到和加以處理的矛盾與爭端卻複雜得多。

在與私人投資者訂立的在發展中國家投資的每個保險（擔保）合同中，MIGA通常是立約一方當事人。[25] 同時，MIGA在積極充當外國投資者的代位求償人時，它本身又是向作為東道國的發展中國家代位索賠的一方當事人。[26] 由此，MIGA可能直接或間接地介入以下幾種矛盾與爭端：（1）MIGA與其債權人即投保人之間的爭端；[27]（2）MIGA和成員國之間就解釋和適用《MIGA公約》的爭端；[28]（3）MIGA和成員國之間有關代位求償及其他事項的爭端；[29] 以及（4）MIGA和成員國之間有關「停止成員國資格」問題的爭端。[30]

在國際仲裁方面，MIGA創設了一種「自動仲裁解決」國際爭端的體制。該體制與「中心」的「被動」仲裁體制截然不同。[31]

另外，MIGA和「中心」之間的不同功能又是相輔相成的。一九八五年出現的《MIGA公約》和一九六五年出現的《中心公

約》，兩者先後雖相隔二十年，但都緊扣國際投資「風險」同一主題。準確地說，「中心」通過對國際投資爭端的調解和仲裁，從法律上間接保護投資者在東道國免受非商業性風險的損失；MIGA則通過直接承保非商業性風險，從經濟上更加有效地保護投資者免受此類非商業性風險的損失。兩者可謂「殊途同歸」，其共同宗旨都在於通過形式不同、實質互補的「國際立法」（國際條約），切實保護國際上的跨國私人投資家，以推行世界銀行所規定的方針。[32]

根據《MIGA公約》第十八條的規定，一旦MIGA對投保人支付或同意支付賠償，投保人對東道國和其他債務人所擁有的有關投保投資的權利或索賠權，應由MIGA代位取得。[33]MIGA一旦取得了這種代位求償權，它和「中心」之間的密切聯繫就更加顯而易見。

例如，《MIGA公約》第五十七條規定：有關本機構作為投資者代位人擁有債權的爭端，應按（i）本公約附件II中規定的程序予以解決；或者按（ii）本機構與有關會員國準備達成的協議，採用其他方法解決此類爭端。在後一種情況下，本公約附件II應作為此類協議的依據。此類協議每次均需先經董事會特別多數票通過，隨後，本機構方可在有關會員國領土內進行擔保義務。」

該條一再強調的《MIGA公約》附件II規定，在採用調解程序時，如果爭端雙方（包括MIGA）沒有就調解人達成協議的，則可向「中心」秘書長要求為他們指定一位調解人；[34]在採用仲裁程序時，開始應由要求仲裁的一方（申請人）向爭端另一方

（答辯人）發出通知書，如在發出通知書的六十天內，未能組成仲裁庭或尚未選出庭長，則可由「中心」秘書長在爭端雙方聯合請示下予以指定。[35]

此外，附件II還規定，除非該附件另有規定或爭端雙方另有協議，調解人和仲裁人應遵守「中心」所採用的調解規則和仲裁規則。[36]再者，除非雙方另有協議，付予調解人或仲裁人的費用和報酬應根據「中心」調解或仲裁所適用的收費率確定。[37]

《MIGA公約》的這些規定顯示：MIGA與「中心」之間聯繫密切，特別是在調解和仲裁規則的使用、調解人和仲裁人的指定以及調解和仲裁費用的確定等方面，更是如此。

《MIGA公約》第五十七條反覆強調附件II規定的程序，旨在促使擔保合同和再擔保合同「適用某個國際公認機構的商事仲裁規則，如『中心』規則、聯合國國際貿易法委員會規則或國際商會規則」[38]。由於「中心」也是世界銀行集團的一員，「中心」的設立又特別著意於解決東道國和外國投資者之間的爭端，理所當然，「中心」規則將成為MIGA機構解決國際投資爭端的第一選擇，並由《MIGA公約》附件II正式作出規定，其目的在於聯結世界銀行的這兩大掛鉤機構，為國際投資創造良好的環境。

據「中心」當年的顧問卡倫。諾德蘭德爾（Karen Nordlander）稱，早在一九八〇年，中國就已對加入「中心」表示了某種程度的興趣。[39]從一九八三年到一九九〇年，中國在同其他國家簽訂的一系列投資保護協定中，表達了參加《中心公約》，並在某種程度上接受「中心」體制的意向。[40]在中國成為《中心公約》成員國之前，中國法學界對是否參加「中心」問題展開過激烈的

爭論。[41] 歸納起來有三種觀點：第一種觀點強調中國對外開放的基本國策，主張中國「從速加入，促進開放」；第二種觀點強調中國的國家主權，擔心中國可能因參加《中心公約》而在某種程度上喪失對在華外資的管轄權，因此主張「珍惜主權，不宜參加」；第三種觀點強調基本國策和主權觀念應當並重，主張「積極研究，慎重參加」，即先積極開展對《中心公約》的研討，然後再審慎定奪是否加入該公約。經過長期爭論，中國著眼於進一步打消外商投資的顧慮，以利於吸收更多外資，終於同意在一定程度上放棄對中國政府與外國投資者之間投資爭端的司法管轄權，於一九九〇年二月九日簽署《中心公約》，正式接受「中心」體制。世界銀行副總裁兼法律總顧問、「中心」秘書長希哈塔先生（Ibrahim F. I. Shihata）認為，猶豫觀望十多年之後，中國決定加入《中心公約》，這「將有助於中國改善投資環境，吸引更大數量的外國投資」[42]。

三、MIGA 與美國歐皮克公司之間的關係

歐皮克公司是美國政府機構，其宗旨是促進和鼓勵美商在發展中國家的投資。歐皮克公司經美國國會授權於一九六九年建立，其主要業務是承保美國在東道國發展中國家投資的政治風險，包括貨幣禁兌險、徵用險和戰亂險等。[43] 歐皮克公司也以對直接貸款或對國際組織貸款提供擔保的方式，資助與美國友好的發展中國家的建設項目。同時，歐皮克公司還通過提供一系列投資先期規劃服務，其中包括資助可行性研究和資助投資調查團

等活動，為美國私人資本增加更多的海外投資機會。[44]

歐皮克公司的職能和特點充分顯示了該公司對美國海外投資的重要性。根據創設歐皮克公司的立法規定，由該公司保險、保證和再保險的投資必須與友好的不發達國家或地區的建設項目有關，且美國總統已同意與該國或該地區政府共同設定有關保險、保證或再保險的方案。[45]

乍看之下，一般都會認為MIGA和歐皮克公司形同攣生。例如，二者的宗旨和功能都是為了促進國際投資；由二者承保的特別風險都是非商業性風險；二者都只將新投資列入它們的保險範圍；二者都只承保流入發展中國家的投資；二者都提供與海外投資有關的類似服務；二者提供保險均須以投資所在國即東道國批准為前提；二者都提供長期保險；二者均要求作為投保人的投資者在獲得風險事故賠償支付之前，必須根據東道國法律，盡量尋求當地的行政救濟；一旦承保人已經向或同意向投保人支付賠償，二者都可取得代位求償權；二者都受承保最高數額的限制；等等。

儘管有上述許多類似之處，MIGA絕非歐皮克公司的簡單翻版。在保險範圍和保險能力方面，MIGA和歐皮克公司有很大的不同。[46]MIGA和歐皮克公司的區別以及世界銀行和美國一些高級官員所津津樂道的MIGA的優勢，將在本文第六部分詳加論述。

四、中國學者的觀點及中國的有關立法

1. 中國學者對MIGA的看法

在中國，對於MIGA的研究剛剛起步，有關著述不多。一九
九年六月，筆者專門走訪了廈門大學政法學院院長陳安教授，請
教中國法學界對MIGA的看法。陳安教授是中國研究國際投資法
的知名學者，當時正在美國俄勒岡州西北法學院擔任客座教授。
他闡述了對MIGA的個人見解，並比較分析了中國加入MIGA的
利弊得失。[47]

陳安教授認為，MIGA是當今世界發展中國家和發達國家之
間，即「南、北」兩大類國家之間經濟上互相依存、衝突、妥協
和合作的產物。他強調，「南、北」兩大類國家在經濟上各具優
勢，這是「南、北」經濟上互相依存和資本由「北」向「南」流
動的根源所在。對於跨國投資家來說，在發展中國家投資，較之
在發達國家投資，「雖能獲得更大的利益，但也伴隨著更大的風
險，尤其是政治風險」。如果沒有經濟上的互相依存和在「南方」
國家相應風險的存在，MIGA就不可能產生。

陳安教授指出，「南、北」矛盾和衝突植根於兩大類國家之
間不同的經濟利益和政治觀點。發達國家認為，投資者在發展中
國家的私有財產神聖不可侵犯；然而，發展中國家卻十分珍惜來
之不易的政治主權和經濟主權，並賦予它至高無上的地位。例
如，第二次世界大戰以後，尤其是在二十世紀六〇年代和七〇年
代，為了擺脫殖民國家的政治壓迫以及為了爭取經濟上的獨立，
許多新興的發展中國家對在其領土內的外資實行徵收或國有化，

給予或不給予發達國家索要的「充分」補償。

　　儘管歷史上有過種種衝突，現在，為了促進本國經濟的發展，發展中國家仍然需要外來資金、先進技術和科學的管理經驗；而發達國家則需要廉價的勞動力、原料和廣闊的市場，來牟取更多的利潤。因此，完全割斷兩者之間的相互聯繫是不現實的，對任何一方都是有害的。事實上，衝突和矛盾的結果必然導致互相妥協和互相合作，共同謀求改善發展中國家的投資環境。如果沒有兩大類國家之間的相互妥協和合作，也就不會有MIGA的出現。

　　陳安教授進一步闡釋，這種妥協的結果就是作為東道國的發展中國家在一定程度上自我限制本國在外國投資擔保問題上的主權。這種自我限制明顯體現在以下幾個方面：（1）承認MIGA與外國投資者之間簽訂的擔保合同在一定條件下對東道國具有法律拘束力；（2）承認MIGA的代位求償權；（3）承認MIGA與東道國之間的爭端解決方式為國際仲裁，而不是東道國法院的判決；（4）承認在採用仲裁程序時，一併適用《MIGA公約》、可適用的國際法規則以及東道國的國內法規則，而不僅僅限於適用東道國的國內法規則；（5）承認國際仲裁裁決對當事人和當事國的最終效力和法律拘束力，猶如在《MIGA公約》各成員國法院作出最終判決那樣。[48]

　　陳安教授強調，妥協的另一方面的結果是，《MIGA公約》成員國中的發達國家同意敦促本國投資者更加尊重東道國——發展中國家的政治主權和經濟主權。在一定程度上，務必恪守東道國的國內立法。這些要求尤其明顯地表現為：（1）除非事先獲得東

道國政府的同意，MIGA不得簽訂任何承保非商業性風險的保險合同；（2）MIGA不對不符合東道國法律和法規的投資提供保險；（3）MIGA只承保有利於東道國經濟發展的投資；（4）MIGA不擔保任何因投保人認可或負有責任的東道國政府的任何作為或不作為所造成的損失；（5）從法律上禁止MIGA夥同任何成員國從事反對其他成員國（特別是發展中國家）的政治活動。[49]

　　無疑，加入MIGA既有利於發展中國家，也有利於發達國家，前者可以改善投資環境，吸收更多的外資以加速本國經濟的發展；後者可在相對安全的條件下增加更多的贏利機會。

　　筆者認為，陳安教授的上述見解抓住了問題的實質，觸及了MIGA建立的根基——「南、北」的依存、矛盾、妥協與合作。他的理論在某種程度上代表了中國法學界的觀點。這種觀點注重發展中國家的主權，是與中國作為半殖民地國家在一九四九年之前的痛苦經歷密切相關的。

2. 與MIGA有關的中國立法

　　長期以來，中國的最高立法機關——全國人民代表大會批准的許多國際條約，包括十分重要的條約，暫時也還沒有相應的國內專門立法予以配套。因此，迄今為止中國尚無有關MIGA的國內立法，這是可以理解的。[50]然而，《中華人民共和國民法通則》第一四二條規定：「中華人民共和國締結或者參加的國際條約同中華人民共和國民事法律有不同規定的，適用國際條約的規定，但中華人民共和國聲明保留的條款除外。」根據上述規定，MIGA公約》在法律效力上高於中國國內立法，在《MIGA公約》與中國法律規定相牴觸的情況下，應當優先適用《MIGA公約》。

值得注意的是，中國在國內立法和國際條約中均承認代位求償權。例如，一九八二年的《中華人民共和國經濟合同法》和一九八八年的《企業財產保險條款》，都承認對第三方提出索賠的代位求償權。《經濟合同法》第二十五條規定：「財產保險合同，採用保險單或保險憑證的形式簽訂」。「被保險財產的損失，應由第三人負責賠償的，如果投保方向保險方提出要求，保險方可以按照合同規定先予賠償，但投保方必須將追償權轉讓給保險方，並協助保險方向第三人追償」。《企業財產保險條款》第二十條除肯定《經濟合同法》有關規定之外，還進一步明確規定，如第三方應當賠償投保財產損失的，投保人有權利也有義務先向該第三方索賠；如果投保人不先向第三方索賠，而直接向保險人（即承保人）提出賠償請求的，投保人應事先將對第三方追償的權利轉讓給保險人。

為了消除外商對在華投資政治風險的顧慮，中國的涉外投資法確認，在特殊情況下，雖可根據社會公共利益的需要，對外商投資實行徵收，但應給予相應的補償；[51] 同時，中國也承認自己參加簽訂的保護國際投資條約中規定的代位求償權。一九八〇年，中國政府同美國政府簽訂了雙邊投資保證協定，接受歐皮克公司在中國所實施的保險計劃。根據該協定，中國明確同意美國在華投資可由歐皮克公司或繼承該公司的美國政府機構提供保險、再保險或保證。此外，中國還同意：如果承保者根據承保範圍向投資者支付賠款，保險人（歐皮克公司或其繼承者）享有向中國政府提出代位求償的權利。[52]

中國在國內和國際的上述立法實踐表明，早在正式簽署

《MIGA公約》之前，中國就已承認和實行財產保險合同的基本法律原則。

3. 中國對MIGA的態度

中國對承認《MIGA公約》的規定，包括有關賠償支付和代位求償的條款持積極的態度。根據這些條款，一旦MIGA已經向或同意向投保人支付賠償，投保人對東道國和其他債務人的權利和請求，就由MIGA代位取得。以下事實恰能說明中國對MIGA的積極態度：

（1）從一九八四年十月到一九八五年三月，一個「尋求支持」建立MIGA的世界銀行代表團與各國政府包括中國政府進行了廣泛的磋商。早在一九八五年一月，希哈塔先生已就有關建立MIGA的問題在北京「同中國政府進行了單獨會談」[53]。

（2）一九八五年十月，《MIGA公約》在世界銀行的漢城年會上通過，同時向世界銀行的所有成員國和瑞士開放簽署。時間剛過一個月，中國財政部外事財務司世界銀行處就將《MIGA公約》文本譯成中文，並印發給各有關單位和學者徵詢意見，俾供最後決策參考。

（3）中國是MIGA的創始會員國，已被選為MIGA理事國，中國財政部部長已成為在MIGA代表中國的理事。

（4）中國簽署《MIGA公約》的日期和遞交該公約批准書的日期，相隔僅兩天。

（5）中國在MIGA中認繳了3138股股份，相當於3138萬特別提款權，折合33953160美元，占MIGA全部認繳股份的3.138%，在所有成員國中居第六位，超過許多發達國家，甚至超過「七國

集團」的加拿大和義大利。除股份份額超過中國的五個國家之外，與其他國家相比，中國在MIGA中享有更廣泛的權利並承擔相應的義務。中國財力有限卻認繳大量股份，單從這一事實就不難推斷：中國對MIGA是充滿善意和信心的。

（6）MIGA機構建立之後，中國官方通訊社——新華社對MIGA的活動作了連續報導，報導內容涉及不同國家和不同國際組織對MIGA的積極評價和評論；其他國家參加《MIGA公約》的情況；MIGA的正式建立；MIGA承保的重要項目；中國代表在MIGA國際會議上宣布優待外資的立場。一般而言，新華社代表中國政府的立場，因此，這些報導體現了中國支持MIGA的積極態度。[54]

（7）一九八八年九月二十五日在MIGA主持的一次會議上，中國財政部副部長項懷誠愉快地表示了中國對MIGA的支持。他宣稱，中國參加MIGA是消除外商對中國政治風險顧慮的一個「積極步驟」[55]。

（8）MIGA的現任法律顧問威森費爾德先生在致陳安教授的第二封信中寫道，據他查閱MIGA檔案留下的印象，中國政府與MIGA就項目的批准、當地貨幣的使用以及投資保護等問題所展開的談判是「順利、融洽的」，「中國方面沒有設置任何障礙」[56]。

總之，這些事實從不同角度和不同側面反映了中國對MIGA的現實態度並富有誠意。

五、美國對 **MIGA** 的看法以及相應的立法

美國於一九八八年四月十二日批准《MIGA公約》，成為MIGA的成員國。美國負責MIGA事務的官員認為，MIGA和歐皮克公司在保險範圍和保險能力方面頗有不同。MIGA和歐皮克公司之間是互補關係，而不是主從關係。兩者對比較大型的項目進行保險和再保險時可以相互協助。[57]如果某項投資金額巨大，兩者中任何一方都不願或無力單獨承保，則它們可以對該投資的政治風險實行共保或分保。例如，有一項期限長達二十年、金額高達三千萬美元的再保險，就是由MIGA負責實施，並與歐皮克公司達成了再保險協議的。根據該再保險合同，MIGA和歐皮克公司一起承保貨幣兌換險和徵用險，為的是「支持美國通用電器公司從設在匈牙利的一家生產輕工產品的公司——坦格斯讓公司獲得1.5億美元的收益」[58]。

然而，世界銀行法律顧問哲根‧沃斯（Jurger Voss）卻認為MIGA「比歐皮克公司具有更大的實力和影響」[59]。

一九八七年五月在美國參議院外交關係委員會舉辦的一次聽證會上，[60]以及在其他場合，如在一九九〇年九月舉行的一次新聞發布會上，[61]世界銀行和美國的一些高級官員都發表了對MIGA的看法。

第一，沃斯強調，MIGA具有國際性，它由所有成員國包括發展中國家出資，而歐皮克公司僅僅是一個由美國政府出資的國內保險機構。[62]

第二，MIGA中主管保險業務的副總裁萊‧P. 霍里伍德（Leigh

P. Hollywood）認為，歐皮克公司只承保美國本國的海外投資，而MIGA「作為政治風險的承保人」，業務範圍遍及所有成員國在其他發展中國家成員國境內的投資。[63]霍里伍德特別強調「這是一種極其重要的功能，它使MIGA區別於歐皮克公司和其他各種國內建制，這些國內建制的服務對象僅限於本國國民」[64]。

第三，為了保證歐皮克公司在它向投保人支付賠償之後，能夠順利行使代位求償權，美國必須分別同每一個作為東道國的發展中國家逐一訂立投資保護協定。美國商務部對外商務局主管亞歷山大‧古德（Alexander Good）認為，「歐皮克公司具有合適的承保範圍並具有進取精神，但它尚未同所有國家都逐一訂立協議」，因此，它的保險業務只限於一些特定國家。反之，在所有的MIGA成員國之間，就不存在這個問題。[65]

第四，美國財政部主管發展中國家事務的助理副部長詹姆‧康羅（Jame Conrow）認為，「MIGA能夠保證有一個強有力的國際裁判庭，而歐皮克公司則辦不到這一點。這是迄今為止發展中國家首次在國際公約中接受自動交付仲裁解決的體制。」[66]

第五，沃斯認為，一旦發生MIGA承保範圍內的風險事故，使外國投資遭受損失，作為侵權行為人的東道國，在MIGA順利行使代位求償權之後，才不得不間接地向投資者付賠；可是，作為承保人的所有MIGA成員國，包括東道國，卻在MIGA行使代位求償權之前，就必須直接「向投資者提供金錢賠償」[67]。

顯然，不管發生什麼情況，由於東道國是MIGA的成員國，它們將間接地甚至直接地承擔由MIGA承保的投資風險事故所造成的全部或部分損失。然而，如果此項投資風險由歐皮克公司承

保，則這家美國政府經營的保險機構就得首先自己支付賠償。[68] 在歐皮克公司贏得代位索賠的訴求之前，東道國沒有任何義務直接向投保的外國投資者支付任何賠償。

根據這些官員的分析，筆者認為，在促進和保護投資流向第三世界方面，MIGA具有更高的國際權威性和更強的國際影響力。特別是，如果美國海外投資者在某些國家投資，而這些國家又暫時受到美國「政治制裁」或「經濟制裁」那麼，MIGA的「非政治化」特點，使得該機構對美國海外投資者而言更是十分重要和必不可少的。

值得注意的是，美國社會的其他階層，如勞聯—產聯等工會組織，對MIGA的看法則迥然不同於美國的高級官員和投資家。勞聯—產聯認為，歐皮克公司漠不關心因鼓勵海外投資而對美國勞動就業造成的消極影響；MIGA和歐皮克公司在經營上猶如難兄難弟，「並駕齊驅」。[69] 從歐皮克公司的經營後果來看，預計MIGA業務的展開，將促使更多的美國公司將其國內業務轉移到海外，從而進一步加深美國工人勞動就業的困難。在考慮到MIGA不能為美國創造就業機會的同時，勞聯產聯也關注海外投資對各國工人權利的實際影響。他們指責說，這種實際影響曾「被列為評估歐皮克公司保險業務是否可行的標準之一，而對MIGA卻沒有這樣的要求」[70]。

在妥協的基礎上，勞聯—產聯的批評得到了國會立法人員的認同。在國會通過的有關認可美國參加MIGA的專題立法中，規定了美國工人的權利。該法案要求美國指派在MIGA中任職的董事「提出建議並盡力促使制定出有關的政策和程序」，以便在出

現以下情況時，能夠阻止MIGA董事會向擬議中的投資提供擔保：[71]

首先，對於任何尚未採取或不擬採取措施給予該國工人以國際公認的工人權利的國家，MIGA就不應對進入該國的任何投資提供保險。

其次，如果東道國對投資附加了擾亂貿易的履行條件，從而可能造成美國或其他成員國國內就業機會大量減少，或可能造成美國或其他成員國從該項投資中可能獲得的其他貿易利益大量減少，那麼，MIGA也就不應提供擔保。

顯然，這兩種情形都與就業問題直接相關。實際上，法案中的這些規定對美國工人來說只是一種不痛不癢的安撫。因為，MIGA也必須考慮美國社會其他非工人階層以及其他成員國社會各階層的利益，它不可能不折不扣地執行這些規定。更何況，儘管美國是MIGA中的一大主角，但MIGA畢竟並非由美國獨家經營，因此，美國試圖通過國內立法隨心所欲地將自己的政策強加於MIGA的董事會，也不會是容易的。

六、MIGA 對保護美國在華投資可能發揮的重大作用

中國通過國內立法和國際條約，從法律上保護美商在華投資。在國內法方面，《中華人民共和國憲法》。一根本大法以及其他一系列中國涉外法律和法規，都明文規定在華外資（包括在華美資）的合法權益受到中國法律的保護；在國際條約方面，中國政府在實行對外開放基本國策之初，即率先於一九八〇年與美

國政府簽訂了有關投資保險的鼓勵美商在華投資的雙邊協定。

自中國成為MIGA成員國之後，由MIGA承保的美商在華投資可進一步得到中國和MIGA的雙重保護。一旦發生MIGA承保範圍內的非商業性風險，給美國投資者造成損失，作為東道國的中國將面臨雙重的賠償責任：首先，在MIGA行使代位求償權之前，中國須向投資者**直接**支付金錢賠償；其次，在MIGA順利行使代位求償權之後，中國無異於向投資者**間接**地支付了賠償。

可見，無論出現上述哪一種情況，中國的MIGA成員國資格決定中國不可能規避向上述投保了的在華美資支付部分或全部侵權賠償金的義務，即無法擺脫對MIGA承保的在華美資非商業風險負有的賠償責任。況且，無論出現上述哪一種情況，中國都將隨即受到來自MIGA所有成員國包括眾多發展中國家成員國的壓力。這當然是中國不願意看到的局面。

中國在參加《MIGA公約》之前，顯然意識到而且已經洞悉MIGA體制中的這些「奧妙」，以及它們對吸收外資的東道國所形成的多重約束力，但中國仍然決定參加該公約。由此可見，中國鼓勵和保護外商來華投資（包括在華美資），其善意和決心是無可置疑的。

MIGA和歐皮克公司各自都有最高的承保限額。[72] 當美商在華投資的特大型項目特別是開發自然資源和能源建設項目需要投保時，MIGA在保險市場上格外能發揮其承保能力。[73] 假如MIGA和歐皮克公司都無力單獨承保美國在華大型投資項目，則二者可以一起對該投資項目實行共同保險或分保。

MIGA是唯一一家專門承保政治風險的多國保險機構，在多

數實質性場合，MIGA因循或仿照美國歐皮克公司的做法開展保險業務。[74] 但是，兩者承保對象範圍的廣狹卻有不同。前者的適格承保投資未必就是後者的適格承保投資；反之亦然。就美國歐皮克公司而言，除了前面已經提到的對投保人的國籍設有狹窄限制之外，還存在著美資所在東道國是否符合美國所設定的「政治標準」的人為障礙。相形之下，MIGA卻具有較寬的「胸懷」它有權承保美國法律和歐皮克公司政策禁止承保的項目。[75] 如果出現這種情況，美國投資者在投保各種在華非商業性風險時，就有了新的選擇，在考慮投保取捨時，可以舍歐皮克公司而取MIGA[76] 反之，如果一項美商對華投資對於這兩家保險機構說來都是適格的承保投資，那麼，該美商就可以自由選擇MIGA或歐皮克公司，看看二者之中何者能就在華非商業性風險向投資者提供更有效、更充分和更廉宜的保險和保護，擇優投保。

一九九〇年在美國發表的一篇新聞評論引述了MIGA副總裁霍里伍德的看法。他指出：與一些國家政府經營的專門承保政治風險的機構不同，MIGA無須考慮東道國的人權記錄，或一個投資項目對投資者母國勞動者就業的影響，因此在某些國家保險機構無法承保某些不符合條件的投資項目時，MIGA卻可以承保，從而彌補缺陷。」[77]

根據霍里伍德的觀點，如果「出於政治原因」，一個國家保險計劃不能將某一特定東道國列入承保範圍，那麼，MIGA就是一個受歡迎的選擇。因為，MIGA批准承保投資項目所依據的主要標準是：（1）該投資項目是否對作為MIGA成員國的東道國有利；（2）該項目在財政上是否具有足夠的生存和發展能力。[78]

霍里伍德有關MIGA「非政治化」的這些觀點，看來是「言之有據」的。它符合《MIGA公約》第34條的規定。該條明確強調：「MIGA及其總裁和職員不得干涉任何成員國的政治事務。在不傷害機構考慮與投資有關的所有因素這一權力的前提下，其一切決定均不受有關成員國政治性質的影響。在權衡與決策有關的各種因素時應無所偏倚，以期達到第2條所闡明的宗旨。」

　　然而，如果將《MIGA公約》的這一規定與美國國會專為本國參加該公約而通過的法律規定加以比較，人們首先就會陷入迷惑不解，繼而發現兩者之間在「非政治化」問題上「南轅北轍」因為，《美國法規彙編》第22卷第290節K條2項規定：

　　美國派駐MIGA的董事上任後，應當在該機構正式簽發第一份保險單之前，立即提出建議，並盡力促使該機構董事會採用有關的政策和程序，從而使該機構不對擬在下述國家中投資的項目提供擔保：

　　（1）該國尚未採取或不擬採取措施給予該國工人以國際公認的工人權利。

　　（2）東道國對該項投資附加擾亂貿易的履行條件，從而可能造成：美國或其他成員國的就業機會大量減少；或美國或其他成員國從該項投資中可能獲得的其他貿易利益大量減少。

　　（3）該項投資會提高一國某類工業的生產能力，而這類工業在世界範圍內已面臨相同、相似或競爭產品的生產能力過剩，其結果，勢必給其他成員國中生產這種產品的廠商造成重大損害。

美國法律的這些規定，不僅要求MIGA切實保護美商的各種經濟利益，而且要求MIGA接受美國的政治觀念，把東道國的所謂「人權」記錄作為是否同意承保有關投資的重大標準，即把適格承保的標準政治化了。

其次，《MIGA公約》第12條d款iv項規定：

在擔保一項投資時，MIGA應徹底弄清……東道國的投資條件，包括該投資是否可得到公正平等的待遇和法律保護。

這一規定本身自無不當，但如戴上美國政壇近年來相當流行的有色眼鏡，卻也不難對該公約的這一條文隨心所欲地作出政治化的解釋。

有鑒於此，美國是否能如願地將其本國的某些法律和政策，即那些把承保適格政治化的法律和政策推行於MIGA，以影響該機構的決策過程，以及MIGA的「非政治化」是否真正現實可行等，就都成為耐人尋味的問題。

最後，MIGA現任法律顧問威森費爾德在一九九一年七月十二日致陳安教授的一封信中指出，儘管MIGA已經接受許多可能投保的美國和歐洲客戶的諮詢，但這些初步的諮詢「尚未成熟到申請訂立合同的程度」因此，直到當時為止，「MIGA仍未獲得在中國承保投資項目的機會」[79]。

筆者對這封信中的委婉說辭，與《MIGA公約》以及美國立法的上述有關規定作了綜合比較和仔細揣摩，覺得有必要進一步探討以下幾個具體問題：

問題1：MIGA衡量這些諮詢是否「成熟」到可以申請訂立合同的標準是什麼？美國派駐MIGA的董事在衡量這些諮詢時持何立場？是什麼原因導致MIGA尚未獲得在中國承保投資項目的機會？其主要原因是來自MIGA客戶的猶豫不決，還是來自MIGA本身的限制和勸阻？

問題2：根據《MIGA公約》第12條d款iv項的規定，在一九八九年六月四日之後，MIGA對中國投資環境如何評估？這種評估是否取決於世界銀行所作的評估？MIGA是否認為中國的投資環境尚不符合該機構承保在華外資的水準？

問題3：現在，中國已被列入「有資格獲得擔保的MIGA成員國」名單（從1991年7月2日開始），並被確定為「第二類國家（即發展中國家成員國）」之一。[80] 相應的注解稱：「凡是來自這第二類國家或第一類成員國的投資者在這些第二類成員國境內的投資，便有資格獲得MIGA的擔保」[81]。這是否意味著目前MIGA已判定中國現行的投資條件已全面符合《MIGA公約》第12條d款vi項的規定，即在華外資已經能夠「得到公正平等的待遇和法律保護」[82]？

問題4：自一九八九年六月四日以來，美國歐皮克公司已停止承保新的美商對華投資，[83] 這是美國對中國實行「經濟制裁」的措施之一。美國此項措施會不會對MIGA的承保政策產生實際影響，從而在事實上限制或阻礙MIGA承保美商在華投資？

問題5：美國派駐MIGA的董事按照前述美國22 U. S. C.§290K-2項法律規定行事，則目前美國推行的把對華經貿問題政治化的政策是否嚴重影響MIGA承保在華投資的決策？如果回答

是肯定的話，那麼，究應如何理解《MIGA公約》第34條規定的有關該機構經營「非政治化」的精神實質？

問題6：如果美商就其適格的在華新投資正式向MIGA提出投保申請，MIGA是否會真正嚴格遵照公約中的「非政治化」規定而同意承保？

問題7：MIGA是否已經確認中國是它承保投資非商業性風險的重要市場？認定的主要依據是什麼？

筆者曾就上述這些令人「納悶」的疑難問題，通過陳安教授的幫助，直接函詢MIGA的法律顧問威森費爾德，向他請教。他在回信中坦率地承認，這些問題正是「評論家們在探討MIGA過程中所遇到的一批最難解答的難題。」

對於問題1，威森費爾德在回信中委婉地解釋說：「投資程序是一個緩慢的過程，即使一帆風順，由於跨國性行動耗費時日，因此，到最終達成針對投資的協議，拖延一年或更長時間，也不是不可能的。在投資目標所在國的經濟和政治形勢似乎還在變動之中的情況下，尤其如此。」[84]

另外，威森費爾德強調，MIGA不清楚「為什麼針對在華投資要求投保的幾家申請人至今尚無進一步的行動」[85]，也不知道在出現問題1提到的情況時「美國派駐MIGA的董事將持何立場」但是，他斷然「保證MIGA從來沒有做任何勸阻投資者向中國投資的事情」相反，他強調，MIGA「迫切希望」在中國這個市場上開闢業務，站穩腳跟，從而使「中國真正成為MIGA（開展承保業務）的一個重要市場」[86]其所以然，是因為「在過去十年中國際投資界對中國一向懷有相當大的興趣，對於外國投資家說

來，這個國家的幅員使它成為一個潛在的巨大投資市場。作為一個促進開發的機構，MIGA將充分發揮作用，以促進向這個如此重要的發展中國家實行投資。我深信，這種期待是現實的」[87]。

對於問題2，威森費爾德實際上不願確切回答，理由是MIGA尚未處理過針對在華投資申請投保的事例，因此，根據《MIGA公約》第12條d款iv項規定，要求該機構對中國現行投資條件進行評估，也就無從談起了。

對於問題3，威森費爾德明確答稱：「一個國家被列入一項成員國名單並不表示已經斷定外國投資在該國受到的待遇。這樣的一種判斷將在隨後有人要求MIGA承保在該國境內的投資項目時再作出。實際上，MIGA每次承保該國境內的項目，都必須按照《MIGA公約》第12條d款iv項規定的標準逐一審定」。

威森費爾德的這種解釋顯然暗示：中國作為一個簽署和批准《MIGA公約》的成員國，並被列入上述名單，僅僅意味著它是該公約第14條所規定的一般意義上的「合格東道國」，而並不意味著MIGA已經具體斷定中國的投資環境完全符合該公約第12條d款iv項規定的標準。對於後者，還有待於日後逐案審定。

問題4和5可以說是上述所有問題的關鍵和核心。顯而易見，美國有關MIGA的國內特別立法（即前述22 U. S. C. §290K-2項法律）與《MIGA公約》第34條規定是直接牴觸、大相逕庭的。前者規定，美國派駐MIGA的董事有義務推行美國有關MIGA的法律和政策，針對可能出現的四種情況，設法阻止該機構向擬議中的投資提供擔保。然而，《MIGA公約》第34條規定的該機構「非政治化」機制，在理論上給人們的印象是：（1）MIGA奉行

中立政策，在政治上無所偏倚；（2）MIGA的一切決策，與政治無涉，不應接受世界範圍內一國或數國的任何政治影響；（3）MIGA本身及其所屬全體人員，一概「不得干涉任何成員國的政治事務」，「禁止政治活動」。根據以上締約精神，其邏輯上的必然結論和具體結論之一，理應是：（4）在MIGA決定是否向美商在華投資提供擔保時，根本無須考慮美國國內立法即22 U. S. C. §290K-2項法律所力圖強加於MIGA的政治性限制規定；更不應接受來自美國國內法的政治性掣肘。由此可見，MIGA在這方面較之美國的歐皮克公司，具有一些明顯和獨特的優勢。從理論上說，凡是礙於美國政策、出於某種「政治原因」因而歐皮克公司不能承保的美商海外投資，只要符合MIGA的有關規定，即可由該機構提供擔保。

　　然而，現實無情。世界上迄今存在的強權政治的陰影，卻在一定程度上阻遏著上述理論的貫徹。

　　由於美國是MIGA最大的持股者，來自美國的董事在該機構中擁有21.7%的投票權，[88] 因此，MIGA在審議申請投保的美商在華投資時，事實上不可能不受美國政府的政治決策以及有關立法的重大影響。可以說，在一定條件下，美國董事的投票傾向，在某種程度上甚至對MIGA的決策具有舉足輕重的作用。更為重要的問題是，在MIGA成員國中，以西方「七國集團」為首的發達國家投票權的總和，占該機構董事會全部投票權的49.72%。[89] 如果它們對某一特定國家或特定事項持相同的看法或採取相似的政策，那麼，這些國家就能全盤控制MIGA特定決策。

　　針對筆者提出的這個關鍵性疑難問題，威森費爾德回答得比

較含蓄，也比較含糊。他在前述函件中寫道：「美國在許多國際機構中都是最大的持股人，因此，它力圖運用其投票權促使這些國際機構的決策符合美國政府的觀點，這是極為正常的。通常，國際組織的成員國，包括美國，對某一特定事項持這種或那種觀點，便會各自努力設法取得其他持相同意見的成員國的投票支持，以加強自己的地位。這種努力，既可以正式地在機構內部的會議辯論中進行，也可以非正式地通過各種外交接觸之類的場合進行」[90]。

在解釋美國投票權在MIGA決策中的作用之後，他指出，如果有美商對華新投資向MIGA申請投保，而美國董事卻力圖加以「勸阻」則暫且還不知道「美國究竟是對MIGA的管理部門非正式地表示意見；抑或是在董事會上就此事項展開辯論」。如果正式投票，也往往「無法預料董事會的投票結果」。因為，直到一九九一年七月為止，MIGA還沒有這方面的具體實踐記錄。[91]

顯然，在這裡威森費爾德並不否認，美國對中國實行「經濟制裁」和「政治制裁」政策的延續以及美國22 U. S. C. §290K-2項法律的規定，勢必通過美國董事行使其在MIGA中的特大投票權，在某種程度上限制該機構承保美商在華投資的能力。

但是，另一方面，威森費爾德在上述函件中既不直截了當地確認，也不直截了當地否認《MIGA公約》第34條規定的該機構「非政治化」的特點和要求。很難認為，這不是他對現實難題的一種「規避」。聯繫到威森費爾德在歷史上和現實中的兩種身份，他在答疑時存在的「苦衷」，就不難理解了。他曾在美國政府主辦的歐皮克公司連續擔任助理總法律顧問長達十二年之久，

第三編・國際投資法

835

而現在則在MIGA這一國際性機構中擔任要職，正在積極努力地為這個機構樹立公正、超脫的形象，以利於在全球開拓承保業務。可是，事實上，美國政府的政治觀念和政策對MIGA決策的影響確然存在，而這種存在又顯然成為該機構實現「非政治化」的一大障礙。此種理論與現實的矛盾、美國國內法與國際公約的牴觸，以及「過去」與「現實」兩重身分的差異，勢必促使威森費爾德在說明這個問題時陷入兩難境地。

雖然如此，筆者仍然認為，美國政府把對外經貿問題政治化的慣常做法對MIGA實現「非政治化」的消極影響也不是不受限制或無法抵消的。如果其他發達國家成員國就特定國家或特定事項與美國抱有不同的觀點或採取不同的政策，而發展中國家成員國又能堅持自己的政策，那麼，美國就無法控制MIGA的決策。例如，美國是西方國家中唯一一個迄今仍然對中國實行「經濟制裁」的國家，而歐共體卻在一九九〇年十月的外長會議上就已決定取消對中國的經濟制裁。此外，西方七國首腦會議的主席也贊同美國總統布什關於無條件延續對華最惠國待遇的主張，並建議繼續改善同中國的關係。在這種國際動向下，即使美國仍然能在MIGA中扮演重要的角色，恐怕也難以隨心所欲地控制該機構實現「非政治化」的趨勢。目前，在對華投資承保的問題上，擺脫美國政策對MIGA的影響的可能性正在日益增大，這將使《MIGA公約》第34條所倡導的理論上的「非政治化」得到某種程度上的推動和實施。對於美國在華私人投資來說，這種結果恰恰是MIGA優於美國歐皮克公司之處，因為美國立法規定後者必須受制於美國的法律和政策，而前者則理應不受美國法律的約束。

MIGA的這種優勢可以使它媲美國歐皮克公司發揮更大的作用。
[92] 凡是在中國已經進行新投資或有興趣進行新投資的美國投資者，在中美關係尚未恢復正常、歐皮克公司拒絕承保對華新投資的現實情況下，仍然可以自由地要求MIGA提供投資保險。對這些投資者而言，MIGA能夠扮演一個歐皮克公司所不能扮演的角色。一旦充分了解MIGA的獨特優勢，MIGA所具有的特點將有力地刺激美國投資者向該機構申請投資保險。即使日後歐皮克公司恢復對美商在華投資的保險計劃，它也無法發揮MIGA所能發揮的獨特作用。因此，如何與MIGA進行合作以及做到二者間的互補，看來將成為歐皮克公司面臨的一項重大課題。另一方面，中美經濟上的多種互補性、MIGA的出現和開始運作、中國的迅即參加並大力支持該機構，所有這些，都預示著MIGA完全可以通過與歐皮克公司之間的合作以及與中國之間的合作，大力加強對美商在華投資實行國際保護。簡言之，MIGA開拓對在華美資的承保業務，其前景是十分樂觀的。

七、結語

隨著時間的推移，由於MIGA的多國性質及相應的優勢，它在保護跨國投資方面將會起到越來越大的作用。

作為世界上最大的海外投資國家，美國與新建的MIGA以及世界銀行集團的其他成員之間有著非常密切的聯繫。有關建立MIGA的最初構想和倡議就是在美國的積極推動下提出的。美國正在充分利用這些國際經濟組織以及相應的機制，促進其在世界

範圍內的投資大業。看來，為了更有力、更有效地保護美商在發展中國家的投資，包括在華投資，美國應當會更加注意發展歐皮克公司和MIGA之間的互補關係。

中國正在加快步伐，更大膽地實行對外開放和吸收外資的既定國策。根據新近來自MIGA總部的信息，截至一九九二年七月上旬，外國對華投資已有十六個項目在MIGA正式登記申請投保，其投資總額超過六億美元，投資部門包括產品製造業、農業綜合企業、製藥業、漁業、能源業乃至快餐業等等。[93]面臨這種新的形勢，作為正在吸引巨額外資包括美資的國家，中國理應注意以下幾個問題：（1）仔細研究世界銀行集團五大國際經濟組織以及它們之間的相互關係，準確理解這五大「齒輪」間相互銜接和相互配合的微妙之處；（2）MIGA對中國人來說還很陌生，應當設法使更多的中國人了解和接受新建立的MIGA及其運作機制；（3）應當制定具體實施《MIGA公約》的專門立法，以進一步改善投資環境，預防和消除跨國投資過程中出現的國際矛盾，促進國際合作，從而在公正與平等的基礎上促進中國人民與各國人民（包括美國人民）之間的互利關係。

注釋

* 本文原載於《中國社會科學》1992年第6期（總第78期）。作者係當時在美國俄勒岡州路易斯與克拉克大學西北法學院攻讀 J. D. 學位的研究生陳仲洵，由當時在該校擔任客座教授的陳安指導撰寫。本文中以相當的篇幅轉述了陳安教授對有關問題的見解，並作為其立論的重要依據之一。經徵得本文作者同意，現輯入本書。

〔1〕　參見《MIGA概述》，載《MIGA 1990年年度報告》，第3頁。該材料

由MIGA提供。一九八八年初，世界銀行集團包括四個成員：國際復興與開發銀行（以下簡稱「世界銀行」）、國際金融公司（以下簡稱「金融公司」）、國際開發協會（以下簡稱「開發協會」）以及解決投資爭端國際中心（以下簡稱「中心」）。

〔2〕《MIGA 1990年年度報告》，第7頁；《MIGA公約》第2條，載《國際經濟法基本文獻》（第1卷），1990年英文版，第498頁。

〔3〕參見《MIGA公約》第11條。

〔4〕參見《MIGA成員國一覽表》，載《MIGA 1992年年度報告》（修訂本），1992年6月23日，第7頁。

〔5〕參見《1990財政年度MIGA的主要成就》，載《MIGA機構1990年年度報告》，第4、11頁。

〔6〕參見《MIGA 1992年年度報告》（修訂本），1992年6月23日，第2、9、10、14頁；《MIGA簡訊》（第2卷）（第1期），1992年春夏，第4頁。

〔7〕《國際復興與開發銀行協定條款》（以下簡稱《世界銀行協定條款》）第1條第ii-iii款，載《國際經濟法基本文獻》（第1卷），1990年英文版，第427頁。

〔8〕同上。

〔9〕《世界銀行總裁強調採取政策措施促進經濟實質增長》，載新華社海外新聞稿1985年4月19日。

〔10〕參見《MIGA公約》第1、30-32條。

〔11〕同上。

〔12〕同上。

〔13〕同上。

〔14〕參見《MIGA公約》第2、35、4、32條。

〔15〕同上。

〔16〕同上。

〔17〕參見《MIGA與世界銀行》，載《中東行政報告書》，1989年4月，第23頁；到一九九〇年六月三十日，董事會已有十七個董事，見《MIGA 1990年年度報告》，第36-37頁。

〔18〕威森費爾德一九九一年八月十三日寫給廈門大學政法學院院長陳安教授的信（原信複印件現存廈門大學國際經濟法研究所備查）。

〔19〕參見《中心公約》，序言、第1條；《中心公約簡介》，載《國際經濟

法基本文獻》（第1卷），1990年英文版，第947頁。

〔20〕截至一九九〇年二月，已有九十九個國家簽署該公約，其中九十一個簽署國業已呈交批准書，參見《中國簽署〈中心公約〉》，載《中心新聞》1990年冬季號，第2頁。

〔21〕參見《多邊投資擔保機構新聞發布會》，聯邦新聞社1990年9月7日。

〔22〕參見《中心公約》，序言、第1條第2款、第25條第1款。

〔23〕同上。

〔24〕同上。

〔25〕參見《MIGA公約》第11、15、16、17、18、44、51、57條、第56條a款。

〔26〕同上。

〔27〕同上。

〔28〕同上。

〔29〕同上。

〔30〕參見《MIGA公約》第11、15、16、17、18、44、51、57條、第56條a款。

〔31〕參見《多邊保險計劃勢必增強歐皮克公司》，載《國際貿易報告書》（第4卷第19期），1987年5月13日，第653頁。

〔32〕參見陳安：《「解決投資爭端國際中心」述評》，鷺江出版社1989年版，第24-25頁。

〔33〕參見《MIGA公約》第17條。

〔34〕參見《MIGA公約》附件II，第3條b、c、h款，第4條b、c、e、k款。

〔35〕同上。

〔36〕同上。

〔37〕《MIGA公約》附件II，第3條b、c、h款，第4條b、c、e、k款。

〔38〕《多邊投資擔保機構公約及對該公約的評論》，1985年英文版，第23頁。該材料由MIGA提供。

〔39〕《美國和中國享受的待遇將不低於其他外國和內國當事人》，載《美國出口週刊》（第19卷第9期），1983年5月31日，第318頁。

〔40〕參見陳安：《「解決投資爭端國際中心」述評》，鷺江出版社1989年版，第24頁。

〔41〕參見金克勝：《中國國際法學會1986年學術討論會》，載《中國國際法年刊》（1987），中國對外翻譯出版公司1988年版，第462-471頁；

陳安：《「解決投資爭端國際中心」述評》，鷺江出版社1989年版，第28-46頁；陳安：《是重新閉關自守，還是擴大對外開放──論中美經濟的相互依存以及「1989年政治風波」後在華外資的法律環境》，載美國《律師》（第10卷第2期），1991年春季號，第33頁。

〔42〕《中國簽署〈中心公約〉》，載《中心新聞》1990年冬季號。

〔43〕參見《對外援助法案》第231-241條，《1989年對外關係立法》，美國眾議院和參議院，1990年，第76-102頁；陳安：《美國對海外投資的法律保護以及典型案例分析》，鷺江出版社1985年版，第35頁。

〔44〕參見〔美〕柯恩：《歐皮克公司在中國的計劃：最新動態》，載《東亞執行報告書》1989年4月15日，第8頁；〔美〕馬拉：《歐皮克公司在中國的計劃以及投資者遇到的問題》，載《中國法律報告書》。1986年冬季號，第170頁。馬拉當時是歐皮克公司的總顧問。

〔45〕參見《對外援助法案》第37條a款；陳安：《美國對海外投資的法律保護以及典型案例分析》，鷺江出版社1985年版，第92頁。

〔46〕參見《國際貿易報告書》，第653頁。

〔47〕參見本文作者整理的訪問記錄：《陳安教授談MIGA》。

〔48〕參見《MIGA公約》第11條（a）款及第13條（a）款、第18條（a）（b）款、第57條及公約附件II第4條（g）（h）（j）款。

〔49〕參見《MIGA公約》第15條、第12條（d）款（i）（ii）（iii）項、第11條（c）款（i）項，第34條。

〔50〕威森費爾德一九九一年七月十二日寫給陳安教授的信件（以下簡稱「MIGA信件A」）中，認定中國目前尚無有關MIGA的專門立法（原信複印件現在筆者處備查）

〔51〕參見《中華人民共和國中外合資經營企業法》第5條等。

〔52〕參見《中華人民共和國和美利堅合眾國關於投資保險和投資保證的鼓勵投資協定》第3條，載《中國國際法年刊》（1982），中國對外翻譯出版公司1983年版，第432-435頁。

〔53〕〔美〕希哈塔：《MIGA與外國投資》1988年英文版，第75頁。

〔54〕根據筆者所掌握的資料，在《MIGA公約》於一九八八年十月正式通過之前，新華社海外新聞稿早在一九八五年四月十九日起就開始報導MIGA的活動，截至一九九一年六月，新華社海外新聞稿已發了三十一篇報導。新華社的這些報導均已被收集在美國Lexis/Nexis電腦資料庫存中，隨時可供查索並印出。

〔55〕《中國對外國直接投資政策概述》，載新華社海外新聞稿1988年9月
　　　25日，第2頁。

〔56〕威森費爾德1991年7月26日寫給陳安教授的信（以下簡稱「MIGA信
　　　件B」，原信的複印件現存廈門大學國際經濟法研究所備查）。

〔57〕《國際貿易報告書》（第4卷第19期），1987年5月13日第653-654頁。

〔58〕《MIGA 1990年年度報告》，第12頁。

〔59〕《國際貿易報告書》（第4卷第19期），1987年5月13日，第653-654
　　　頁。

〔60〕同上。

〔61〕參見《多邊投資擔保機構新聞發布會》，聯邦新聞社1990年9月7日。

〔62〕參見《國際貿易報告書》（第4卷第19期），1987年5月13日，第653-
　　　654頁。

〔63〕參見《多邊投資擔保機構新聞發布會》，聯邦新聞社1990年9月7日。

〔64〕參見《國際貿易報告書》（第4卷第19期），1987年5月13日，第653-
　　　654頁。

〔65〕參見《國際貿易報告書》（第4卷第19期），1987年5月13日，第653-
　　　654頁。
　　　歐皮克公司的營運已起到鼓勵美國海外投資的作用，然而，它又促
　　　使許多公司停止在美國的業務，而將他們的公司轉移到發展中國
　　　家，利用東道國廉價的勞動力，牟取更多的利潤。這些活動導致美
　　　國國內就業機會一定程度的減少。一九七七年，歐皮克公司遭到美
　　　國勞聯—產聯的強烈攻擊和反對。為了緩和國內矛盾以及為了順利
　　　解決對歐皮克公司的重新授權問題，美國國會附加了一些法律條
　　　款。根據這些條款的規定，如果某項美國海外投資可能造成美國國
　　　內就業機會大為減少或可能造成美國貿易利益大為減少的，歐皮克
　　　公司即應拒絕對該項投資提供保險。由此，歐皮克公司在審議和判
　　　斷投資是否具有投保資格方面，享有自由裁量權，參見《美國法規
　　　彙編》第22卷第2191節（K）（1）（m）款，第128頁。

〔66〕《國際貿易報告書》。（第4卷第19期），1987年5月13日，第653-654
　　　頁。

〔67〕同上。

〔68〕參見《中華人民共和國和美利堅合眾國關於投資保險和投資保證的
　　　鼓勵投資協定》第3條。

〔69〕參見《國際貿易報告書》（第4卷第19期）1987年5月13日，第653-654頁。

〔70〕《國際貿易報告書》（第4卷第19期）1987年5月13日，第653頁。

〔71〕參見《實用美國法規彙編》（第22卷），第290K-2節，第102-103頁。

〔72〕MIGA對每一投資項目的每一類風險，最高保險額為五千萬美元，參見《投資者最新動態》，載《中國商務》1990年2月26日第2版；《MIGA》，載《世界保險報告書》，1990年3月18日。

〔73〕參見MIGA信件A。

〔74〕同上。

〔75〕同上。

〔76〕參見《投資者最新動態》，載《中國商務》1990年2月26日第2版。

〔77〕同上。

〔78〕同上。

〔79〕MIGA信件A。

〔80〕簽署和批准多邊投資擔保機構公約國家一覽表（截至1991年7月2日）。

〔81〕簽署和批准多邊投資擔保機構公約國家一覽表（截至1991年7月2日）。

〔82〕《MIGA公約》第12條d款iV項。

〔83〕〔美〕所羅門：《中國與最惠國待遇：變革的催化劑是交往而不是孤立》載美國國務院文件《現行政策》第1282號，1990年6月6日，第5頁。

〔84〕MIGA信件B。

〔85〕同上。

〔86〕同上。

〔87〕MIGA信件B。

〔88〕參見《多邊投資擔保機構關於資本份額認繳和投票權的聲明》，載《MIGA 1990年年度報告》，第26-27頁。美國在MIGA中占有20.519%的股份份額。「七國集團」總共擁有MIGA投票權的49.72%，其中，美國21.7%、日本5.53%、聯邦德國5.5%、法國5.28%、加拿大3.29%、義大利3.14%。

〔89〕同上。

〔90〕MIGA信件B。威森費爾德在信中解釋稱：「通常，一個成員國雖然反

對承保某一特定項目，但鑒於其他成員國大多支持該項目，一般都會投棄權票，而不會投不贊成承保該項目的反對票。」

〔91〕同上。

〔92〕參見〔美〕所羅門：《中國與最惠國待遇：變革的催化劑是交往而不是孤立》，載美國國務院文件《現行政策》第1282號，1990年6月6日，第3頁。

〔93〕參見MIGA總部威森費爾德一九九二年七月七日寫給陳安教授的信（原信複印件現存廈門大學國際經濟法研究所備查）。

社科文庫・國際財金研究叢刊 AA101014

中國特色話語：陳安論國際經濟法學 第二卷（修訂版） 下冊

作　　者　陳　安
版權策畫　李煥芹
責任編輯　林以邠

發 行 人　陳滿銘
總 經 理　梁錦興
總 編 輯　陳滿銘
副總編輯　張晏瑞
編 輯 所　萬卷樓圖書股份有限公司
排　　版　菩薩蠻數位文化有限公司
印　　刷　百通科技股份有限公司
封面設計　菩薩蠻數位文化有限公司

出　　版　昌明文化有限公司
桃園市龜山區中原街 32 號
電話 (02)23216565
發　　行　萬卷樓圖書股份有限公司
臺北市羅斯福路二段 41 號 6 樓之 3
電話 (02)23216565
傳真 (02)23218698
電郵 SERVICE@WANJUAN.COM.TW
大陸經銷
廈門外圖臺灣書店有限公司
　　電郵 JKB188@188.COM

ISBN 978-986-496-175-7
2019 年 8 月再版
定價：新臺幣 680 元

如何購買本書：
1. 轉帳購書，請透過以下帳戶
　　合作金庫銀行 古亭分行
　　戶名：萬卷樓圖書股份有限公司
　　帳號：0877717092596
2. 網路購書，請透過萬卷樓網站
　　網址 WWW.WANJUAN.COM.TW
大量購書，請直接聯繫我們，將有專人為您
服務。客服：(02)23216565 分機 610

如有缺頁、破損或裝訂錯誤，請寄回更換

國家圖書館出版品預行編目資料

中國特色話語：陳安論國際經濟法學. 第二
卷 / 陳安著. -- 再版. -- 桃園市：昌明文化
出版；臺北市：萬卷樓發行, 2019.08
　　冊；　公分
ISBN 978-986-496-175-7 (下冊：平裝)

1.經濟法學

553.4　　　　　　　　　　108010189